ŒUVRES

DE

CYRANO DE BERGERAC.

TOULOUSE, imprimerie de A. CHAUVIN.

OEUVRES
DE
CYRANO DE BERGERAC

PRÉCÉDÉES D'UNE NOTICE

PAR

LE BLANC.

> Voyage Comique dans les États et Empires de la Lune.
>
> —
>
> Voyage Comique dans les États et Empires du Soleil.

PARIS,	TOULOUSE,
VICTOR LECOU, ÉDIT.,	LIBRAIRIE CENTRALE,
Rue du Bouloi, 10.	Rue Saint-Rome, 46.

1855.

NOTICE HISTORIQUE

SUR

CYRANO DE BERGERAC.

Le dix-septième siècle, en France, est un des âges glorieux de l'humanité. Henri IV et la *Ménippée* avaient pacifié les effervescences farouches du siècle précédent, et mis un terme aux guerres civiles. On se jeta alors avec passion dans les plaisirs délicats, les occupations élégantes de l'esprit dont l'hôtel Rambouillet devint le temple. Cet hôtel s'ouvre en 1600 et ne se ferme qu'en 1661, pour disparaître dans les rayons de cette cour splendide de Louis XIV, dont Versailles fut en quelque sorte l'Olympe éblouissant.

Catherine de Vivonne, fille du marquis de Pisani et de Julie de Savelli, épousa, en 1600, Charles d'Angenne, marquis de Rambouillet,

bon royaliste, qui avait fait merveille à la bataille de Jarnac, et qui, avec ses huit frères, refusa toujours d'entrer dans le parti de la Ligue. Charles d'Angenne avait terriblement d'esprit, affirme cette caillette de Tallement des Réaux, mais l'esprit frondeur; et il était persuadé que l'Etat n'irait jamais bien, s'il ne gouvernait. « Cette humeur frondeuse, dit M. Fer-
» dinand Delavigne; son amitié pour le duc
» d'Epernon, si hostile à Sully; la parenté de
» sa femme, Strozzi par sa mère, avec Marie
» de Médicis, qu'outrageait et aigrissait tant
» l'inconstance de Henri IV; enfin la délicatesse
» exquise et raffinée de la marquise à l'égard
» des bienséances, tout engageait cette noble
» famille à s'isoler de ce Louvre où les Gabrielle
» d'Estrée, les Jacqueline de Bueil, les Henriette
» d'Entragues venaient successivement étaler le
» scandale de leurs amours. Les premières réu-
» nions de la marquise à l'écart du Louvre sem-
» blent donc une protestation indirecte contre
» ses mauvaises mœurs et son mauvais goût.
» Ces réunions avaient lieu rue Saint-Thomas-
» du-Louvre, dans l'hôtel Pisani, qui, dès 1600,
» époque du mariage, avait pris le nom d'hôtel
» Rambouillet. »

Malgré les ridicules qu'on peut justement lui reprocher, ce cénacle fut pendant soixante ans le dépositaire du goût et de la moralité en France; il infusa la grâce et l'élégance à une société où fermentait encore la sève ardente des guerres civiles, et l'assouplit. Il éclipsa et absorba le bureau d'esprit que l'abbé de Marolles avait fondé dans sa maison de la rue Saint-Etienne-des-Grès; la réunion de beaux esprits chez Marie de Jars, demoiselle de Gournay, fille d'alliance de Montaigne; et enfin la coterie Conrart, rendez-vous de ce que Paris avait de plus raffiné et de plus poli.

Le sanctuaire de l'hôtel Rambouillet, la fameuse chambre bleue, meublée de velours bleu rehaussé d'argent, où trônait la prude Catherine, nom que Malherbe changea par un précieux anagramme en celui d'Arthénice, devint le rendez-vous de la fleur des pois de la cour et de la ville, de ces précieux et de ces précieuses qui donnèrent de l'élégance et de la chasteté à la langue effrontée de Rabelais, et mirent un frein aux débauches des pétrarchistes et des ronsardisants.

Honoré d'Urfé en fut la première idole. D'Urfé, dit un biographe, est un de ces noms heureux qui, dans un ordre de faits déterminé, absorbent en quelque sorte la substance d'une époque, qui se l'approprient, du moins aux yeux des générations futures, parce qu'ils sont comme des vases où s'est conservé tout ce qui a pu en être transmis au creuset de la postérité. L'*Astrée* passionna cette société en travail de palingénésie. L'esprit qui produisit ce roman est le même que celui qui avait donné ses tensons et ses cours d'amour à la Provence, la *Diane* de Montemayor à l'Espagne ; qui donna à l'Italie le *Pastor fido* de Guarini, l'*Aminte* de Torquato, l'*Adone* du cavalier Marin, les grands poèmes de l'Arioste et du Tasse ; à toute l'Europe ses mille romans chevaleresques et pastoraux.

La première partie de l'*Astrée* parut en 1610, et la dernière ne fut publiée qu'en 1627, après la mort de d'Urfé, par Balthazar Baro, son ami et son secrétaire, qui la mit au jour, afin de clore, dans les imaginations en suspens, les aventures de ces héros dont raffolaient les belles dames. Il ne faut pas trop médire de ce roman, dont le succès enfanta malheureusement l'interminable et fade postérité des *Cyrus*, des *Clélie*, des *Cléopâtre* et des *Polexandre* ; car l'*Astrée*, c'est déjà, au point de vue purement grammatical, la langue nouvelle, la phrase telle que la construira Pascal, quarante ans plus tard, et que parlera l'Académie française.

L'*Astrée* a sans doute exercé un action sensible sur les mœurs de son temps, mais elle leur a aussi emprunté la métaphysique et les subtilités de la controverse amoureuse, venue en ligne directe des cours d'amour ; et si les contemporains s'en éprirent si follement, c'est qu'ils sentaient bien que l'âme poétique des vieux âges allait quitter le corps social, qu'elle avait animé et qui se décomposait déjà ; ils comprenaient que c'était le dernier soupir, le chant du cygne de cette chevalerie dont les germaniques et provençales délicatesses de sentiment, les amoureux héroïsmes de dévouement avaient idéalisé le culte de la femme. C'est depuis lors, en effet, que l'amour, qui, selon la splendide expression de Henri Heine, est la combinaison du sentiment de l'infini qui est en nous et du beau idéal qui se révèle sous une forme sensible, a été chassé du monde. La raison triompha dans la seconde moitié du dix-septième siècle ; le dix-huitième s'enivra des fêtes épicuriennes de l'esprit, et le nôtre s'énerve dans les calculs glacés de l'intérêt.

L'hôtel Rambouillet fut, dès l'origine, très-prude et très-collet monté ; mais il se relâcha peu à peu de ses rigueurs, et devint enfin le rendez-vous des galants de la cour et des belles dames du grand monde. Pendant sa faveur, le florentin Concini, devenu maréchal d'Ancre, appela le cavalier Marin, ce napolitain plein de calembourgs, de concetti, de mièvreries et d'afféteries affadissantes, et l'introduisit rue Saint-Thomas-du-Louvre, où son poème de l'*Adone* fit fanatisme, comme disent les Italiens.

L'économie de cette notice n'admettant que des silhouettes, les limites que j'ai dû me prescrire ne me permettent de donner qu'une rapide esquisse de cette époque intéressante. Vers le temps de la splendeur de l'hôtel Rambouillet, c'est-à-dire vers 1640, autour d'Arthénice et de sa fille aînée, Julie, pour laquelle fut composée l'illustre galanterie de la guirlande, et qui devint, en 1645, duchesse de Montausier, après avoir fait parcourir au pauvre duc, — l'Alceste de Molière, dit-on, — tous les relais de la carte du Tendre, se rangeaient Madeleine de Souvré, marquise de Sablé, qu'avait aimée le duc de Montmorency, que Richelieu fit décapiter à Toulouse ; Anne de Bourbon, duchesse de Longueville, et son frère, le duc d'Enghien, qui avait gagné la bataille de Rocroy, pendant qu'on portait le corps de Louis XIII à Saint-Denis ; puis encore la belle, spirituelle et blonde Mlle Paulet, qu'on avait surnommée la lionne ; Mlle de Scudéry, et bien d'autres.

Là vinrent successivement briller toutes les intelligences et toutes les élégances de la première moitié du dix-septième siècle : Ogier de Gombault, le poète chevaleresque et mélancolique de Marie de Médicis ; Malherbe, Malleville, l'abbé de Cérisy, Civille, Cerisay, Godeau, — le nain de Julie, — qui devint évêque de Grasse et de Vence; les deux Hubert, Sarrazin, Cotin, l'abbé de Pure, La Calprenède, le rodomont Georges de Scudéry, Ménage, l'avocat Patru, d'Ablancourt, Vaugelas. Corneille y lut ses créations merveilleuses. Le facétieux abbé de Bois-Robert y venait quelquefois, et parla à Richelieu de cette réunion, qui lui suggéra l'idée de créer l'Académie française (1). Le badin, le sémillant Voiture, le chevalier, l'amoureux, le *mourant* de toutes les belles, en était le commensal le plus assidu et le plus nécessaire. Guez de Balzac, le grand épistolier de France, dont les *Lettres* sont emphatiques, mais dont le *Socrate chrétien,* les *Entretiens,* et surtout *le Prince,* sont fort remarquables, hantait assidument aussi l'hôtel Pisani, que, dans ses lettres à Conrart, il appelait le Temple des Muses, de l'honneur et de la vertu.

Voiture représentait le raffinement, le précieux, le quintessencié italien ; Balzac, la boursoufflure et l'emphase espagnole.

---

(1) Elle fut fondée le 13 mars 1634, complétée en 1636, et ne fut recrutée, dans l'origine, que parmi les *passe-volants* et les *enfants de la pitié* de Bois-Robert.

Benserade, avec son sonnet de Job, y balança un moment la gloire de Voiture, lors de la querelle des deux sonnets, qui divisa la société en *Uranins* et *Jobelins*. Mme de Longueville prit parti pour Voiture et le sonnet d'Uranie ; son frère, le prince de Conti, se déclara en faveur de Benserade. Corneille, consulté, dit que celui de Voiture était mieux rêvé, mieux conduit, mieux achevé, mais qu'il voudrait avoir fait l'autre.

Chapelain en fut longtemps l'oracle et y jouit d'une prodigieuse autorité jusqu'à l'apparition de la *Pucelle*, à laquelle il travailla pendant trente ans. Chapelain est une preuve qu'un poète médiocre peut exercer, avec la plus haute distinction, l'art de la critique; car, quoiqu'il n'eût pas le talent de composer un ouvrage original, il eut celui de réprimer les écarts du génie dans les autres, par la raison, comme dit un auteur anglais, qu'un vin médiocre peut faire de très-bon vinaigre.

La première moitié du dix-septième siècle, c'est-à-dire la régence de Marie de Médicis, le règne de Louis XIII et la régence d'Anne d'Autriche, ont l'air d'un roman de cape et d'épée. C'était à coup sûr un singulier roi que ce mélancolique monarque, qui autorisa l'exécution de Montmorency, de Cinq-Mars, de de Thou; qui laissa assassiner le maréchal d'Ancre; qui accorda sa faveur à Luynes, parce qu'il élevait bien les pies-grièches, et plus tard à Saint-Simon, le père de l'auteur des *Mémoires*, parce qu'il savait sonner du cor sans baver.

Après l'épanouissement de la renaissance italienne et de la réforme allemande, que le fanatisme de la Ligue avait eue à combattre, débordèrent les impiétés des *Libertins* à la suite de Théophile de Viau, et les frairies des *Goinfres* qui marchaient sous la bannière de Gérard de Saint-Amant. Alors on abandonna la tradition grecque et romaine, pour s'inspirer de l'Espagne et de l'Italie.

La France, qui sous Marie de Médicis s'était imprégnée du génie italien, subit l'influence castillane avec Anne d'Autriche, la blanche reine aux mains d'ivoire, qui s'évanouissait à la vue des roses, comme ce chevalier de Guise, qui tua cependant en duel les deux barons de Luz. « Le genre espagnol, dit un écrivain célèbre,
» c'était, au début du dix-septième siècle, la
» haute galanterie, langoureuse et platonique,
» un héroïsme un peu romanesque, un courage
» de paladin, un vif sentiment des beautés de
» la nature, qui faisait éclore les églogues et les
» idylles en vers et en prose, la passion de la
» musique et des sérénades aussi bien que des
» carrousels, des conversations élégantes comme

» des divertissements magnifiques. Le genre ita-
» lien était précisément le contraire de la gran-
» deur ou, si l'on veut, de l'enflure espagnole :
» le bel esprit poussé jusqu'au raffinement, la
» moquerie et un persifflage qui tendaient à
» tout rabaisser. Du mélange de ces deux gen-
» res sortit l'alliance ardemment poursuivie,
» rarement accomplie en une mesure parfaite,
» du grand et du familier, du grave et du plai-
» sant, de l'enjoué et du sublime. »

Ces deux influences donnèrent naissance aux cavaliers hautains et fringants, aux mousquetaires parfumés d'ambre, aux raffinés d'honneur à la longue rapière, marchant le poing sur la hanche, en étalant la fraise, la gonelle et les gants à la frangipane ; aux galants qui, avec leur rodomontade espagnole et leur mignardise italienne, laissèrent leur nom aux galons ; aux fantasques à la vie aventureuse et frivole ; aux fats, aux fous, aux spadassins ; aux matamores bien cambrés, bien guédés ; aux capitans dont Callot et Abraham Bosse nous ont conservé les fières attitudes ; aux graciosos issus de Quevedo et de Gongora ; aux magots littéraires, aux imbroglios, aux facéties picaresques de Scarron ; mais aussi aux surhumaines grandeurs, aux énergiques combats de la passion et du devoir des poëmes de Corneille.

Comme tout s'agite et cherche sa voie parmi ces esprits frivoles, ces abstracteurs de quintessence, ces alambiqués, ces rimeurs de concetti, ces poètes en style gorge de pigeon, chargé de passequilles comme la basquine d'une gypsie. Mais on sent cependant, — au sein des liens relâchés et rompus de cette époque affolée, — que les lettres vont être pratiquées par des esprits d'élite et encouragées par de grandes âmes. L'austère et grave Corneille, dont les sérieuses facultés morales font dignement honorer en lui les œuvres de l'intelligence, va surgir et rayonner dans ce cahos, avec le *Cid,* la veille du jour où Descartes publiera le *Discours sur la Méthode.*

Richelieu parut, et, quoique son goût littéraire ne fût pas très-pur, il faut convenir qu'il donna un puissant essor aux lettres. L'abbé de Bois-Robert fut chargé de rechercher les hommes de talent et de les recommander à sa munificence. Cet abbé était un bouffon prodigieusement spirituel, dont un bon mot fit la fortune : Un jour on apporta un chapeau de castor à Richelieu, qui n'était pas encore cardinal, et qui lui demanda s'il lui allait bien : — « Il vous irait » mieux, répondit l'abbé, s'il était de la cou» leur du nez de votre aumônier. »

Le Metel de Bois-Robert était né à Caen,

en 1592. Le vieux cardinal Du Perron fut son premier patron littéraire. Il alla ensuite à Rome, en 1630, où il se familiarisa chez les grands, avec cette vie subalterne de diseur de bons mots sans conséquence, de narrateur d'anecdotes graveleuses, qui firent les délices de Richelieu. Il plut à Urbain VIII, qui lui offrit le prieuré de Nozay, au diocèse de Nantes ; et Bois-Robert, qui y vit le levain de sa fortune, se hâta de prendre la tonsure. Il entra dans les ordres en revenant en France, obtint un canonicat à Rouen, d'où il vint à Paris dans les antichambres de Richelieu, qui prit bientôt tellement de plaisir à sa conversation, qu'il en fit son familier. Bois-Robert, au comble de la faveur, devint avec Rotrou, le laborieux Claude de l'Estoile, fils et petit-fils de présidents, dont les *Mémoires* servent à l'histoire de Henri III, et Guillaume Colletet, le père du poète crotté, stigmatisé par Boileau, l'un des quatre auteurs dramatiques que le cardinal prit à sa solde et chargea de travailler sous son inspiration.

Lorsque Corneille arriva à Paris, Richelieu l'associa à ses quatre faiseurs, mais comme il se refusa fièrement à broder servilement ses canevas, le cardinal, froissé dans sa vanité d'homme de lettres, souleva contre lui George de Scudéry et ne rougit pas de descendre à de puériles et mesquines tracasseries indignes de son génie. On raconte qu'après l'apparition du *Cid*, pour lequel « tout Paris eut les yeux de Chimène, » il tendait le poing à Bois-Robert, en lui disant : « Rodrigue, as-tu du cœur ? » A quoi le bouffon répondit d'un air piteux : « Je n'ai que du carreau. » Et ce plat quolibet était colporté dans les salons de la cour et de la ville. Rotrou honora son caractère en refusant de prendre part à ce déchaînement, et ne craignit pas de blâmer l'abbé à la face de l'homme puissant qui l'encourageait. Balzac, dans une lettre à Scudéry, réfuta victorieusement les critiques de ce rodomont, et la duchesse d'Aiguillon elle-même intercéda auprès de son oncle, le cardinal, en faveur de Corneille, si bien que Richelieu récompensa, comme ministre, ce même mérite dont il était jaloux comme homme de lettres.

Le dernier effort littéraire de Richelieu fut la tragédie de *Mirame*, dans laquelle il espérait en même temps se venger des cruautés d'Anne d'Autriche, qui avait exigé qu'il dansât devant elle une sarabande, déguisé en berger de l'*Astrée*, et de la rivalité de ce fat de Buckingham, en les traduisant l'un et l'autre sur la scène, sous les noms des principaux personnages de la pièce. Il choisit pour collaborateur et auteur responsable l'athée

Desmarets de Saint-Sorlin, qui se convertit plus tard et devint le poète mystique et quiétiste de l'ordre de la Visitation. C'est lui, — dont on disait que c'était le plus grand fou parmi les poètes et le plus grand poète parmi les fous, — qui écrivait à Mme de Chantal : « Je vous em-
» brasse, ma chère colombe, dans votre rien,
» tout rien que je suis, chacun de nous étant
» dans notre tout, par notre aimable Jésus. »
Ce Desmarets offre de singulières analogies avec Clément Brentano, le frère de la Bettina d'Arnim, et sa pièce des *Visionnaires* est une des compositions dramatiques les plus bizarres qui aient jamais paru. *Mirame* n'eut pas de succès, malgré les efforts désespérés du cardinal; Corneille triompha, et les *passe-volants* ainsi que les *enfants de la pitié* de Bois-Robert « allè-
» rent s'engloutir dans les marais du Parnasse,
» dont ils avaient trop longtemps usurpé et
» déshonoré les sommets. »

Si, comme on le voit, il est des gloires usurpées, il en est aussi qui ont leur fatalité, car une cruelle destinée semble s'être appesantie sur elles. Lorsqu'on plonge dans les régions inexplorées de la littérature on est confondu de la quantité d'écrivains, *poetæ minores,* qui se sont évertués sur le Parnasse, et du petit nombre d'élus dont la mémoire a survécu. Cet oubli, presque toujours légitime, est quelquefois injuste, et tout en respectant les célébrités consacrées par de légitimes admirations, il est permis de chercher à venger des noms trop longtemps méconnus. Il est bon de réviser de temps en temps les arrêts portés par les contemporains ou par la postérité, surtout en France, où nous acceptons facilement par indolence des opinions toutes faites, sans nous donner la peine d'en discuter la validité.

Les thuriféraires réservent leur encens pour les grandes puissances adorées de la foule et passent fièrement devant les rêveurs presque toujours environnés d'un certain mystère, aussi, quoique à coup sûr je ne cherche pas à me singulariser en sacrifiant à des dieux inconnus, *diis ignotis*, je me suis toujours senti attiré, par une sorte de réhabilitation et de consolation posthumes, vers les génies injustement tombés dans l'oubli, et les ai vengés du dédain ou de l'indifférence. L'opinion, sujette à l'erreur et au caprice, peut avoir des écarts passagers, mais le tribunal impartial de la postérité, dégagé de préjugés, doit prononcer l'arrêt définitif.

Je vais m'occuper d'un des hommes les plus oubliés de l'époque dont je viens d'esquisser la physionomie, et qui en est cependant l'une des expressions les plus originales et les plus caractéristiques, — de Savinien Cyrano de Bergerac, — dont le nom et les travaux sont à peine connus, parce qu'il dédaigna l'art de soigner sa réputation, en faisant dire son nom à tous les échos de la renommée.

Des biographes le font naître à Bergerac, d'autres au château de Bergerac, plusieurs en Gascogne : personne ne s'accorde. Ce qui paraît assez probable, c'est qu'il n'est pas d'origine française, — son nom l'indique assez, — et s'il est né à Bergerac, ce n'est que par accident qu'il en a pris le nom; car le château appartenait au roi. Du reste, le rédacteur de la bibliothèque des romans dit qu'il n'ajouta ce nom au sien que pour se distinguer des autres Cyrano.

Quels étaient-ils ? On a conservé le nom de Cyrano de Mauvières, son frère; mais ce nom de fief n'est pas périgourdin. Le cousin chez lequel il mourut serait-il le même que celui qui, en 1663, était *trésorier général des offrandes, aumônes et dévotions du roi?* En remontant plus haut, on voit Samuel Cyrano, abbé de Saint-Jean-des-Prés, en Bretagne, vers 1594. Il y en a sans doute d'autres encore, mais tout cela ne dit pas d'où était notre auteur. Ce qui est certain, c'est que sa famille n'a laissé aucune trace en Périgord; on ne l'y trouve pas établie, elle ne paraît pas avoir contracté d'alliance avec les autres familles du pays ; il n'en existe aucune mention dans les registres de Bergerac, et la tradition est aussi muette que les registres. J'ai eu un moment l'espoir d'être plus heureux en faisant des recherches à Bragairac, arrondissement de Muret, canton de Saint-Lys, car c'est, sous la forme patoise, le nom qu'a longtemps porté la ville de Bergerac en Périgord ; mais mes recherches n'ont amené aucune découverte.

Ce qui pourrait lever bien des difficultés, ce serait l'épitaphe de Cyrano, qui fut enterré dans l'église du couvent des Filles de la Croix, dans le faubourg Saint-Antoine. Dans le siècle dernier, Gaignières fit relever toutes les inscriptions qui se trouvaient dans les églises de Paris, et il est probable que celle de Cyrano ne fut pas oubliée, si toutefois son tombeau avait une épitaphe. Mais comme tous ces recueils manuscrits se trouvent en partie à Paris et en partie à la bibliothèque d'Oxford, il faudrait entreprendre des recherches et des voyages dont le succès est assez problématique, et d'ailleurs d'une importance assez restreinte.

M. Léon Lapeyre, bibliothécaire de la ville de Périgueux, pense fort judicieusement, et je me range de cet avis, que le père de Cyrano, espagnol d'origine, est venu en Périgord et à occupé quelque emploi militaire, au château de Bergerac, où Savinien naquit vers 1620.

Son enfance fut orageuse comme devait d'ailleurs l'être toute sa vie. Son père le mit en pension de bonne heure chez un curé de campagne du voisinage où il se lia avec Le Bret (1), qui devint plus tard son éditeur. Ce curé était un pédant assez ignare que Cyrano prit en aversion, si bien que son père, vieux gentilhomme assez insouciant de l'éducation de ses enfants et trop crédule aux plaintes de celui-ci, l'en retira à l'âge de quinze ans, sans s'inquiéter s'il ferait mieux autre part, et l'envoya à Paris, où il le laissa sur sa bonne foi. Savinien entra au collége de Beauvais, où il termina ses études, et où il puisa cette violente haine des pédants et des cuistres, qui lui inspira sa comédie du *Pédant joué*, et suggéra sans doute à Molière, son camarade de collége, l'idée de ses Métaphraste et de ses Pancrace.

(1) Je suppose que ce Le Bret était parent de l'avocat-général Le Bret, qui trouvant que les imputations que l'on faisait à la maréchale d'Ancre étaient si frivoles et les preuves si faibles, que quelques sollicitations qu'on lui fît, qu'il était nécessaire pour l'honneur et la sûreté de la vie du roi qu'elle mourût, ne voulut jamais donner ses conclusions à la mort que sur l'assurance qu'il eut, par la propre bouche de Luynes, qu'étant condamnée le roi lui donnerait sa grâce.

Lorsqu'il eut fini ses études au collége de Beauvais, le railleur, spirituel et passionné gascon, qui n'avait guère que la cape et l'épée, se jeta, avec toute l'ardeur de la fougue méridionale, dans le tourbillon parisien. Les plaisirs ne lui firent cependant pas négliger l'étude. Il se glissa dans la société des disciples de Gassendi, qui donnait des leçons à Chapelle, à Molière, à Hesnault et à Bernier, le fameux voyageur qui parcourut le Mogol, l'Indoustan et le royaume de Cachemyr avec l'empereur Aureng-Zeb, auprès duquel il resta douze ans. Cyrano acquit auprès de Gassendi une science encyclopédique; aussi ne faut-il pas douter, dit Grimarest, qu'il ne fût devenu un grand physicien, un habile critique et un profond moraliste, si la mort ne l'eût enlevé presque aussitôt qu'il se fut consacré aux lettres.

Le Bret, qui redoutait pour lui l'entraînement des passions, le fit entrer aux gardes, en qualité de cadet, dans la compagnie de M. de Carbon-Castel-Jaloux dont il faisait lui-même partie. Cyrano n'avait que dix-neuf ans : ce fut le beau temps de ses duels et de ses aventures.

« C'était alors, dit l'auteur des *Grotesques*,
» le temps de ces belles aventurières espagnoles
» et italiennes, voluptueuses et fières créatures,
» aimant d'un égal amour l'or, le sang et les

» parfums ; pâles comme l'ambre, souples
» comme le saule, fortes comme l'acier, le nez
» légèrement arqué, la lèvre dédaigneusement
» retroussée à ses coins et ayant l'air de faire
» fi, l'œil nageant et scintillant, les cheveux
» drus et crépelés, les mains pleines de fossettes
» et presque royales, les doigts effilés, plus
» blancs que l'ivoire de l'éventail. Le beau
» temps des belles courtisanes poétiques ! C'était
» le temps des balcons escaladés, des échelles
» de soie, des ballets et des mascarades ; de
» cette galanterie espagnole, grave et folle à
» la fois, dévouée jusqu'à la niaiserie, ardente
» jusqu'à la férocité ! des sonnets, et des petits
» vers, et des grands coups d'épée, et des
» grandes rasades, et du jeu effréné ; on jetait
» sa vie par la fenêtre, on semait son âme à
» tous les vents, comme si l'on n'eût su qu'en
» faire. On se joue sur un coup de dé à toutes
» les minutes, on se bat pour soi, on se bat
» pour les autres, plutôt que de rester les bras
» croisés ; quelqu'un vous regarde, vite un
» duel ; quelqu'un ne vous regarde pas, encore
» un duel ; l'un vous insulte, l'autre vous mé-
» prise : et tout cela sans forfanterie, avec un
» laisser-aller et une nonchalance admirables,
» comme s'il ne s'agissait d'autre chose que de
» boire un verre d'hypocras. Quel courage dé-

» pensé à rien ! La monnaie de cent mille héros
» éparpillée au coin des carrefours, le soir,
» sous quelque lanterne ! Cyrano trouva moyen
» de se faire nommer l'*Intrépide* par une société
» ainsi faite, lui, tout jeune homme, arrivé
» hier du Périgord, de chez un pauvre curé de
» campagne. — Magnifique début ! »

Cyrano était un brave, élégant et beau cavalier au nez près, que la nature lui avait fait colossal comme celui de Ganeça, le dieu hindou de la Sagesse, à trompe d'éléphant (1). Ce nez servit de texte aux railleries des malins; mais comme notre héros avait le caractère bouillant et singulier, il voulut faire respecter ce nez monumental, et le fit bravement respecter à la pointe de sa flamberge. Il se fit bientôt remarquer par ses extravagances et sa folle intrépidité; ses duels, tous heureux, firent grand bruit dans Paris; on parla beaucoup de sa bravoure, de son adresse, mais bien moins de son nez, dont le ridicule sembla diminuer à mesure que croissait sa ré-

---

(1) L'édition des Œuvres de Cyrano, de 1710, offre en tête du premier volume son portrait, tête nue, vu de trois quarts, ses armoiries au bas, et page 107, assis écrivant, la tête coiffée d'un bonnet. Dans l'édition de 1740, même portrait que celui de l'édition de 1710, mais mieux gravé, tourné dans un autre sens et sans les armoiries. Le *Chroniqueur du Périgord et du Limousin* a publié aussi un portrait lithographié de Cyrano, avec ses armoiries.

putation de spadassin. Ce qu'il y a de bizarre, dit Le Bret, c'est qu'il avait d'ailleurs un caractère inoffensif et doux, et qu'il ne méprisait rien autant qu'un spadassin de profession. Il s'était trouvé en cent rencontres, jamais une seule fois pour lui-même, mais en qualité de second, et l'on sait que les seconds étaient alors des témoins qui se battaient. Son courage était si notoire que dans sa compagnie, presque exclusivement composée de gascons, on lui décerna le surnom de *Démon de la bravoure.*

Son existence, un peu mystérieuse, est entourée de ce prestige chevaleresque que nous prêtons aux paladins des romans du cycle carlovingien. Il ne comptait jamais ses adversaires. On raconte qu'un soir il était à souper avec son ami Linière, connu par l'acrimonie de ses épigrammes et de ses satires, lorsqu'on vint les avertir qu'un grand seigneur, dont ce dernier s'était attiré la haine, avait aposté une centaine de coupe-jarrets sur sa route, vers les fossés de la porte de Nesle. Linière, dont l'épée était moins vaillante que la langue, n'osait rentrer chez lui.
— « Pardieu! dit Cyrano, en lui donnant une » lanterne, je veux t'aider moi-même à faire la » couverture de ton lit. » Il alla vers le lieu désigné, se précipita au milieu des assassins l'épée à la main, et les mit en fuite, après

en avoir tué deux, et grièvement blessé sept autres.

Ce combat surhumain fut vu par une foule de témoins qui en rendirent témoignage, et entre autres par M. de Bourgogne, mestre de camp du régiment d'infanterie du prince de Conti, qui lui donna le surnom d'*Intrépide*.

Le maréchal de Gassion, l'ami de Gustave Adolphe et de Richelieu, qui prit une si grande part à la bataille de Rocroy, car il passe pour avoir conseillé la manœuvre qui décida du sort de la journée, et qui mourut à trente-sept ans, ayant appris cette fabuleuse aventure par Cavois et Guigy, voulut s'attacher Cyrano, qui refusa par désintéressement et par fierté.

Cette existence aventureuse et folle ne le détournait pas de ses études, et Le Bret, auquel il faut toujours en revenir, le vit un jour, dans un corps-de-garde, travailler à une élégie avec aussi peu de distraction que s'il eût été dans un cabinet fort éloigné du bruit.

Sa carrière militaire ne fut pas longue, mais n'est pas sans éclat. Il reçut un coup de mousquet au travers du corps au siége de Mouzon, place forte près de Sedan, sur la Meuse, et plus tard, en 1640, un coup d'épée dans la gorge, à celui d'Arras. Ses blessures le contraignirent, à son grand regret, à renoncer à l'âge de vingt ans au métier des armes. Niceron dit qu'il se prit alors d'une belle passion pour la physique et la philosophie.

Le Bret, son éditeur et son camarade, affirme qu'il n'avait pas l'humeur querelleuse. On voudrait le croire, mais il est cependant permis de penser le contraire. Son aventure avec le comédien Montfleury, qui était fort gros, semblerait le prouver. Un soir, au théâtre, on ne sait pour quelle cause, on le vit se lever de sa place et dire au comédien : — « Je t'interdis pour un mois. » Celui-ci, ne tenant pas compte de l'injonction, reparut quelques jours après sur la scène. Aussitôt que Bergerac l'aperçut, il lui cria, tout bouillant de colère : — « Retire-toi où je t'assomme.
» Penses-tu donc, à cause qu'un homme ne
» te saurait battre tout entier en vingt-quatre
» heures et qu'il ne saurait en un jour échigner
» qu'une de tes omoplates, que je me veuille
» reposer de ta mort sur le bourreau? Non, je
» serai moi-même ta Parque. » Le comédien fut contraint de se retirer.

Une brochure, intitulée : *Combat de Cyrano de Bergerac contre le singe de Brioché*, prouve que notre raffiné était un peu beaucoup sur la hanche.

Jean Brioché ou Briocci était un arracheur de dents et un joueur de marionnettes, installé, en compagnie de son illustre singe Fagotin, au bas du Pont-Neuf, près de la porte de Nesle, laquelle était encore debout en 1649. Le Pont-Neuf était alors le rendez-vous des badauds parisiens, des gentilshommes, des grandes dames, des bourgeois, des clercs de la bazoche, des passe-volants et des filles folles. Les raffinés, aux fraises dentelées et brodées, au feutre empanaché de plumes éclatantes, qui jonchaient de madrigaux la ruelle de Ninon et courtisaient Marion Delorme, abandonnaient parfois les ombrages aristocratiques de la Place-Royale pour s'égayer à Brioché et entendre Tabarin, — le beau-père de Gautier-Garguille, — et l'associé de Mondor, fameux opérateur, qui vendait du baume sur le Pont-Neuf, comme Brioché y arrachait des dents.

L'opuscule déjà cité raconte que Cyrano, assistant aux parades de Brioché, prit son singe Fagotin pour un laquais qui lui faisait la grimace et le tua d'un coup d'épée. « Fagotin, dit
» l'auteur de la brochure, était grand comme
» un petit homme et bouffon en diable; son
» maître l'avait coiffé d'un vieux vigogne, dont
» un plumet cachait les fissures et la colle; il
» luy avait ceint le cou d'une fraise à la Sca-
» ramouche; il luy faisait porter un pourpoint
» à six basques mouvantes, garni de passe-

» ments et d'aiguillettes, vêtement qui sentait
» le laquéisme ; il luy avait concédé un baudrier
» d'où pendait une lame sans pointe. »

Ce combat supposé de Cyrano et de Fagotin, qui a été écrit et publié en 1704, et réimprimé par Didot, il y a quelques années, est une satire assez piquante des allures ferrailleuses de l'auteur du *Pédant joué*, qui fut plus turbulent et plus querelleur que ne le prétend Le Bret.

Son caractère a été fort bien peint par Guéret, dans sa *Guerre des auteurs*, que l'on pourra consulter. Beauchamps prétend qu'il était d'une grande sobriété et qu'il buvait rarement du vin, « à cause que son excès abrutit et qu'il faut » s'en défier comme de l'arsenic. » Il avait l'esprit très-enjoué, très-aimable, très-abondant en spirituelles saillies ; mais il l'avait en même temps très-altier, très-indépendant, et ses écrits en portent l'empreinte hardie et un peu extravagante. Il ne voulait pas plus de Mécène que de prôneurs, et se tint toujours à l'écart des coteries littéraires et politiques, sauf sous la Fronde, cette guerre de pots-de-chambre, comme l'appela Condé, où il fut du petit nombre des auteurs qui se déclarèrent pour Mazarin. Le cardinal trouva en lui un champion intrépide et désintéressé, tandis qu'il fut un adversaire redoutable pour les Frondeurs.

Cyrano défendant le principe d'autorité contre d'augustes rebelles, insurgés au nom des plus mesquines prétentions et sous les plus futiles prétextes, est un grand enseignement; car si la Fronde ne fut que ridicule, elle eût pu devenir sanglante comme la Ligue. Aussi les Frondeurs furent-ils bien coupables de jouer avec la hideuse bête populaire, *qui par tout pays déchiquette les cadavres et s'en met jusqu'au coude*, et dont la férocité avait naguère éclaté à propos du maréchal d'Ancre. Les mémoires du temps racontent qu'après l'assassinat du maréchal, la populace alla à Saint-Germain-l'Auxerrois exhumer son cadavre, le pendit et le traîna sur une claie. Il y eut un homme vêtu d'écarlate si enragé, qu'ayant mis sa main dans le corps mort, il l'en tira et la porta à sa bouche pour sucer le sang, et avaler quelques morceaux qu'il en avait arrachés; ce qu'il fit à la vue de plusieurs honnêtes gens qui étaient aux fenêtres. Un autre eut moyen de lui arracher le cœur, et l'aller cuire sur les charbons et manger publiquement avec du vinaigre.

Cyrano eut de vrais et sincères amis (1), —

---

(1) Les frères Le Bret, l'historien de Prade, Cavois, qui fut tué à la bataille de Lens, le vaillant Brissailles, enseigne des gens d'armes du duc d'Orléans, le brave Duret de Montchenin, le comte

le fait est assez rare pour qu'on prenne la peine de le signaler, — qui l'avaient longtemps vainement engagé à se conformer aux mœurs de l'époque, en se mettant sous la protection d'un patron qui l'aurait appuyé à la cour. Il finit cependant par céder à leurs instances et se résigna à accepter, en 1653, le patronage du duc d'Arpajon, à qui il dédia ses ouvrages, comme Corneille dédia les siens à l'opulent Montauron.

On a prétendu que Cyrano était mort fou, et que la première preuve qu'il donna de sa folie fut d'aller à la messe, à la Merci, à midi, sans pourpoint, en haut de chausse et bonnet de nuit. Cette accusation est gratuite, et Charles Nodier l'en a vengé dans une page que je vais reproduire.

« Dans ses estimations cavalières de tout ce
» que la littérature française avait produit jus-
» qu'à lui, Voltaire a rangé Cyrano de Bergerac
» au nombre des fous, avec cette autorité ma-
» gistrale qui s'attachait à toutes ses paroles et
» dont l'influence a été si féconde en résultats.
» Il mourut fou, dit-il, et il était déjà fou quand
» il fit le *Voyage de la Lune*.

de Brienne, l'abbé de Villeloin, le conseiller de Longeville-Gontier, le mathématicien Rohault, et MM. de Bourgogne, de Zeddé, de Chavagne, des Billettes, de Saint-Gilles, de La Morlière, etc.

» Voltaire était assurément fort compétent sur
» cette question, car il avait pris *Micromégas*
» dans le *Voyage de la Lune*, où Fontenelle
» avait pris les *Mondes*, et le bon doyen Swift
» les *Voyages de Gulliver*. C'était là une excel-
» lente raison, dans la tactique de Voltaire,
» pour imprimer au livret de Cyrano un cachet
» ineffaçable de ridicule et de mépris ; et tout
» le monde sait qu'il s'était armé de la même
» précaution contre le *César* et l'*Othello* anglais
» qui lui avaient fourni son *César* et sa *Zaïre*.
» Shakspeare a survécu, à ce qu'on assure, et
» Cyrano est bien mort. Il n'y a même pas
» grand mal, car *Micromégas* vaut mieux, à
» cela près, qu'il n'est ni aussi savant, ni aussi
» original. Le passage sur Cyrano est curieux,
» parce qu'il marque à peu près la limite où se
» sont arrêtées les investigations de Voltaire
» dans la littérature antérieure. On pourrait
» assurer qu'il n'y connaissait rien de plus, si
» ce n'est Rabelais, qu'il a toujours traité avec
» un profond dédain, et dont quelques reflets
» éblouissants brillent çà et là dans *Candide*.

» Boileau avait mieux jugé Cyrano de Berge-
» rac, qu'il ne regarde pas comme un fou,
» mais dont il caractérise la burlesque audace
» avec sa netteté ordinaire de tact et d'expres-
» sions. C'est la juste définition, ou, comme on

» disait autrefois, le véritable *blason* littéraire
» de ce jeune poète qui mourut à trente-cinq
» ans des suites de ses blessures, au jour et
» presque à l'heure où la langue française allait
» se fixer, dans la poésie, sous la plume de
» Corneille, et sous celle de Pascal dans la
» prose. Bergerac était jusqu'alors un des hom-
» mes, et l'homme peut-être qui en avait le
» mieux remué les éléments, varié les formes et
» assoupli les difficultés. Ce qu'on peut lui re-
» procher, sans lui faire tort, c'est un luxe
» intolérable d'imagination, un abus fastidieux
» de l'esprit, un mélange hybride et pénible de
» pédantisme et de mauvais ton, qui accuse
» une éducation inachevée. Accordez-lui le goût
» que lui auraient accordé l'âge et la réflexion,
» et Bergerac, vieilli de quinze ans, sera un des
» écrivains les plus remarquables de son siècle.
» Tenez-lui compte au moins de ce qu'il a fait.
» Serait-ce un homme si méprisable que celui
» qui a donné le *Gilles* à la farce dans *Pas-*
» *quier*, le *Scapin* à la comédie dans *Corbineli*,
» le paysan dans *Matthieu Gareau*, des scènes
» charmantes à Molière, des types à La Fon-
» taine, et quelquefois, dans de belles scènes
» d'*Agrippine*, un digne rival à Corneille? Vous
» savez déjà ce que lui doivent Fontenelle,
» Swift et Voltaire. Quant à ce livre qu'il écri-

» vit *quand il était déjà fou,* ne vous étonnerait-
» on pas un peu en vous disant qu'on y trouve
» plus de vues profondes, plus de prévisions
» ingénieuses, plus de conquêtes anticipées,
« sur une science dont Descartes débrouillait à
» peine les éléments confus, que dans un gros
» volume de Voltaire, écrit sous la dictée de la
» marquise du Châtelet? Cyrano a fait de son
» génie l'usage qu'en font les étourdis, mais il
» n'y a rien là qui ressemble à un fou. »

Bergerac dut la mort à un accident malheureux. Rentrant, un soir, à l'hôtel d'Arpajon, une pièce de bois lui tomba sur la tête et le blessa grièvement. Une maladie dangereuse se déclara. Le duc d'Arpajon l'abandonna durant cette maladie. Heureusement, Tanneguy Regnault des Boisclairs, grand prévôt de Bourgogne et de Bresse, le recueillit chez lui, et l'y garda pendant quatorze mois que durèrent ses souffrances. De là, Cyrano, espérant que l'air de la campagne le soulagerait, alla chez M. de Cyrano, son cousin, où il mourut cinq jours après, en 1655, à l'âge de trente-cinq ans, dans des sentiments chrétiens; car une de ses parentes, religieuse aux Filles de la Croix, dans le faubourg Saint-Antoine, lui avait fait abjurer les erreurs de sa jeunesse et le fit inhumer dans l'église de ce couvent.

Cyrano avait un gros mépris, un dédain suprême de la renommée et semblait avoir adopté cette maxime chrétienne d'un écrivain mystique : *Ama nesciri*. Personne n'a eu l'imagination plus vive ; mais il lui manqua ce milieu harmonique, invariable, pondéré, également éloigné des extrêmes que Confucius préconise dans le *Tchoung-Young*.

Quoique leur imagination les égare souvent, il ne faut pas dédaigner les gens à imagination. Ils ont l'intuition des merveilles que la civilisation a tant de peine à réaliser, et la science surprise finit par s'apercevoir, après des efforts inouïs et des calculs infinis, qu'elle sait tout juste ce que les poètes avaient dès longtemps pressenti.

L'*Histoire comique des états et empires de la Lune* et l'*Histoire comique des états et empires du Soleil* renferment les idées les plus originales et les plus profondes sur la physique, la morale et la politique. Cyrano y donne la théorie des ballons cent ans avant que Montgolfier ait songé à l'appliquer ; il développe les formules du principe atomistique de Démocrite et les doctrines d'Epicure, que Gassendi lui avait inoculées ; il a entrevu le système de la perfectibilité en donnant à la jeunesse des *États de la Lune* le pas sur les vieillards, et s'il n'a pas inspiré le

Monde dans la Lune de John Wilkins, il a au moins frayé la route à Swift, Voltaire, Fontenelle et Restif de La Bretonne, car les *Voyages de Gulliver, Micromégas, la Pluralité des Mondes* et *la Découverte australe* trahissent des réminiscences empruntées à ces deux productions originales, même après Lucien et Apulée.

Le Bret donna, en 1656, l'*Histoire des états et empires de la Lune* et l'*Histoire des états et empires du Soleil*, qui, volée dans un coffre pendant la maladie de l'auteur et heureusement retrouvée, fut imprimée en 1661. L'*Histoire de l'Etincelle* fut volée et n'a jamais été retrouvée.

Outre ces ouvrages, Cyrano a produit le *Pédant joué*, la *Mort d'Agrippine*, un *Fragment de Physique*, des *Lettres* et un recueil d'*Entretiens pointus*.

Le *Pédant joué* est la première comédie qui ait paru depuis que Hardy et ses contemporains avaient établi un théâtre régulier à Paris. Si cette pièce est inférieure à la plupart de celles de Molière, qu'elle précéda, elle est déjà bien supérieure à la farce de Patelin, et je pense qu'il ne serait pas inutile de jeter un regard sur les origines de notre théâtre pour en apprécier le mérite.

On est d'accord que les pèlerins qui revenaient de Terre-Sainte à la suite des croisades, se livraient à la composition de cantates et d'hymnes, où ils rappelaient les évènements de leurs voyages, et s'ingéniaient à lier des scènes, dans lesquelles le Christ, les apôtres, et autres objets de dévotion, jouaient le principal rôle. Les pèlerins, dit le père Ménestrier, voyageaient en troupes et s'arrêtaient dans les carrefours, où ils récitaient leurs scènes avec des bourdons à la main, et cela finit par tellement intéresser le public qu'on leur fit élever de temps à autre un théâtre. Ces spectacles servaient à l'amusement et à l'instruction du peuple. Les représentations qu'on y donnait avaient un tel attrait pour lui, qu'elles faisaient un des principaux ornements de la réception des princes à leur entrée dans les villes. On appelait ces représentations des miracles et des mystères. C'étaient des dialogues ou les interlocuteurs représentaient des personnages imaginaires ou allégoriques.

Lorsque les mystères furent représentés à une époque ou l'instruction était plus avancée, on confia les rôles à des acteurs plus distingués : c'étaient en général des ecclésiastiques qui se réunissaient en corps, sous le titre de *Confrères de la Passion*. Leurs productions furent divisées, non en plusieurs actes, mais en plusieurs jours, et elles se jouaient en plein air. Ces spectacles ne furent pas sans utilité, non-seulement en ce qu'ils enseignaient les grandes vérités de l'Ecriture à des gens qui ne pouvaient pas lire la Bible, mais en abolissant les tournois qui avaient fait si longtemps la seule jouissance populaire. Quelque bizarres que fussent ces représentations théâtrales, elles adoucissaient les mœurs en dirigeant l'attention publique vers des spectacles dans lesquels l'esprit était intéressé, et en faisant aspirer à la considération par d'autres exercices que ceux de la force brutale et de la valeur sauvage.

Les Confrères de la Passion furent autorisés à donner des représentations théâtrales, dès le 4 décembre 1402, par des lettres de Charles VI. Ils s'installèrent d'abord à l'hôpital de la Trinité. Ce lieu leur ayant été ôté, ils se transportèrent, en 1540, à l'hôtel de Flandre, où est aujourd'hui la rue Coquillière; mais François Ier ayant ordonné la démolition de cet hôtel, en 1543, les confrères se réfugièrent à l'hôtel de Bourgogne, rue Mauconseil.

La fervente société du moyen-âge, devenue sceptique et railleuse en vieillissant, voulut s'ébaudir au lieu de s'édifier. Au quinzième et seizième siècles, les moralités, les farces et les soties grossières, obscènes et dissolues des *Clercs de la Bazoche* et des *Enfants sans souci*, firent pâlir les miracles et les mystères des Confrères de la Passion. C'est-à-dire qu'à l'inspiration chrétienne succéda l'inspiration philosophique et profane. La farce de Patelin prépara la France aux finesses de la grande comédie d'intrigue et de caractère.

Au commencement du dix-septième siècle, les mystères, qu'on avait autrefois écoutés avec un pieux recueillement, avaient été honnis comme des impiétés ennuyeuses et de mauvais goût. Assiégés sur les tréteaux de l'hôtel de Bourgogne, leur dernier refuge, par les censures ecclésiastiques, par les arrêts du Parlement, qui fit défense aux Confrères de la Passion de représenter à l'avenir des sujets tirés de l'Ecriture-Sainte, et par les huées des spectateurs, les pauvres Confrères, après avoir vainement assayé des pièces profanes, furent forcés de céder la place à de nouveaux acteurs, moyennant quelques droits honorifiques et pécuniaires, qui, après avoir été contestés à plusieurs reprises, furent juridiquement anéantis en 1629.

La pléiade de Ronsard leur avait déjà porté une rude atteinte avec la *Cléopâtre* d'Etienne Jodelle, qui n'était cependant qu'une servile et médiocre imitation des tragédies grecques, et la *Sophonisbe* de Mellin de Saint-Gelais. Puis vinrent Remy Belleau, Antoine de Baïf, Robert Garnier et Alexandre Hardy, dont la fécondité rappelle celle de Lope de Véga. La *Pyrame et Thisbé* de Théophile, parut en 1617 ; les *Bergeries* de Racan, en 1618. On vit ensuite surgir la scabreuse *Sainte-Agnès* de Pierre Trotterel, la fade *Sylvie* de Mairet, les créations informes de Villetoustain, de Schelandre, de Cotignon, de Bourrée, de Duryer, etc., etc.

Voilà où nous en étions lorsque les Espagnols avaient, depuis deux siècles, la *Célestine* de Rojas et les Italiens la *Mandragore* de Machiavel. Il était temps que Corneille donnât de la sévérité et de la grandeur à la littérature.

La tragédie et la comédie naissantes ne chassèrent cependant pas la farce, qui se joua aussi à l'hôtel de Bourgogne. Gros-Guillaume, Gautier-Garguille et Turlupin avaient établi leurs tréteaux à l'Estrapade, et y obtenaient un si grand succès, que Richelieu, en ayant ouï parler, força les comédiens de l'hôtel de Bourgogne à s'associer ces trois célèbres farceurs. Ils moururent tous les trois en 1634, et furent successivement remplacés, par Guillot-Gorju, par le fameux Scaramouche, le maître de Molière, que Mazarin avait fait venir d'Italie, et par Jodelet.

La scène du *Pédant joué* se passe à Paris, au collége de Beauvais. Manon Granger, fille de Nicolas Granger, principal de collége, est recherchée en mariage par le capitan Châteaufort, par M. de

La Tremblaye, gentilhomme peu favorisé de la fortune, et par Matthieu Gareau, paysan qui passe pour posséder des biens considérables. L'affection de la fille est entièrement pour le gentilhomme; mais le père, qui ne consulte que son avarice, la destine au paysan, et reçoit assez mal les deux autres prétendants.

Charlot, fils du pédant Granger, est épris de Genevotte, sœur de M. de La Tremblaye, mais il a pour rival son propre père qui voudrait convoler avec elle. Le Pédant désire se débarrasser de son fils et songe à l'envoyer à Venise chez un oncle paternel, *orbe d'hoirs mâles*, qui a besoin d'un personnage sur la fidélité duquel il puisse se reposer du maniement de ses facultés.

GRANGER.

Puis donc que tu n'as jamais voulu t'abreuver aux marais, fils de l'ongle du cheval emplumé, et que la lyrique harmonie du savant meurtrier de Python n'a jamais enflé ta parole, essaye si dans la marchandise, Mercure, aux pieds ailés, te prêtera son caducée. Ainsi le turbulent Eole te soit aussi affable qu'aux pacifiques nids des alcyons. Enfin, Charlot, il faut partir.

Charlot résiste, le père s'emporte et finit par sortir pour aller retenir une place au coche de Lyon. Le fils resté seul se désespère lorsque survient son valet Corbineli, un de ces valets narquois qui conduisent toute l'intrigue, sans avoir l'air d'y toucher, fils des Badins du seizième siècle, père des Scapins du dix-septième, et des Frontins du dix-huitième.

CORBINELI.

Si vous me voulez croire votre voyage ne sera pas long.

CHARLOT.

Ah ! mon pauvre Corbineli, te voilà. Sais-tu donc bien les malheurs où mon père m'engage ?

CORBINELI.

Il m'en vient d'apostropher tout le *tu autem*. Il vous envoie à Venise ; vous devez partir demain : mais pourvu que vous m'écoutiez, je pense que si le bonhomme, pour tracer le plan de cette ville, attend votre retour, il peut dès maintenant s'en fier à la carte. Il vous commande d'acheter ici quelque bagage à bon marché, qui soit rare à Venise, pour en faire un présent à votre oncle : c'est un couteau qu'il vient d'émoudre pour s'égorger. Suivez-moi seulement.

C'est ainsi que finit le premier acte.

Le second commence par un monologue du capitan Châteaufort, personnage d'un réalisme merveilleux. Ses rodomontades, ses jactances sont bien celles qu'on rêve à la vue des matamores burinés par Callot et Abraham Bosse.

Le théâtre et la caricature s'en emparèrent, parce qu'ils étaient nombreux en ce temps-là. Ces poltrons qui font les braves et assomment les gens du récit mensonger de leurs prouesses, ces capitaines Fracasse des théâtres de l'hôtel de Bourgogne et du Marais, correspondent au Capitan ou au Spezzafer de l'ancien théâtre italien. Le *baron de Fœneste*, ce gascon bravache et fanfaron de Théodore-Agrippa d'Aubigné, n'est pas autre chose. Maréchal fit, en 1637, une comédie intitulée : *Le véritable Capitan matamore ou le Fanfaron*, qui est imitée du *Miles gloriosus* de Plaute. Corneille en a introduit un dans l'*Illusion comique*. Il abat d'un souffle le grand Sophi de Perse et le grand Mogol ; il remplit tour à tour les hommes de terreur et les femmes d'amour ; les reines d'Ethiopie et du Japon, à leurs soupirs d'amour ne mêlent que son nom ; les sultanes se sont échappées du sérail pour le voir et l'ont mis quelque temps mal avec le Grand-Seigneur, aussi il a empêché une fois le soleil de se lever à son heure prescrite, parce qu'on ne trouvait point l'aurore, qui était couchée avec ce merveilleux brave.

Cela vous semble exagéré, détrompez-vous ; voici un rodomont réel qui ne le cède en rien à ceux de la fantaisie : Scudéry est un vrai capitan littéraire, bravache et cuistre, rodomont et pédant, dont les jactances dépassent tout ce qu'on pourrait imaginer. Il s'était fait peindre en tête du *Trompeur puni*, armé de pied en cap, avec cette légende outrecuidante :

> Et poète et guerrier
> Il aura du laurier.

Ce qui fit dire aux malins :

> Et poète et gascon
> Il aura du bâton.

Ce Scudéry était un homme qu'il fallait admirer ou se battre ; il faillit tuer La Calprenède, parce qu'il lui contestait quelque invention de son esprit. Ce n'était point assez que Conrart eût publié qu'il s'était rendu célèbre par toute la France, pour les nombreux ouvrages en vers et en prose dont il avait enrichi le public, il le força d'ajouter, dans le texte d'un privilége, qu'il était aussi grand guerrier que grand poète. Ce fanfaron était d'ailleurs assez brave : il fit ses preuves au Pas-de-Suze, et Turenne parle de son intrépidité. Du reste, il défendait ses amis avec la même chaleur que sa gloire personnelle. « Il n'y a rien, disait-il, de
» comparable à Théophile, ni parmi les vivants,
» ni parmi les morts ; et s'il y a quelqu'un qui
» pense que j'offense sa gloire imaginaire, pour

» lui montrer que je le crains aussi peu que je
» l'estime, je veux qu'il sache que je m'appelle
» Scudéry. »

Je tiens à donner une idée plus complète de ses jactances, en citant quelques passages de la dédicace de son *Alaric* à la sérénissime reine de Suède.

« Le vainqueur de Rome va mettre aux pieds
» de V. M. les trophées qu'il s'éleva sur le Ca-
» pitole, et présenter à la plus grande Reine du
» Monde les glorieuses dépouilles de la plus
» grande Reine de l'Univers. Mais comme il a
» su ce que le grand Gustave a fait et quelle est
» votre haute réputation parmi toutes les Na-
» tions de la Terre, il craint que le Héros ne
» soit pas digne de l'Héroïne et que l'offrande
» ne soit trop basse pour un autel si élevé. En
» effet, Madame, quand il mettrait au pied de
» votre Thrône plus de Couronnes que vous
» n'en portez à vos Armes, cet hommage, quoi-
» que fort illustre, le seroit bien moins que
» vostre vertu : et s'il faloit proportionner à
» cette vertu les choses qu'on vous présente,
» à peine les sceptres de tous les rois y pour-
» roient suffire. Certainement, Madame, jamais
» panégyrique ne fut si aisé à faire que celuy
» de V. M. Car en disant qu'estre fille du plus
» grand conquérant des derniers siècles, est la

» moindre de vos qualités, j'auray plus dit
» qu'on n'a jamais dit, et plus qu'on ne pourra
» jamais dire : mais j'y ajouteray toutesfois en-
» core, que la grandeur de vostre âme, et celle
» de vostre esprit, mettent V. M. autant au des-
» sus des Reines, que les Reines sont au dessus
» des autres Dames.

» Véritablement ceux qui nous ont voulu faire
» passer pour les Merveilles de l'Univers, des
» Pyramides, des Tombeaux et des Colosses,
» nous ont bien dit par là tacitement qu'ils
» n'avoient pas de CHRISTINES dans leur siè-
» cle : car ils ne se seroient pas amusés à nous
» descrire ces prodiges de l'Art, s'ils eussent
» eu à nous parler d'un aussi grand miracle de
» la Nature.

» Je ne scay si la grandeur de mon sujet
» m'aura fait concevoir quelque chose de grand,
» et je scay que ce n'est pas à un broyeur d'ocre
» à oser entreprendre de vous peindre ; mais si
» ma force a respondu à mon courage et à mon
» zèle, une belle Reine Amazone aura peut-
» estre son Apelles comme Alexandre avoit le
» sien ; et la gloire des Thomyris et des Ama-
» lazontes vos devancières, sera absolument
» obscurcie par l'incomparable esclat de celle
» de V. M. Certes, Madame, vous devez tenir
» pour assuré que je suis infiniment persuadé

» de vostre mérite, puisque je le loue infini-
» ment : car si cela n'estoit pas toutes vos cou-
» ronnes n'auroient point assez de splendeur
» pour m'esblouir, ny assez d'or pour me faire
» parler contre mes propres sentiments. Je fais
» profession d'une vertu trop délicate pour estre
» flateur : et ma naissance est trop noble pour
» prendre l'employ d'un esclave. »

J'en passe et des meilleures, mais je ne saurais omettre celle-ci :

« Au reste, Madame, si cette grande pein-
» ture a le bonheur de vous plaire, comme j'ay
» le cœur assez eslevé, je ne m'en propose pas
» une petite récompense. En effet, quand tout
» le cuivre et le fer de la Suède seroient de l'or,
» et que V. M. m'en donneroit les minières,
» mon ambition ne seroit pas satisfaite, si elle
» me les donnoit seules. Il faut, Madame, que
» vous me donniez plus que tout cela, si vous
» voulez que je sois content de vostre libéralité,
» c'est-à-dire qu'il faut que V. M. m'accorde
» l'honneur de sa bienveillance. Je crois qu'il
» est honorable d'estre intéressé de cette sorte ;
» qu'il est permis d'estre avare d'une si noble
» façon ; et qu'il est glorieux d'aspirer à des
» trésors, que tous les Crésus n'esgaloient
» pas. »

La préface du Franca Trippa n'est pas moins

outrecuidante que sa dédicace. J'en dois citer un échantillon :

« Comme ce Poëme épique a beaucoup de
» rapport, quand à la constitution, avec ces
» ingénieuses Fables, que nous appelons des
» Romans ; il est presque superflu que j'en
» parle icy : puisque j'en ai traité assez ample-
» ment dans l'avant-propos de mon illustre
» Bassa : et que d'ailleurs l'heureux succès de
» ce Grand Visir et celui du Grand Cyrus qui
» l'a suivy, ont assez fait voir, ce me semble,
» que je n'ignore pas absolument ce genre d'es-
» crire, dont je me mesle quelquefois. Néant-
» moins, comme il pourroit estre qu'une partie
» de ceux qui liront ce poëme n'auroient pas
» veu ces ouvrages ; j'ay creu que je ne ferois
» pas mal de mettre en ce lieu un Discours de
» l'Epopée : afin de faire voir aux lecteurs, que
» je n'ay pas entrepris d'eslever un si grand
» Bastiment, sans sçavoir toutes les proportions
» et tous les alignements que l'Art enseigne. »

J'ai cité ces outrecuidances pour habituer le lecteur à celles de Châteaufort, l'un des capitans les plus complets que l'on ait jamais mis sur la scène.

Le second acte débute donc par un monologue du capitan Châteaufort, qui voudrait bien se débarrasser de La Tremblaye, mais qui ne sachant comment s'y prendre, en est finalement réduit à n'oser pas seulement lui défendre de vivre, parce qu'il ne sait comment le faire mourir. Matthieu Gareau le surprend au milieu de ses rêveries. Ce paysan madré est le type des Lubins, des Pierrots et des Lucas de Molière. C'est le premier paysan que l'on ait mis sur la scène parlant le jargon de province.

La conversation de ces deux personnages est singulière. Gareau raconte ses aventures et ses voyages dans les pays lointains ; Châteaufort lui fait des questions si saugrenues, que le paysan impatienté lui donne des coups de bâton, si bien que le bravache déguerpit.

CHATEAUFORT.

Quoi que tu fasses, ayant protesté que tu gagnerais cela sur moi-même de me laisser battre une fois en ma vie, il ne sera pas dit qu'un maraud comme toi me fasse changer de résolution.

Surviennent le Pédant et sa fille.

GRANGER (*à Gareau*).

Voilà ma fille qui voudrait déjà qu'on dit d'elle et de vous : *Sub, super, tu, subter, casu junguntur viroque, in vario sensu.*

MANON.

Mon père, je ne suis pas capable de former des souhaits,

mais de seconder les vôtres : conduisez ma main dans celle que vous avez choisie, et vous verrez votre fille d'un visage égal, ou descendre ou monter.

GRANGER.

Rien donc ne nous empêche plus de conclure cet accord, aussitôt que nous saurons les natures de votre bien. Vos facultés consistent-elles en rentes, en maisons ou en meubles ?

GAREAU.

Dam ! oui. J'ai très bian de tout ça, par le moyan d'un héritage.

GRANGER.

Qu'on donne promptement un siége à monsieur. Manon, saluez votre mari. Cette succession est-elle grande ?

GAREAU.

Elle est de vingt mille francs.

GRANGER.

Vite, Paquier, qu'on mette le couvert.

Là-dessus, Gareau explique son affaire d'une si hétéroclite façon (1), que le Pédant, persuadé

---

(1) L'auteur des *Anecdotes dramatiques*, dit : « Gareau fait le détail d'un procès que lui occasionna une succession qui doit faire tout son bien, et ce rapport du procès est une énigme indéchiffrable. On dit, cependant, qu'un habile avocat s'étant, à ses heures de loisir, donné la peine d'examiner le droit de ce paysan, il avait reconnu qu'il avait raison, et que la succession devait lui appartenir. »

qu'il n'a pas hérité, se renfrogne, fait replier la nappe, et l'éconduit en lui conseillant d'aller « promener sa charrue ailleurs que sur le » champ virginal du ventre de sa fille. »

GAREAU.

Ma foy voire! aussi bian n'en velai-je pus. J'aime bian mieux eune bonne ménagère, que non pas de ces Madames de Paris qui se fesont courtiser des courtisans. Vous verrais ces galouriaux, tant que le jour est long, leur dire : Mon cœur, mamour; par-ci, par-là, je le veux bian, je le veux bian. Et pis, c'est à se sabouler, à se patiner, à plaquer les mains au commencement sur les joues, pis sur le cou, pis sur les tripes, pis sur le brichet, pis encore pus bas ; et ainsi le vit se glisse (1). Stanpen-

(1) Il existe deux éditions du *Pédant joué*, de Charles de Sercy : l'une est de 1654, et l'autre de 1658. Elles renferment beaucoup de passages libres et de mots orduriers. L'édition de Rouen, qui est la réimpression exacte des premières avec toutes les gravelures, est celle d'après laquelle je cite cet audacieux passage, qui fut plus tard singulièrement corrigé. Le *visse-glisse*, telle est la leçon ridiculement pudibonde et incompréhensible des éditions de 1710 et de 1741. Les œuvres de Cyrano n'ont été imprimées qu'avec des suppressions considérables. Il paraît que M. de Monmerqué avait dans sa bibliothèque un manuscrit du *Pédant joué* et des *Etats de la Lune*, avec des passages inédits qui sont dignes d'attention. J'ignore si cet académicien, qui a fait une vente publique d'une partie de ses collections, a encore le manuscrit en question. Je le recommande, ainsi que les dédicaces du libraire Charles de Sercy, aux bibliophiles et aux gourmets littéraires. Pour ne pas abuser des notes, j'ajoute ici la nomenclature des principales éditions des œuvres de Cyrano. Paris :

dant, moy, qui ne veux pas qu'on me fasse des trogedies, si j'avouas trouvé queuque ribaud licher le morviau à ma femme : comme cet affront-là frappe bian au cœur, peut-être que, dans le désespoir, je m'emporterouas à jeter son chapiau par les fenêtres, pis ce serait du scandale ; tigué, queuque gniais !

Corbineli annonce au Pédant que son fils a été fait prisonnier par une galère turque. C'est cette fameuse scène que Molière, grand et habile picoreur, s'est appropriée, dans les *Fourberies de Scapin*, en disant : « Je prends » mon bien où je le trouve. » Il l'a copiée presque littéralement jusqu'à cette merveilleuse phrase devenue un proverbe : « Que diable » allait-il faire dans cette galère ? »

Charles Nodier a raison de dire qu'en général l'homme qui donne un proverbe au peuple a fait preuve de génie, et Cyrano en est là.

Granger, après avoir donné la rançon de son fils à Corbineli, ordonne à Paquier, son cuistre, d'aller faire un beau compliment à Genevotte, de sa part, et surtout de ne l'entretenir que de feux, de charbons, de traits, et s'en va.

Charles de Sercy, 1661, 2 vol. in-12. Amsterdam, c'est-à-dire Trévoux : Daniel Pain, 1699, 2 vol. in-12. Amsterdam : Jacques Desbordes, 1709, 2 vol. in-12. Idem : 1741, 3 vol. in-12. Rouen : Séjourné, 1676. Rouen : Jean Besogne, 1678.

Genevotte entre, Paquier remplit consciencieusement la commission du Pédant, lorsqu'il est intempestivement interrompu par l'arrivée de Châteaufort, qui fait fuir Genevotte.

CHATEAUFORT.

Hé, mon Dieu, Messieurs, j'ai perdu mon garde, personne ne l'a-t-il rencontré? Sans mentir j'en ferai reproche à la connétablie, d'avoir fié à un jeune homme la garde d'un diable comme moi. Si j'allais maintenant rencontrer ma partie, que serait-ce? Il faudrait s'égorger comme des bêtes farouches. Pour moi, encore que je sois vaillant, je ne suis point brutal. Ce n'est pas que je craigne le combat ; au contraire, c'est le pain quotidien que je demande à Dieu tous les jours en me levant. Holà ! garde-mulet, ne l'as-tu pas vu passer mon garde? C'est un garde que les Maréchaux de France m'ont envoyé pour m'empêcher de faire un duel, le plus sanglant qui ait jamais rougi l'herbe du Pré-aux-Clercs.

PAQUIER.

Hé bien, Monsieur, qu'importe, puisque vous voulez tuer votre ennemi, que ce garde vous ait abandonné ? Vous pouvez à cette heure vous battre sans obstacle.

CHATEAUFORT.

Quoi ! tu te figures que je sois si peu sensible à l'honneur, que de me résoudre à tromper lâchement, traîtreusement la vigilance d'un honnête homme qui me gardait, et qui, à l'heure que je parle, ne s'attend nullement que je me batte ? Moy, aggraver la faute d'un imprudent par une plus grande ! Si je pensais qu'un seul homme se le fût imaginé, pour me venger d'un individu sur toute l'espèce j'enverrais défendre au genre humain d'être vivant dans trois jours.

PAQUIER.

Adieu, adieu.

CHATEAUFORT.

Va toi-même à Dieu, poltron, et lui dis de ma part que je lui vais envoyer bientôt tout ce qui reste d'hommes sur la terre.

Au troisième acte, Granger attend Genevotte, qui arrive en riant aux éclats, et lui raconte le tour que l'on vient de jouer à un avare dont elle fait un portrait médiocrement flatteur. C'est le récit que Zerbinette fait à Géronte dans les *Fourberies de Scapin*, et que Molière a encore dérobé à Cyrano. Granger n'a pas de peine à reconnaître son aventure; sa flamme n'en est pourtant pas refroidie, et il la lui expose par les quatre figures de rhétorique : les antithèses, les métaphores, les comparaisons et les arguments. La jeune fille, d'accord avec son frère, promet un rendez-vous au Pédant pour la nuit, en lui recommandant de venir avec une échelle et de monter par la fenêtre; car son frère, dit-elle, serre tous les soirs les clefs de la maison sous le chevet. Granger s'en va ravi ; Charlot survient, Genevotte lui explique la ruse, et le troisième acte finit.

Au quatrième, la nuit est venue. Le Pédant et son cuistre croisent devant la maison de la belle. Paquier, croyant placer l'échelle contre le mur, l'appuie sur le dos de Corbineli, qui les guette, et tombe. Il remonte à l'échelle et nage des bras dans la nuit pour toucher le mur. Corbineli transporte l'échelle d'un côté et d'autre avec tant d'adresse, que Paquier, faisant aller sa main à droite et à gauche, frappe toujours un des côtés sans trouver d'échelons. Les deux pédagogues effrayés croient avoir affaire au diable, à une larve. Le valet, pour les achever, leur distribue quelques horions, entre prestement dans la maison de La Tremblaye, et se met à la fenêtre, d'où il les harangue en déguisant sa voix, de telle façon qu'ils croient à une apparition démoniaque.

M. de La Tremblaye survient en criant au voleur! et veut faire pendre Paquier et Granger, qui appelle Châteaufort à son secours. Le capitan paraît à la fenêtre.

CHATEAUFORT.

Qui sont ces canailles qui font du bruit là-bas? Si je descends, je lâcherai la bride aux Parques.

GRANGER.

Ah! M. de Château-Très-Fort, envoyez de l'arsenal de votre puissance la foudre craquetante sur la témérité criminelle de ces chétifs mirmidons.

CHATEAUFORT (*descendu sur le théâtre*).

Vous voilà donc, maraud.

GRANGER.

M. de Châteaufort, *à minori ad majus;* si vous traitez de la sorte un malheureux, que ferez-vous à votre rival?

CHATEAUFORT.

Mon rival! Jupiter ne l'oserait être avec impunité.

GRANGER.

Cet homme ose donc plus que Jupiter?

CHATEAUFORT.

Ce grimaud, ce fat, ce farfadet? Docteur, vous avez grand tort : je l'allais faire mourir avec douceur ; maintenant que ma bile est échauffée, sans vous mettre au hasard d'être accablé du ciel qui tombera de peur, je ne le saurais punir. N'avez-vous point vu cet estramaçon dont les siècles ont tant parlé? Certain fat avait marché dans mon ombre; mon tempérament s'en alluma, je laissai tomber celui de mes revers, qu'on nomme l'archiépouvantable, avec un tel fracas, que le vent seul de ma tueuse ayant étouffé mon ennemi, le coup alla foudroyer les omoplates de la Nature. L'Univers de frayeur, de carré qu'il était, s'en ramassa tout en boule : les cieux en virent plus de cent mille étoiles : la terre en demeura immobile : l'air en perdit le vent : les nuées en pleurèrent : Iris en prit l'écharpe : le soleil en courut comme un fou : la lune en dressa les cornes : la canicule en enragea : le silence en mordit ses doigts : la Sicile en trembla : le Vésuve en jeta feu et flammes : les fleuves en gardèrent le lit : la nuit en porta le deuil : les fous en perdirent la raison : les chimistes y gagnèrent la pierre : l'or en eut la jaunisse : la crotte sécha sur pied : le tonnerre en gronda : l'hiver en eut le frisson : l'été en sua : l'automne en avorta : le vin s'en aigrit : l'écarlate en rougit : les rois en eurent échec et mat : les cordeliers en perdirent leur latin : et les noms grecs en vinrent au duel.

LA TREMBLAYE.

Pour éviter un semblable malheur, je vous fais commandement de me suivre. Allons, monsieur l'archi-épouvantable, je vous fais prisonnier à la requête de l'Univers.

CHATEAUFORT.

Vous le voyez, Docteur, pour ne vous pas envelopper dans le désastre de ce coquin, j'ai pu me résoudre à lui pardonner.

Manon demande la grâce de son père à M. de La Tremblaye. Elle convient qu'il mérite la mort, d'avoir été surpris en volant sa maison; mais comme il l'a tant aimée, elle compte, en devenant sa femme, obtenir son pardon. Granger se sent joué; il se résigne cependant, et consent au mariage de sa fille avec le gentilhomme ; à la condition, toutefois, que celui-ci lui accordera la main de sa sœur Genevotte.

LA TREMBLAYE.

Désirer cela, c'est me le commander. Mais n'oublions pas de punir ce grotesque rodomont de son impertinence. (*Il frappe Châteaufort.*)

CHATEAUFORT (*comptant les coups*).

Un, deux, trois, quatre, cinq, six, sept, huit, neuf, dix, onze, douze. Ah! le rusé, qu'il a fait sagement. S'il en eût donné treize, il était mort.

LA TREMBLAYE.

Voilà pour vous obliger à ce meurtre. (*Il le jette à terre d'un coup de pied.*)

CHATEAUFORT.

Aussi bien me voulais-je coucher.

LA TREMBLAYE.

Allons chez nous passer l'accord.

GRANGER.

Entrez toujours, je vous suis. Je demeure ici un moment pour donner des ordres que nous ayons de quoi nous ébaudir.

Il ordonne alors à Paquier d'aller chercher des musiciens, des confrères d'Orphée. Celui-ci lui fait observer qu'au lieu de l'envoyer quérir des baladins, il serait bien plus urgent de le faire habiller, car il est fait comme un gueux. Là-dessus arrive Corbineli.

GRANGER.

Corbineli, tu vois un pirate d'amour : c'est sur cette mer orageuse et fameuse que j'ai besoin pour guide du phare de tes inventions. Certaine voix secrète me menace, au milieu de mes joies, d'un brisan, d'un banc ou d'un écueil. Penses-tu que ma maîtresse renvoie mon fils, sans rallumer des flammes qui ne sont pas encore éteintes? Ah! c'est une plaie nouvellement fermée, qu'on ne peut toucher sans la r'ouvrir. Toi seul peux démêler les sinueux détours d'un si léthifère dédale. Toi seul peux devenir l'Argus qui me conservera cette Io. Fais donc, je te supplie, toi qui es l'astre et la constellation de mes félicités, que mon fils ne soit plus rétrograde à ma volonté. Mais si tu veux que l'embryon de tes espérances, devenant le plastron de mes libéralités, fasse métamorphoser ta bourse en un microcosme de richesses, et ta poche en corne d'abondance, fais, dis-je, que mon coquin de fils prenne un verre au collet de si bonne sorte, qu'ils en tombent tous deux sur le cul. Je présage un triste succès à mes entreprises s'il assiste à cette fête : c'est pourquoi enfonce-le dans un cabaret, où le jus des tonneaux le puisse entretenir jusques à demain matin. Voici de l'or, voici de l'argent : regarde si, par un prodige surnaturel, je ne fais pas bien dans ma poche conjonction du soleil et de la lune sans éclipse. Prends, ris, bois, mange, et surtout fais-le trinquer jusques à l'ourlet. Qu'il en crève, n'importe, ce ne sera que du vin perdu.

Corbineli et Paquier promettent au Pédant de seconder ses projets ; mais ils avertissent Charlot et lui conseillent de feindre l'ébriété. Charlot écoute le conseil, et arrive auprès de son père en contrefaisant l'ivrogne. Il déblatère, et finit par frapper Paquier, qui s'enfuit avec Granger.

LA TREMBLAYE.

Marchez, marchez, il faut bien que la position éborgne étrangement votre bon père ; car il était bien aisé de juger, que ni vos yeux, ni vos gestes, ni vos pensées, ne sentaient point le vin. Mais encore je n'ai point su ce que vous prétendez par cette galanterie.

CHARLOT.

Je vous l'apprendrai chez vous.

Au cinquième acte, le cuistre Paquier, vexé d'avoir été battu par Charlot, dévoile l'intrigue au Pédant, et le prévient d'un nouveau tour qu'on a l'intention de lui jouer, pour obtenir son consentement au mariage de Genevotte avec Charlot, qui doit feindre le mort.

GRANGER.

Mais *cui bono* toute cette machine de fourbes ?

PAQUIER.

Cui bono ? Je m'en vais vous l'apprendre : c'est qu'étant ainsi trépassé, Mademoiselle Genevotte, laquelle a pris langue des conjurés, doit feindre qu'elle avait promis au défunt de l'épouser vif ou mort, et qu'à moins de s'être acquittée de sa parole, elle n'ose vous donner la main. Corbineli, là-dessus, vous conseillera de lui faire épouser le cadavre (au moins de faire toutes les cérémonies qu'on observe dans l'action des épousailles), afin qu'étant ainsi libre de sa promesse, elle vous la puisse engager. Donc, comme il s'y attend bien, quand vous leur aurez fait prêter la foi conjugale, votre fils doit ressusciter et vous remercier du présent que vous lui aurez fait.

Entre Corbineli annonçant la mort de Charlot. Le Pédant lui ordonne d'aller quérir Genevotte, qui arrive incontinent. Granger leur dit qu'il n'est pas dupe de leur fourbe, et enjoint à Corbineli, pour toute pénitence, d'exhiber le spectacle de quelque intrigue ou de quelque comédie que M. de La Tremblaye a demandée pour réjouir l'assemblée.

GRANGER.

J'avais mis en jeu mon paranymphe des Muses, mais M. de La Tremblaye n'a pas trouvé bon que rien se passât sur ces matières sans prendre ton avis.

Corbineli, qui, malgré cet échec, ne se tient pas pour battu, rumine une nouvelle embûche, dans laquelle il espère faire choir le Pédant, et lui promet une comédie dont il sera content. Là-dessus ils s'en vont. Châteaufort entre en scène, où il est bientôt rejoint par Gareau ; ils se gouaillent. Granger intervient, et leur permet de rester spectateurs de l'invention théâtrale de Corbineli.

La comédie commence. Charlot représente un jeune homme amoureux d'une fille, dont Genevotte joue le rôle. Ces deux personnages, après avoir roucoulé quelques tendresses, viennent prier Granger de leur permettre de se marier.

GRANGER.

Comment, marier : c'est une comédie.

CORBINELI.

Hé bien ! ne savez-vous pas que la conclusion d'un poème comique est toujours un mariage.

GRANGER.

Oui, mais comment serait-ce ici la fin ; il n'y a pas encore un acte de fait.

CORBINELI.

Nous avons uni tous les cinq en un, de peur de confusion : cela s'appelle pièce à la polonaise.

GRANGER.

Hé bien ! comme cela, je te permets de prendre Mademoiselle pour légitime épouse.

Lorsque le contrat est signé, Charlot et Genevotte avouent au Pédant la fourberie dont ils viennent de faire usage.

CORBINELI.

C'est une pilule qu'il vous faut avaler.

LA TREMBLAYE.

Vous l'avalerez, ou par la mort !

Là-dessus, le paysan Gareau fait d'amères réflexions sur les tribulations et les infortunes conjugales que lui avait causées sa première femme, et se félicite de n'avoir pas épousé Genevotte, qui lui en eût fait peut-être autant. Corbineli prie Châteaufort d'augmenter le bien des nouveaux mariés de celui d'un empire. Celui-ci répond qu'il donne assez quand il n'ôte rien, et qu'il leur a fait beaucoup de bien de ne leur avoir point fait de mal.

CHARLOT (*à Genevotte*).

Mon petit cœur, il est fort tard, allons nous mettre au lit.

PAQUIER.

Je n'ai donc plus qu'à faire venir la sage-femme ; car vous allez entrer en travail d'enfant.

LA TREMBLAYE.

Je n'oserais quasi prendre la hardiesse de vous consoler.

GRANGER.

N'en prenez pas la peine, je me consolerai bien moi-même. *O tempora ! ô mores !*

Le *Pédant joué* est une pièce très-irrégulière sans doute. Le plan en est défectueux et la conduite incohérente ; il y a peu de liaison dans les scènes, mais beaucoup de situations comiques et d'un goût singulier. Le dénouement est ridicule et d'une improbabilité révoltante. Le style hérissé de concetti, de *gofferies*, de calembredaines, de quolibets effrontés, a cependant une allure vive et piquante, une certaine verdeur fringante, cavalière et narquoise dont la saveur est d'un haut ragoût. Les expressions techniques, dont rougit la pruderie de notre époque, appartiennent au langage familier du temps, et nul ne songeait à s'en offusquer. Il ne faut, d'ailleurs, pas oublier que notre auteur, en sa qualité de compatriote de Montaigne et de Brantôme, a pris les doctrines sceptiques de l'auteur des *Essais* et la désinvolture gaillarde de celui des *Dames galantes*.

Les caractères sont neufs, soit par le fond, soit par la manière dont ils sont présentés. Le rôle un peu outré de Granger est original, quoiqu'on eût antérieurement introduit des pédants sur la scène. Si Pierre Paquier, comme l'a dit Charles Nodier, n'est pas le type du Pierrot de nos théâtres de la foire et du boulevard, il en est au moins la meilleure expression écrite. Châteaufort est un capitan d'une espèce nouvelle, que je trouve prodigieusement divertissant. Le paysan Gareau est incontestablement le personnage le plus original de l'œuvre. Ce manant astucieux, brutal, égoïste et madré, comme presque tous les paysans, est une admirable création, car c'est somme toute le personnage raisonnable de la pièce, l'homme positif qui ramène tous ces affolés de la science, de l'amour ou de la vanité au ton naturel.

Il ne faut pas oublier que, quoiqu'il n'ait été représenté qu'en 1654, le *Pédant joué* est l'œuvre d'un écolier, car Cyrano en eut la première idée dès le temps où il était au collége de Beauvais, dirigé alors par Granger, dont il se vengea en en faisant le principal personnage, sans prendre la peine de lui donner un autre nom. Ce Granger est celui dont Guy Patin a dit qu'après avoir été principal de Beauvais, il épousa, en 1637, pour la décharge de sa conscience, sa servante, en ayant eu des enfants.

Pour être juste il faut avouer que Cyrano s'est souvenu du *Candelaïo* de Nolano Bruno, qui venait d'être traduit en français sous le titre de *Boniface et le Pédant*.

La *Mort d'Agrippine* fut représentée en 1653. Il ne s'agit pas ici de la mère de Néron, mais de la fille d'Agrippa, petite-fille d'Auguste, célèbre par sa tendresse pour Germanicus son époux.

Germanicus, après ses succès sur le Rhin, avait été envoyé en Syrie où Agrippine l'accompagna. Il y fut empoisonné par Pison, à l'instigation de Tibère, jaloux de son génie militaire. Sa veuve rapporta ses cendres en Italie et accusa son meurtrier, qui n'échappa à ses poursuites qu'en se donnant la mort.

L'arrogant et astucieux Séjan, qui déshonora sa première jeunesse par de criminelles complaisances pour Apicius, était alors tout-puissant sur l'esprit de Tibère et rêvait le pouvoir suprême. Pour y parvenir il feignit d'être épris de Liville, sœur de Germanicus, épouse de Drusus, fils de Tibère, la séduisit et lui proposa de l'épouser et de l'élever avec lui au trône, après s'être débarrassés de son mari. Liville prise de vertige y consentit, et Drusus fut empoisonné par l'eunuque Lygdus et le médecin Eudémus. Séjan répudia Apicata, dont il avait trois enfants, et demanda la main de Liville à

Tibère, qui la lui refusa. Le favori ne se laissa pas décourager : il réveilla la haine de la vieille Livie et la jalousie de Liville contre Agrippine, afin que ces deux princesses représentassent, en toute occasion, la veuve de Germanicus à l'empereur comme une orgueilleuse ennemie, qui, fière de sa fécondité et de la faveur populaire, aspirait à la souveraine puissance. Agrippine fut reléguée dans l'île Pandataria, où sa mère Julie avait été autrefois, pour des causes bien différentes, enfermée par Auguste. Néron, son fils aîné, fut exilé dans l'île de Ponce, où il mourut de faim; Drusus, le second, fut emprisonné à Rome, où on l'égorgea plus tard. Le troisième fut Caligula. Quant à ses trois filles elles furent mariées : Drusille à Cassius, Julie à Vinitius et Agrippine à Domitius Ænobarbus. Caligula, parvenu au pouvoir, eut avec elles un commerce incestueux, surtout avec Drusille; car il rompit le mariage qu'elle avait contracté avec Cassius, pour la marier à Lepidus, qui était en société avec lui des débauches les plus contraires à la nature.

Tibère, effrayé de l'ambition de Séjan, le fit cependant cauteleusement condamner à mort par le sénat, dont la sentence fut immédiatement exécutée. Ses enfants eurent le même sort que leur père; Apicata, qu'il avait répudiée, fut épargnée;

mais la mort de ses enfants, et la vue de leurs corps exposés aux gémonies, lui causèrent une douleur si cruelle qu'elle n'y put survivre ; elle se tua elle-même, après avoir dressé et envoyé à Tibère un mémoire où elle lui dévoilait l'intrigue qui lui avait enlevé, par le poison, son fils Drusus. L'empereur, qui avait jusque-là attribué sa mort à une maladie causée par son intempérance et ses excès, fit mettre Liville à mort. Quant à Agrippine, elle mourut de faim, deux ans après Séjan.

Pendant que toutes ces horreurs se passaient à Rome, Jésus-Christ prêchait l'Evangile dans les bourgades de la Judée, et fondait la monarchie spirituelle annoncée par les prophètes, et destinée à subjuguer, par la parole, les royaumes de la terre.

Tel est le sujet qu'a choisi Cyrano, en altérant la donnée historique; aussi sa tragédie devrait être plutôt intitulée la *Conspiration de Séjan* que la *Mort d'Agrippine,* car la veuve de Germanicus n'y meurt pas. Cette tragédie est précédée d'une épître dédicatoire à Mgr le duc d'Arpajon et d'un sonnet à Mlle d'Arpajon, qui ne voulut pas se marier et qui entra aux Carmélites, en 1668, où elle prit l'habit sous le nom de Sainte-Marie-de-la-Croix. Je ne reproduis pas l'épître, mais je crois devoir citer le sonnet qui se trouve dans l'édition de Rouen, 1676.

Le vol est trop hardi que mon cœur se propose :
Il veut peindre un soleil par les dieux animé,
Un visage qu'Amour de ses mains a formé,
Où des fleurs du Printemps la jeunesse est éclose ;

Une bouche où respire une haleine de rose,
Entre deux arcs flambants d'un corail allumé,
En balustre de dents en perles transformé,
Au-devant d'un palais où la langue repose ;

Un front où la pudeur tient son chaste séjour,
Dont la taille polie est le trône du jour ;
Un chef-d'œuvre où s'est peint l'ouvrier admirable.

Superbe, tu prétends par-dessus tes efforts :
L'éclat de ce visage est l'éclat adorable
De son âme qui luit au travers de son corps.

Au premier acte, Agrippine rappelle, en pleurant, à sa confidente Cornélie, la mort de Germanicus. Séjan, qui en est épris, vient lui annoncer que Tibère arrive de Caprée, et que l'heure est venue de le faire périr. Agrippine lui confie sa destinée, qui, triomphants ou vaincus, doit leur être commune, en lui disant que si d'elle il prétend disposer, le trône est le temple où elle doit l'épouser. Liville vient trouver Séjan, lorsque Agrippine est sortie, et lui demande sa mort. Le favori de Tibère hésite, et la sœur de Germanicus lui reproche tout ce qu'elle a fait pour lui.

LIVILLA.

Quoi ! je t'ai de mon frère immolé jusqu'au nom !
Sur son fameux débris élevé ton renom
Et chassé, pour complaire à toi seul où j'aspire,
De mon lit et du jour l'héritier de l'Empire !
Je semblais un lion sur le trône enchaîné,
Qui t'en gardait l'abord comme à toi destiné.
J'ai fait à ton amour, au péril de la tombe,
Des héros de ma race un funeste hécatombe ;
Et ne préjugeant pas obtenir les souhaits
D'un si grand criminel, que par de grands forfaits,
On m'a vu promener, encor jeune, encor fille,
Le fer et le poison par toute ma famille,
Et rompre tous les nœuds de mon sang, de ma foi,
Pour n'être plus liée à personne qu'à toi.
Chaque instant de ma vie est coupable d'un crime,
Paie au moins tant de sang du sang d'une victime.
Je n'en brûle de soif qu'afin de te sauver
Du bras qu'à ton malheur ce sang fera lever.
Ose donc ; ou permets, quand on joindra notre âme,
Que je sois ton mari, si tu n'es que ma femme.

Le cauteleux Séjan calme ses ressentiments, en prétendant qu'il est plus urgent de se débarrasser de Tibère, et qu'on se défera plus facilement ensuite d'Agrippine.

Au second acte, Tibère est arrivé à Rome et

dit à son confident Nerva, qui l'engage à faire périr Agrippine, que l'instant n'est pas encore venu. Celle-ci paraît. Leur entrevue est un chef-d'œuvre d'ironique duplicité. L'empereur, lui offrant hypocritement le diadème, ne réussit pas à l'abuser, et il se retire en ordonnant à Séjan de lui découvrir les vastes desseins qu'il a pour sa grandeur; mais Agrippine est sourde à tout ce que lui dit le favori, et lui rappelle qu'il ne l'épousera que le sceptre à la main. Séjan reste seul avec son confident Térentius, qui lui conseille d'abandonner la cour, où il lui prédit qu'il sera écrasé entre Agrippine et Tibère; mais l'ambitieux, que la perspective du trône a enivré, veut que Tibère meure.

TÉRENTIUS.

Mais n'as-tu point d'horreur pour un tel parricide ?

SÉJANUS.

Je marche sur les pas d'Alexandre et d'Alcide.
Penses-tu qu'un vain nom de traître, de voleur,
Aux hommes demi-dieux doive abattre le cœur ?

TÉRENTIUS.

Mais d'un coup si douteux peux-tu prévoir l'issue ?

SÉJANUS.

De courage et d'esprit cette trame est tissue :

Si César massacré, quelques nouveaux tyrans,
Elevés par mon crime au trône où je prétends,
Songent à s'emparer du pouvoir monarchique,
J'appellerai pour lors le peuple en république,
Et je lui ferai voir que par des coups si grands
Rome n'a pas perdu mais changé ses tyrans.

TÉRENTIUS.

Tu connais cependant que Rome est monarchique,
Qu'elle ne peut durer dans l'aristocratique,
Et que l'aigle romaine aura peine à monter,
Quand elle aura sur soi plus d'un homme à porter.
Respecte et crains des dieux l'effroyable tonnerre.

SÉJANUS.

Il ne tombe jamais, en hiver, sur la terre ;
J'ai six mois pour le moins à me moquer des dieux,
Ensuite je ferai ma paix avec les cieux.

TÉRENTIUS.

Ces dieux renverseront tout ce que tu proposes.

SÉJANUS.

Un peu d'encens brûlé rajuste bien des choses.

TÉRENTIUS.

Qui les craint ne craint rien.

SÉJANUS.

      Ces enfants de l'effroi,
Ces beaux riens qu'on adore, et sans savoir pourquoi,

Ces altérés du sang des bêtes qu'on assomme,
Ces dieux que l'homme a faits et qui n'ont point fait l'homme,
Des plus fermes états ce fantasque soutien,
Va, va, Térentius, qui les craint ne craint rien.

TÉRENTIUS.

Mais s'il n'en était point, cette machine ronde....

SÉJANUS.

Oui, mais s'il en était, serais-je encore au monde ?

Liville arrive et prévient Séjan que les augures ne sont pas propices; mais celui-ci la rassure, en lui persuadant que les présages sont contre Tibère.

Au troisième acte, Agrippine, poursuivie par l'ombre de Germanicus, qui semble lui reprocher de ne l'avoir pas encore vengé, jure d'égorger Tibère; qui paraît et qu'elle n'ose frapper. Elle va lui dévoiler la conspiration, lorsque Séjan survient et l'arrête habilement, en disant à l'empereur que l'on croit dans Rome qu'il est venu pour répandre, avec Agrippine, ce qui reste du sang des Césars. Tibère sort pour aller calmer la sédition. Séjan conseille à Agrippine d'attendre un moment plus favorable pour la vengeance et va rejoindre l'empereur. Liville entre et dit à Agrippine, avec aigreur, que le peuple soulevé la tient à couvert du

tyran, que les dieux sont en sa faveur et que,
pour se bien acquitter, ils la couronneront.

AGRIPPINE.

Ils s'acquitteront bien, quand ils me vengeront.
C'est la mort que je veux, non le rang du monarque.

LIVILLA.

Se joindre à Séjanus n'en est pas une marque.

AGRIPPINE.

Je fais encore pis, je me joins avec vous.

LIVILLA.

Vous nous aviez longtemps caché votre courroux.

AGRIPPINE.

Je règle à mon devoir les transports de mon âme.

LIVILLA.

Au devoir, en effet, vous réglez votre flamme;
Car comme l'amour seul est le prix de l'amour,
Séjanus vous aimant, vous l'aimez à son tour.

AGRIPPINE.

Il vous sied mieux qu'à moi d'aimer un adultère,
Après l'assassinat d'un époux et d'un frère.

LIVILLA.

Sont-ils ressuscités pour vous le révéler?

AGRIPPINE.

S'ils sortaient du cercueil, ils vous feraient trembler.

LIVILLA.

Cette ardeur dont j'embrasse et presse leur vengeance,
De l'envie et de vous sauve mon innocence.

AGRIPPINE.

Si, sans exception, votre main les vengeait,
Vous verseriez du sang qui vous affaiblirait;
Mais quand vous vengerez leurs ombres magnanimes,
Vous leur déroberez tout au moins deux victimes.

LIVILLA.

Vous pourriez m'attendrir par de telles douleurs,
Qu'enfin j'accorderais Séjanus à vos pleurs.

AGRIPPINE.

Si m'en faisant le don vous faites un miracle,
J'en promets à vos yeux le tragique spectacle;
Mais il vous est utile, et vous le garderez
Pour le premier époux dont vous vous lasserez.

LIVILLA.

Quiconque ose inventer ce crime abominable,
Du crime qu'il invente il a l'esprit capable.

AGRIPPINE.

Votre langue s'emporte, apaisez sa fureur;
Ce n'est pas le moyen d'acquérir un vainqueur

Que vous dites m'aimer avec tant de constance ;
Car s'il m'aime, il reçoit la moitié de l'offense.

LIVILLA.

Séjanus vaut beaucoup, vous devez l'estimer.

AGRIPPINE.

Son mérite est trop grand, pour pouvoir m'expliquer.
Mais Tibère étant mort, que nous avons en bute,
Séjanus à son tour sera notre dispute ;
Il doit être immolé pour victime entre nous,
Ou bien de votre frère ou bien de mon époux.
Adieu donc; et de peur que dans la solitude
Votre jaloux soupçon n'ait de l'inquiétude,
J'engage à ma parole un solennel serment
Que je sors sans dessein d'aller voir votre amant.

Au quatrième acte, la révolte est apaisée, et Tibère a résolu la mort d'Agrippine, mais il veut préalablement l'interroger et tâcher de pénétrer ses desseins. Il lui reproche d'en vouloir à ses jours. Agrippine se justifie très-habilement. Dans cette scène grandiose, Tibère est insinuant et souple, Agrippine véhémente et fière. L'empereur conclut enfin qu'il veut bien ne pas la faire mourir et qu'il va se retirer à Caprée en emmenant son fils, Caïus Caligula, comme gage de leur bonne intelligence.

Séjan paraît après la sortie de Tibère, il s'efforce de faire passer toute la colère d'Agrippine

4

sur ce dernier, la pousse à soulever les légions et lui rappelle qu'elle lui a promis sa main.

AGRIPPINE.

Oui, va, je m'en souviens;
Mais une ombre qui crie empêche nos liens.

SÉJANUS.

Hé quoi! Germanicus peut-il trouver étrange
Que sa veuve se donne à celui qui le venge?

Agrippine lui promet ce qu'il désire et se retire en voyant venir Liville qui reproche à Séjan son ingratitude, car elle s'est aperçue qu'il lui préfère Agrippine.

LIVILLA.

Ingrat, tu punis bien ce que fit mon courage,
Quand je sacrifiai mon époux à ta rage.
Est-ce trop peu de chose? et pour te mériter
A des crimes plus grands faut-il encor monter?
J'ai tué mes neveux, j'ai fait périr mon frère,
Et je suis sur le point d'égorger mon beau-père :
Du creux de ton néant sors, Séjanus, et voi
Le trône où mes forfaits t'ont élevé sans toi.
Si pour des coups si grands, tu te sens trop timide,
Rends-moi l'assassinat, rends-moi le parricide,
Et pour me rendre un crime encor plus déplaisant,
Traître, rends-moi l'amour dont je t'ai fait présent.

Séjan dit que l'amour qu'il affiche pour Agrippine n'est qu'un leurre dont il la berce pour lui cacher ses projets. Liville lui répond que, malgré ses soupçons, elle l'aime tant qu'elle le croit innocent et lui ordonne d'en finir avec Tibère.

SÉJANUS.

Je sais que l'empereur ne peut être averti
Du nom des conjurés qui forment le parti ;
Cependant plus ma course approche la barrière,
Plus mon âme recule et me tire en arrière.

LIVILLA.

Va, va, ne tremble point, aucun ne te trahit.

SÉJANUS.

Une secrète horreur tous mes sens envahit :
Je ne sais quoi me parle et je ne puis l'entendre,
Ma raison dans mon cœur s'efforce de descendre ;
Mais encor que ce bruit soit un bruit mal distinct,
Je sens que ma raison le cède à mon instinct :
Cette raison pourtant redevient la maîtresse,
Frappons, voilà l'hostie, et l'occasion presse ;
Aussi bien, quand le coup me pourrait accabler,
Séjanus peut mourir, mais il ne peut trembler.

La Monnoye raconte que cette scène donna lieu à une singulière aventure. Un jour qu'on jouait la pièce, des cafards, avertis qu'elle renfermait des choses répréhensibles, vinrent l'entendre et laissèrent passer, sans la moindre émotion, les passages les plus scabreux auxquels ils ne comprirent rien; mais au moment où Séjan vient à dire : *Frappons, voilà l'hostie,* des clameurs éclatèrent et les badauds se mirent à siffler comme des aspics en s'écriant : « Ah! le scélérat! ah! l'athée! ah! le goinfre! » comme il parle du saint-sacrement! » confondant niaisement l'eucharistie avec le mot français *hostie,* qui signifie *victime.*

Au cinquième acte, les soupçons de Liville se sont réveillés à l'endroit de la trahison de Séjan au bénéfice d'Agrippine. Elle a résolu de les perdre et de mourir contente en les faisant périr. Elle dévoile le complot de Séjan à Tibère, qui donne l'ordre au sénat de le condamner à mort. Nerva revient bientôt après avec la sentence du sénat, et Liville déclare alors à Tibère qu'elle a été l'instigatrice du complot.

LIVILLA.

Si je t'ai découvert la révolte secrète
Dont ce couple maudit complotait ta défaite,
C'est que mon cœur, jaloux de leurs contentements,
N'a pu que par le fer désunir ces amants :
Et dans mon désespoir si je m'accuse encore,
C'est pour suivre au tombeau Séjanus que j'adore.
Ose donc, ose donc quelque chose de grand;
Je brûle de mourir par les mains d'un tyran.

Tibère lui annonce qu'elle mourra, en effet,

et lui accorde une entrevue avec Séjan; mais il ordonne en même temps aux gardes que, pendant les transports de leurs tristes adieux, on le traîne à la mort, afin que sa tendresse, ne pouvant s'assouvir, augmente sa tristesse. Séjan paraît et Liville lui avoue que, puisqu'il ne l'aimait pas, elle a préféré le voir mort qu'aux bras d'Agrippine.

LIVILLA.

J'ai mieux aimé, barbare, en te privant du jour,
Précipiter le vol de mon heure fatale
Que de te voir heureux aux bras de ma rivale.

SÉJANUS.

La mort dont vous pensez croître mon désespoir
Délivrera mes yeux de l'horreur de vous voir.
Nous serons séparés; est-ce un mal dont je tremble?

LIVILLA.

Tu te trompes encor, nous partirons ensemble :
La Parque, au lieu de rompre, allongera nos fers;
Je t'accompagnerai jusques dans les enfers.
C'est dans cette demeure, à la pitié cachée,
Que mon ombre sans cesse à ton ombre attachée,
De son vol éternel fatiguera tes yeux
Et te rencontrera pour ta peine en tous lieux.
Nous partirons ensemble, et d'une égale course
Mon sang avec le tien ne fera qu'une source,

Dont les ruisseaux de feu, par un reflux commun,
Pêle-mêle assemblés et confondus en un,
Se joindront chez les morts d'une ardeur si commune,
Que la Parque y prendra nos deux âmes pour une.
Mais Agrippine vient; ses redoutables yeux,
Ainsi que de ton cœur, me chassent de ces lieux.

Les vœux de l'implacable Agrippine vont être satisfaits. Séjan va mourir; elle vient jouir de sa vengeance et la savourer avec une volupté cruelle.

AGRIPPINE.

Je voulais, Séjanus, quand tu t'offris à moi,
T'égorger par Tibère ou Tibère par toi;
Et feignant tous les jours de t'engager mon âme,
Tous les jours, en secret, je dévidais ta trame.

Elle lui peint les angoisses du supplice, les apprêts de la dernière heure et les horreurs des gémonies.

SÉJANUS.

Cela n'est que la mort et n'a rien qui m'émeuve.

AGRIPPINE.

Et cette incertitude où mène le trépas?

SÉJANUS.

Etais-je malheureux, lorsque je n'étais pas?

Une heure après la mort notre âme évanouie
Sera ce qu'elle était une heure avant la vie.

AGRIPPINE.

Mais il faut, t'annonçant ce que tu vas souffrir,
Que tu meures cent fois avant que de mourir.

SÉJANUS.

J'ai beau plonger mon âme et mes regards funèbres
Dans ce vaste néant et ces longues ténèbres,
J'y rencontre toujours un état sans douleur,
Qui n'élève à mon front ni trouble ni terreur;
Car puisque l'on ne reste, après ce grand passage,
Que le songe léger d'une légère image,
Et que le coup fatal ne fait ni mal ni bien,
Vivant parce qu'on est, mort parce qu'on est rien;
Pourquoi perdre à regret la lumière reçue,
Qu'on ne peut regretter après qu'elle est perdue?
Pensez-vous m'étonner par ce faible moyen,
Par l'horreur du tableau d'un être qui n'est rien?

C'est là un des passages qui valurent à Cyrano une réputation d'impiété, dont on a exagéré l'importance, par une tactique perfide, qui consiste à prêter à un auteur les vices des personnages de leurs œuvres. Cyrano a fait de Séjan un athée pervers tout d'une pièce, repu de sang et de meurtres; mais il expie ses crimes, et tombe justement sous le sceptre sanglant d'un tyran dont il fut le complice et le sicaire. Tibère arrive et se trouve en présence d'Agrippine.

TIBÈRE.

Je vous cherche, Madame, avec impatience,
Et viens vous faire part du fruit de ma vengeance :
Séjanus, par sa mort, vous va faire raison
Et venger hautement votre illustre maison.

La veuve de Germanicus convient qu'il l'a vengée de Séjan, mais cherche vainement quel bras la vengera de Tibère; sa famille outragée, sur le tombeau d'un seul n'est qu'à demi-vengée. Elle s'emporte aux plus violentes invectives et lui dit de combler ses lâchetés du meurtre d'une femme.

TIBÈRE.

Moi, te donner la mort! j'admire ton audace!
Depuis quand avec nous es-tu rentrée en grâce?
Pour allonger tes maux, je te veux voir nourrir
Un trépas éternel dans la peur de mourir.

Agrippine redouble de violence contre le tyran, qui donne l'ordre d'égorger tous les fils de Germanicus, hormis Caligula.

AGRIPPINE.

Pour ta perte, il suffit de sauver celui-là.

Nerva, le confident de Tibère, arrive et raconte le supplice de Séjan et de Liville; mais l'empereur l'interrompt.

TIBÈRE.

Sont-ils morts l'un et l'autre?

NERVA.

Ils sont morts.

TIBÈRE.

C'est assez.

Cette dernière scène, — qui est fort belle, — a été effrontément et servilement imitée, dans *Brutus,* par Voltaire, qui ne se gênait pas plus que Molière pour prendre son bien où il le trouvait.

La *Mort d'Agrippine,* dans laquelle le mouvement dramatique s'allie à l'analyse vraie des caractères et des sentiments humains, n'est pas irréprochable sans doute; la contexture en est souvent puérile; mais les situations dramatiques, l'énergie du dialogue, la versification fière sont parfois dignes de Corneille. Le caractère de Séjan est surtout très-vigoureusement dessiné. Palissot, dans ses *Mémoires sur la Littérature,* dit que Cyrano a donné, dans ce personnage, le premier exemple des doctrines antireligieuses, qui depuis ont été affectées jusqu'au ridicule dans plusieurs tragédies modernes. Il est certain qu'il a inauguré, cent ans avant

Voltaire, la tragédie philosophique. C'est un mérite que je constate, mais que je suis loin de louer chez lui, car il paraît avoir été imbu de ce paganisme du seizième siècle, uni au vieux levain d'opposition à l'idée chrétienne, qui fermenta depuis François Ier jusqu'à Louis XIV, et se manifesta dans les arts par l'épicuréisme, comme il se fit jour, dans les idées, par le protestantisme.

Les lettres de Cyrano, malgré les extravagantes hyperboles, les concetti subtils, les gongorismes, les quévédismes, les marinismes, les turlupinades, les puériles afféteries, et parfois les grossièretés licencieuses dont elles sont empreintes, offrent un certain intérêt ; elles peuvent se diviser en lettres didactiques, satiriques et amoureuses.

Les deux lettres *pour et contre les sorciers* ne sont pas sans mérite ; celles contre Ronscar et Soucidas, — Scarron et d'Assouci, — sont sanglantes. Ce d'Assouci, qu'on surnomma le singe de Scarron, fit le métier de troubadour, escorté de deux pages, espèces d'icoglans dont le commerce fit naître contre ses mœurs de honteux soupçons ; si bien, que les femmes de Montpellier, où il séjourna, ne parlaient de rien moins que de le brûler en place publique, après l'avoir écorché. Aussi Bergerac lui dit :

Au reste, ce n'est point de votre libraire seul que j'ai appris que vous rimassiez ; je m'en doutais déjà bien, parce que ç'eût été un grand miracle, si les vers ne s'étaient pas mis dans un homme si corrompu.

La lettre *contre les Frondeurs* est un chef-d'œuvre d'insolences outrecuidantes et de fougueuse ironie, où des jactances de capitaine Fracasse se mêlent à des choses fort sensées. Il traite de haut en bas cette grotesque épopée de la Fronde, dont Scarron fut le burlesque Homère dans sa *Mazarinade* enfiélée ; cette misérable parodie de la Ligue, suscitée par la magistrature et le clergé paroissial, qui entretenaient chez le peuple de vagues instincts de liberté et de démocratie. Les Parisiens en voulaient à Anne d'Autriche et à Mazarin, à cette reine espagnole et à ce ministre italien, qui mirent cependant la France à la tête de l'Europe, et accomplirent, par le traité de Westphalie, le rêve d'Henri IV et de Richelieu.

Les premières difficultés que rencontrèrent la reine et le ministre leur vinrent des Vendôme et des Condé. Les Vendôme, qui descendaient d'Henri IV et de Gabrielle d'Estrée, étaient représentés par le chef des Importants, le duc de Beaufort, le roi des Halles ; et les Condé de la race des Bourbons, par le duc d'Enghien, qui jetait alors tant d'éclat sur les armes françaises.

De part et d'autre il y avait des femmes célèbres par leur beauté et leur galanterie, qui rangeaient sous leurs couleurs les jeunes seigneurs les plus brillants : c'étaient en première ligne, du côté des Vendôme, l'altiére duchesse de Montbazon ; du côté des Condé, l'ambitieuse et galante duchesse de Longueville, sœur du vainqueur de Rocroi. La rivalité de ces deux femmes amena le fameux duel de Coligny et de Guise, qui eut lieu le 12 décembre 1644 sur la Place-Royale, ayant pour témoins, Coligny le comte d'Estrades, et Guise le marquis de Bridieu.

Les duchesses de Longueville et de Montbazon, ainsi que Mademoiselle, fille du perfide et irrésolu duc d'Orléans, animaient les esprits contre la cour. Le coadjuteur Paul de Gondi, prélat doublé d'un mousquetaire et brouillon intelligent, dont le talent réel aurait pu être salutaire dans les conseils de la royauté, mais qui se flétrit dans les conciliabules d'un parti condamné à l'impuissance, devint l'âme de la Fronde.

Dès le principe, Condé résista aux sollicitations de sa famille. Il s'en alla, en 1648, au début des troubles, prendre le commandement de l'armée de Flandre, résolu à frapper un grand coup et à renouveler Rocroi. La journée des barricades suivit de près celle de Lens. Les Frondeurs avaient profité de l'absence des troupes pour prendre Paris et chasser la cour, qui se retira à Saint-Germain. Condé revint triomphant et assiégea Paris, défendu par son frère et sa sœur. Mme de Longueville était alors la maîtresse de l'amer auteur des *Maximes,* du prince de Marcillac, qui devint plus tard duc de La Rochefoucauld. Les Frondeurs se déshonorèrent en ayant recours à l'Espagne, notre plus mortelle ennemie ; mais Condé pressa le siége et força les rebelles à demander la paix que Mazarin eut la générosité de leur accorder.

Condé, l'amoureux platonique de Mlle Du Vigean, qui, ne pouvant l'épouser, se retira aux Carmélites, où elle mourut en 1665, sous le nom de sœur Marthe de Jésus, se laissa cependant gagner par les mécontents, et la seconde Fronde commença ; il y ternit ses lauriers de Rocroi. Turenne, séduit par Mme de Longueville, dont il était épris, voulut agir sur son armée, qui resta dans le devoir, et se vit fugitif, sans soldats, dans l'humiliation d'aller dans les rangs des Espagnols combattre contre son pays. Il revint bientôt de son erreur, prit le commandement de l'armée royale, et rencontra aux portes de Paris celle des Frondeurs, que commandait Condé. Les deux capitaines en vinrent aux mains, et Condé ne dut son salut qu'à Mademoiselle, qui fit tirer le canon de la Bastille sur les troupes du roi.

Les grotesques de la Fronde sont le duc de Beaufort, parodie héroï-comique de son aïeul Henri IV ; le duc de Bouillon, qui attendait le consentement de sa femme pour avoir un avis ; le frère de Condé, le prince de Conti, nain difforme et méchant, qui avait hésité entre l'église et les armes, et qui fut trop heureux, à la fin des troubles, de gagner les bonnes grâces de Mazarin en entrant dans sa famille ; et enfin le conseiller Broussel, « pauvre petit homme qui n'avait
» rien de bien recommandable, dit Mme de
» Motteville, que d'être entêté du bien public
» et de la haine des impôts. »

Tels sont les hommes et les choses que Cyrano attaqua dans sa lettre, qui fut écrite pendant le siége de Paris, et dont voici quelques fragments :

Il est vrai, je suis Mazarin ; ce n'est ni la crainte ni l'espérance qui me le font dire avec tant d'ingénuité, c'est le plaisir que me donne une vérité quand je la prononce. J'aime à la faire éclater, sinon autant que je le puis, du moins autant que je l'ose ; et je suis tellement antipathique avec son adversaire, que, pour donner un juste démenti, je reviendrais de bon cœur de l'autre monde. La nature s'est si peu souciée de me faire bon courtisan, qu'elle ne m'a donné qu'une langue pour mon cœur et pour ma fortune. Si j'avais brigué les applaudissements de Paris ou prétendu à la réputation d'éloquent, j'aurais écrit en faveur de la Fronde, à cause qu'il n'y a rien qu'on persuade plus aisément au peuple, que ce qu'il est bien aise de croire ; mais, comme il n'y a rien aussi qui marque davantage une âme vulgaire que de penser comme le vulgaire, je fais tout mon possible pour résister à la rapidité du torrent, et ne me laisse pas emporter à la foule ; et, pour commencer, je vous déclare encore une fois que je suis Mazarin. Je ne suis pourtant pas si déraisonnable, que je vous veuille apprendre la cause pourquoi je me suis rangé de votre parti. Vous saurez donc que c'est parce que je l'ai trouvé le plus juste et parce qu'il est vrai que rien ne nous peut dispenser de l'obéissance que nous devons à notre légitime souverain; car, bien que les Frondeurs nous jettent des pierres, je prétends les refronder contre eux si vertement, que je les délogerai de tous les endroits où leur calomnie a fait fort contre son éminence.

Il rétorque ensuite d'une façon triomphante les griefs que les Frondeurs reprochent au cardinal : son origine étrangère, l'obscurité de sa naissance, ses concussions, le palais qu'il avait fait bâtir à Rome, son opposition à la conclusion de la paix.

Croyent-ils qu'avec des feuilles de chêne on paie cinq ou six armées? qu'on lève toutes les campagnes de nouveaux gens de guerre? qu'on entretienne les correspondances qu'il faut avoir et dedans et dehors? qu'on fasse révolter des provinces et des royaumes entiers contre nos ennemis sans de prodigieuses sommes d'argent, qui seules sont capables de nous acheter la paix ? Oui, car M. le drapier se figure qu'il en va du gouvernement d'une monarchie comme des gages d'une chambrière ou de la pension de son fils Pierrot.

Il le disculpe ensuite du siége de Paris.

Il a donc assiégé Paris; mais de quelle façon ? comme celui qui semblait avoir peur de le prendre. Comme un bon père à ses enfants, il s'est contenté de leur montrer les verges et les a longtemps menacés, afin qu'ils eussent le temps de se repentir.

Lorsqu'il a détruit toutes leurs attaques, il dit qu'on a tort d'alléguer qu'on vit sous un gouvernement où les armes, les lettres et la piété sont méprisées, et le prouve par des exemples. Il demande si l'on ne trouve pas à propos que le peuple cesse enfin de lasser la patience de son prince par les outrages qu'il fait à son ministre; car il est impardonnable de se rébeller contre son roi.

La sainte Ecriture fait foi que Dieu n'a jamais ordonné un seul état populaire; et quelques rabbins assurent que le péché des anges fut d'avoir fait dessein de se mettre en république.

Il termine enfin sa lettre par de violentes diatribes contre Scarron, dont voici un échantillon :

Venez, écrivains burlesques, voir un hôpital tout entier dans le corps de votre Apollon.

Je vais citer quelques extraits de ses lettres amoureuses. Dans l'une, il dit :

Je me figurais que vous tiriez ces larmes de mon cœur, pour le rendre plus combustible, ayant ôté l'eau d'une maison où vous vouliez mettre le feu ; et je me confirmais dans cette pensée, lorsqu'il me venait en mémoire que le cœur est une place au contraire des autres, qu'on ne peut garder si on ne le brûle.

Dans une autre, on remarque le passage suivant :

Oui, madame, je suis mort, et je prévois que vous aurez bien de la difficulté à concevoir comment il se peut faire, si ma mort est véritable, que moi-même je vous en donne la nouvelle. Cependant, il n'est rien de plus vrai ; mais apprenez que l'homme a deux trépas à souffrir sur la terre : l'un violent, qui est l'amour, et l'autre naturel, qui nous rejoint à l'indolence de la matière ; et cette mort qu'on appelle amour est d'autant plus cruelle, qu'en commençant d'aimer, on commence aussitôt à mourir. C'est le passage réciproque de deux âmes qui se cherchent pour animer en commun ce qu'elles aiment, et dont une moitié ne peut être séparée de sa moitié sans mourir, comme il est arrivé, madame, à votre serviteur.

Dans une autre, il s'exprime ainsi :

La médecine, qui parle de toutes les maladies, n'a rien écrit de celle qui me tue, à cause qu'elle en parle comme les pouvant traiter ; mais celle qu'a produit en moi votre amour est une maladie incurable ; car le moyen de vivre, quand on a donné son cœur, qui est la cause de la vie ? Rendez-le-moi donc, ou me donnez le vôtre en la place du mien ; autrement, dans la résolution où je suis de terminer par une mort sanglante ma pitoyable destinée, vous allez attacher aux conquêtes que méditent vos yeux un trop funeste augure, si la victime que je vous dois immoler se rencontre sans cœur. Je vous conjure donc encore une fois, puisque pour vivre vous n'avez pas besoin de deux cœurs, de m'envoyer le vôtre, afin que vous sacrifiant une hostie entière, elle vous rende et l'amour et la fortune propices, et m'empêche de faire une mauvaise fin, quand même je ferais tomber au bas de ma lettre, mal à propos, que je suis et serai jusques dans l'autre monde, madame, votre fidèle esclave.

Ces citations donnent une idée du style épistolaire de Cyrano, qui, on le voit, était entaché de cette hyperbole espagnole, que Senèque le Tragique avait introduite à Rome, et de ces concetti à outrance, que le cavalier Marin importa en France.

Les *Entretiens pointus* sont fort puérils, et le *Fragment de Physique,* dans lequel on peut reconnaître le résultat des relations que Cyrano eut avec Rohault, est d'une médiocre importance ; aussi crois-je inutile d'en parler.

Nous avons actuellement une idée des œuvres de Cyrano de Bergerac, et pouvons les juger en connaissance de cause. Cyrano est un sujet intéressant pour une étude de physiologie morale, un original, un excentrique, un fantaisiste, une curiosité littéraire, qu'il faut étudier et dont on doit éviter les écarts; il est attrayant comme les créations frénétiques de l'art chinois et les floraisons luxuriantes de l'architecture gothique. Je crois qu'il n'est pas plus indigne d'être apprécié à côté de son contemporain Corneille que Callot en regard de Raphaël, et le temple de Boro-Bodor auprès du Parthénon.

Loin de moi l'intention de citer Bergerac comme un modèle; je crois devoir le présenter, au contraire, comme un exemple lamentable du gaspillage d'une grande intelligence, dont les trésors eussent pu être plus utilement employés.

De nos jours, quelques enfants perdus de la littérature : des aventuriers, des bohêmes, des fantaisistes, ont poussé cette tendance au paroxysme, en se jetant, de parti pris, dans la recherche systématique et puérile de l'excentrique, qui n'était en définitive, chez Cyrano, que l'enveloppe frivole de choses sérieuses dans les sphères morales et scientifiques. Ceux de nos jours semblent avoir horreur du vrai, c'est-à-dire de ce qui est réel et humain, comme d'une duperie, et courent après l'exception, l'accident, le phénomène, le monstre, dans l'ordre des sentiments et des idées. Imbus du stérile principe de l'art pour l'art, ils cherchent la forme, sans se préoccuper de l'idée qui leur fait défaut, et cachent leur indigence sous l'oripeau d'une logomachie laborieuse et métaphorique, en s'égarant dans les régions perdues d'un art sans dignité et sans grandeur.

Ces néo-alexandrins affectent un amour effréné de la nature, — maladie contagieuse que l'Allemagne a inoculée à la France, — mais leur passion manque d'ardeur et de sincérité, car ils sont débiles, et leur pseudo-matérialisme défaillant trébuche dans un sensualisme prétentieux, un réalisme énervé, honteux de lui-même, qui cherche à se spiritualiser sous la phraséologie miroitante d'un style lapidaire. Ces lévites du culte de la forme, la divinisent pour elle-même, sans remonter du monde visible à Dieu, qu'ils ne cherchent même pas à incarner en elle, comme le faisait l'antiquité. Ils mettent tout simplement la *ceinture de Vénus à la taille d'Hélène ;* car leurs tendances panthéistiques ne sont qu'un dilettantisme gratuit, une puérile prédilection de virtuoses pour les splendeurs irritantes de la réalité matérielle. En un mot, « ils sont païens par le côté sensuel, ils igno-
» rent la sérénité chaste et splendide de l'art
» antique, qui, sous les plus voluptueuses des-
» criptions, spiritualisait en quelque sorte la

» matière. » Ils chaperonnent leur réalisme artificiel du faux lyrisme d'un jargon odieusement mystique et clandestinement sensuel, qui est la plus étrange aberration de la morale et du goût, mais qui ne trompe plus personne.

En attendant le Messie, destiné à ramener l'harmonie dans les consciences troublées, la littérature ne doit pas oublier qu'elle n'a qu'à gagner à son divorce avec les doctrines matérialistes, et à se jeter dans les bras du spiritualisme, qui, seul, régularise le goût et discipline l'imagination.

Ce qui manqua précisément à cet esprit paradoxal de Cyrano, qu'illuminaient parfois des éclairs éblouissants de vérité, ce fut l'ordre et le goût dans l'imagination, qu'il avait fougueuse, et qui l'emportait, comme le cheval indompté de Mazeppa, hors des limites de la raison, dans les sphères chimériques. La nature lui avait refusé ce qui manqua aussi à Restif de La Bretonne, l'auteur de l'*Homme volant*, et à Paradis de Montcrif, l'historiographe des chats : le bon sens uni à l'imagination, qualités dont l'accord fait seul les grands poètes et les renommées durables.

Cyrano vint trop tard pour produire une de ces œuvres puissantes, qui, puisées aux sources vierges, aux puits sacrés de la simplicité primitive, communiquent à l'esprit les charmes répandus dans la nature ; trop tôt pour laisser une de ces créations resplendissantes qui illuminent les époques saines et robustes.

Ces époques, où l'art et la nature s'équilibrent et se pondèrent dans les produits de l'intelligence, sont rares, éphémères et pour ainsi dire météoriques comme la floraison mystérieuse de l'aloès. Cette époque prédestinée fut, pour la France, celle à laquelle Louis XIV eut le bonheur d'attacher son nom ; car avant lui la nature domine, et après lui, dans le dix-huitième siècle, l'art absorbe tout, même avec Jean-Jacques, qui cherche la forme pour elle-même, et fait déjà de l'art pour l'art.

Quoi qu'il en soit, la verve et l'originalité de Cyrano tranchent d'une manière trop singulière parmi les écrivains de sa période, pour qu'il ne soit pas enfin étudié, — et il le sera, car il en vaut la peine.

Les étrangers ont été à son égard plus justes que nous, puisqu'il a été traduit en plusieurs langues, et j'y vois la consécration la plus glorieuse et la sanction la plus irréfutable d'une brillante notoriété. Les Anglais l'ont surtout apprécié, comme il est facile de s'en convaincre, en lisant le troisième volume de *History of fiction*, et un journal littéraire de Londres : *The*

Retrospective Review, qui publia, en 1820, un article sur les écrits de notre poète, avec une appréciation accompagnée d'extraits, qui popularisa son nom en Angleterre.

Encore un fait caractéristique : Une célébrité bibliographique, M. Gustave Brunet, que je remercie publiquement de ses bienveillants renseignements, m'écrivait qu'à la vente Debure, en 1853, un exemplaire (1) des œuvres de l'auteur du *Pédant joué,* relié, il est vrai, aux armes des Chamillart, s'était élevé au prix considérable de 299 francs.

Je fais des vœux pour que cette rapide esquisse, que j'aurais voulu pouvoir abréger, et qui exigeait cependant de bien plus longs développements, ouvre la voie à de plus amples renseignements, et que de plus habiles élèvent enfin un monument à la gloire de Cyrano de Bergerac.

(1) Paris, 1676. 2 vol. in-12.

HISTOIRE COMIQUE

DES

ÉTATS ET EMPIRES DE LA LUNE.

La LUNE était en son plein, le ciel était découvert, et neuf heures du soir étaient sonnées, lorsque, revenant de Clamart, près de Paris, où M. de Guigy le fils, qui en est le seigneur, nous avait régalés plusieurs de mes amis et moi, les diverses pensées que nous donna cette boule de safran, nous défrayèrent sur le chemin : de sorte que les yeux noyés dans ce grand astre, tantôt l'un le prenait pour une lucarne du ciel, tantôt un autre assurait que c'était la platine où Diane dresse les rabats d'Apollon ; un autre, que ce pouvait bien être le Soleil lui-même, qui, s'étant au soir dépouillé de ses rayons, regardait par un trou ce qu'on faisait au monde, quand il n'y était pas.

— Et moi, leur dis-je, qui souhaite mêler mes enthousiasmes aux vôtres, je crois, sans m'amuser aux imaginations pointues dont vous chatouillez le temps pour le faire marcher plus vite, que la Lune est un monde comme celui-ci, à qui le nôtre sert de Lune.

Quelques-uns de la compagnie me régalèrent d'un grand éclat de rire.

— Ainsi, peut-être, leur dis-je, se moque-t-on maintenant dans la Lune de quelqu'autre, qui soutient que ce globe-ci est un monde.

Mais j'eus beau leur alléguer que plusieurs grands hommes avaient été de cette opinion, je ne les obligeai qu'à rire de plus belle.

Cette pensée cependant, dont la hardiesse biaisait à mon humeur, affermie par la contradiction, se plongea si profondément chez moi que, pendant tout le reste du chemin, je demeurai gros de mille définitions de la Lune, dont je ne pouvais accoucher. De sorte qu'à force d'appuyer cette croyance burlesque par des raisonnements presque sérieux, il s'en fallait peu que je n'y déférasse déjà, quand le miracle ou l'accident, la providence, la fortune, ou peut-être ce qu'on nommera vision, fiction, chimère ou folie si on veut, me fournit l'occasion qui m'engagea à ce discours. Etant arrivé chez moi, je montai dans mon cabinet, où je trouvai sur la table un livre ouvert que je n'y avais point mis. C'était celui de Cardan ; et quoique je n'eusse pas dessein d'y lire, je tombai de la vue, comme par force, justement sur une histoire de ce philosophe, qui dit, qu'étudiant un soir à la chandelle, il aperçut entrer au travers des portes fermées, deux grands vieillards, lesquels, après beaucoup d'interrogations qu'il leur fit, répondirent qu'ils étaient habitants de la Lune, et en même temps disparurent. Je demeurai si surpris, tant de voir un livre qui s'était apporté là tout seul, que du temps et de la feuille où il s'était rencontré ouvert, que je pris toute cette enchaînure d'incidents pour une inspiration de faire connaître aux hommes que la Lune est un monde.

— Quoi, disais-je en moi-même, après avoir tout aujourd'hui parlé d'une chose, un livre qui est peut-être le seul au monde où cette matière se traite si particulièrement, voler de ma bibliothèque sur ma table, devenir capable de raison, pour s'ouvrir justement à l'endroit d'une aventure si merveilleuse ; entraîner mes yeux dessus, comme par force, et fournir ensuite à ma fantaisie les réflexions, et à ma volonté les desseins que je fais? Sans doute, continuais-je, les deux vieillards qui apparurent à ce grand homme, sont ceux-là mêmes qui ont dérangé mon livre et qui l'ont ouvert sur cette page pour s'épargner la peine de me faire la harangue qu'ils ont faite à Cardan. Mais, ajoutais-je, je ne saurais m'éclaircir de ce doute, si je ne monte jusque-là? Et pourquoi non? me répondais-je aussitôt. Prométhée fut bien autrefois au ciel pour y dérober du feu. Suis-je moins hardi que lui? Et ai-je lieu de n'en pas espérer un succès aussi favorable?

A ces boutades, qu'on nommera peut-être des accès de fièvre chaude, succéda l'espérance de faire réussir un si beau voyage : de sorte que je m'enfermai, pour en venir à bout, dans une maison de campagne assez écartée, où, après avoir flatté mes rêveries de quelques moyens proportionnés à mon sujet, voici comment je montai au ciel.

J'avais attaché autour de moi quantité de fioles pleines de rosée, sur lesquelles le soleil dardait ses rayons si violemment, que la chaleur qui les attirait, comme elle fait les plus grosses nuées, m'éleva si haut qu'enfin je me trouvai au-dessus de la moyenne région. Mais comme cette attraction me faisait monter avec trop de rapidité, et qu'au lieu de m'approcher de la Lune, comme je prétendais, elle me paraissait plus éloignée qu'à mon départ, je cassai plusieurs de mes fioles, jusques à ce que je sentis que ma pesanteur surmontait l'attraction et que je redescendais vers la terre. Mon opinion ne fut point fausse, car j'y retombai quelque temps après ; et, à compter de l'heure que j'en étais parti, il devait être minuit. Cependant je reconnus que le soleil était alors au plus haut de l'horizon, et qu'il était là midi. Je vous laisse à penser combien je fus étonné ; certes, je le fus de si bonne sorte, que ne sachant à quoi attribuer ce miracle, j'eus l'insolence de m'imaginer qu'en faveur de ma hardiesse, Dieu avait encore une fois réclamé le Soleil aux cieux, afin d'éclairer une si généreuse entreprise. Ce qui accrut mon étonnement, ce fut de ne point connaître le pays où j'étais, vu qu'il me semblait qu'étant monté droit, je devais être descendu au même lieu d'où j'étais parti. Equipé pourtant comme j'étais, je m'acheminai vers une espèce de chaumière, où j'aperçus de la fumée ; et j'en étais à peine à une portée de pistolet, que je me vis entouré d'un grand nombre d'hommes tout nus.

Ils parurent fort surpris de ma rencontre ; car j'étais le premier, à ce que je pense, qu'ils eussent jamais vu habillé de bouteilles. Et pour renverser encore toutes les interprétations qu'ils auraient pu donner à cet équipage, ils voyaient qu'en marchant je ne touchais presque point à la terre : aussi ne savaient-ils pas qu'au moindre branle que je donnais à mon corps, l'ardeur des rayons de midi me soulevait avec ma rosée, et que, sans que mes fioles n'étaient plus en assez grand nombre, j'eusse été peut-être à leur vue enlevé dans les airs. Je les voulus aborder, mais comme si la frayeur les eût changés en oiseaux, un moment les vit perdre dans la forêt prochaine ; j'en attrapai un, toutefois, dont les jambes sans doute avaient trahi le cœur.

Je lui demandai, avec bien de la peine, car j'étais tout essoufflé, combien l'on comptait de là à Paris, et depuis quand en France le monde allait tout nu, et pourquoi ils me fuyaient avec tant d'épouvante. Cet homme à qui je parlais était un vieillard olivâtre, qui d'abord se jeta à mes genoux, et joignant les mains en haut derrière la tête, ouvrit la bouche et ferma les yeux. Il marmotta longtemps entre ses dents, mais je ne discernai point qu'il articulât rien : de façon que je pris son langage pour le gazouillement enroué d'un muet.

A quelque temps de là, je vis arriver une compagnie de soldats tambour battant, et j'en remarquai deux se séparer du gros pour me reconnaître. Quand ils furent assez proche pour être entendus, je leur demandai où j'étais.

— Vous êtes en France, me répondirent-ils; mais qui diable vous a mis en cet état ? et d'où vient que nous ne vous connaissons point ? Est-ce que les vaisseaux sont arrivés ? En allez-vous donner avis à M. le gouverneur ? Et pourquoi avez-vous divisé votre eau-de-vie en tant de bouteilles ?

A tout cela je leur repartis, que le diable ne m'avait point mis en cet état ; qu'ils ne me connaissaient pas, à cause qu'ils ne pouvaient pas connaître tous les hommes ; que je ne savais point que la Seine portât de navires à Paris ; que je n'avais point d'avis à donner à M. le maréchal de l'Hôpital ; et que je n'étais point chargé d'eau-de-vie.

— Ho ! ho ! me dirent-ils, me prenant les bras, vous faites le gaillard, M. le gouverneur vous connaîtra bien, lui.

Ils me menèrent vers leur gros, où j'appris que j'étais véritablement en France, mais en la Nouvelle; de sorte qu'à quelque temps de là je fus présenté au vice-roi, qui me demanda mon pays, mon nom et ma qualité ; et après que je l'eus satisfait, lui contant l'agréable succès de mon voyage, soit qu'il le crût, soit qu'il feignît de le croire, il eut la bonté de me faire donner une chambre dans un appartement. Mon bonheur fut grand de rencontrer un homme capable de hautes opinions, et qui ne s'étonna point, quand je lui dis qu'il fallait que la terre eût tourné pendant mon élévation ; puisque ayant commencé de monter à deux lieues de Paris, j'étais tombé par une ligne quasi perpendiculaire en Canada.

Le soir, comme je m'allais coucher, il entra dans ma chambre, et me dit :

— Je ne serais pas venu interrompre votre repos, si je n'avais cru qu'une personne qui a pu trouver le secret de faire tant de chemin en un demi-jour, n'ait pas aussi celui de ne se point lasser. Mais vous ne savez pas, ajouta-t-il, la plaisante querelle que je viens d'avoir pour vous avec nos pères ? Ils veulent absolument que vous soyez magicien ; et la plus grande grâce que vous puissiez obtenir d'eux, est de ne passer que pour imposteur ! Et en effet, ce mouvement que vous attribuez à la terre, est un paradoxe assez délicat ; et pour moi je vous dirai franchement que ce qui fait que je ne suis pas de votre opinion, c'est qu'encore qu'hier vous soyez parti de Paris, vous pouvez être arrivé aujourd'hui en cette contrée, sans que la terre ait tourné : car le Soleil vous ayant enlevé par le moyen de vos bouteilles, ne doit-il pas vous avoir amené ici, puisque, selon Ptolémée et les philosophes modernes, il chemine du biais que vous faites marcher la terre ? Et puis, quelle grande vraisemblance avez-vous pour vous figurer que le Soleil soit immobile, quand nous le voyons marcher ? Et quelle apparence que la terre tourne avec tant de rapidité, quand nous la sentons ferme dessous nous ?

— Monsieur, lui répliquai-je, voici les raisons à peu près qui nous obligent à le préjuger. Premièrement, il est du sens commun de croire que le Soleil a pris la place au centre de l'univers, puisque tous les corps qui sont dans la nature ont besoin de ce feu radical ; qu'il habite au cœur de ce royaume pour être en état de satisfaire promptement à la nécessité de chaque partie, et que la cause des générations soit placée au milieu de tous les corps pour y agir également et plus aisément ; de même que la sage nature a placé les parties génitales dans l'homme, les pépins dans le centre des pommes, les noyaux au milieu de leur fruit, et de même que l'oignon conserve à l'abri de cent écorces qui l'environnent le précieux germe, où dix millions d'autres ont à puiser leur essence. Car cette pomme est un petit univers à soi-même, dont le pépin, plus chaud que les autres parties, est le Soleil, qui répand autour de soi la chaleur, conservatrice de son globe ; et ce germe, dans cette opinion, est le petit Soleil de ce petit monde, qui réchauffe et nourrit le sel végétatif de cette petite masse. Cela donc supposé, je dis que la terre ayant besoin de la lumière, de la chaleur et de l'influence de ce grand feu, elle tourne autour de lui pour recevoir également en toutes ses parties cette vertu qui la conserve. Car il serait aussi ridicule de croire que ce grand corps lumineux tournât autour d'un point dont il n'a que faire, que de s'imaginer, quand nous voyons une alouette rôtie, qu'on a, pour la cuire, tourné la cheminée à l'entour. Autrement si c'était au Soleil à faire cette corvée, il semblerait que la médecine eût besoin du malade ; que le fort dût plier sous le faible, le grand servir au petit ; et qu'au lieu qu'un vaisseau cingle le long des côtes d'une province, la province ait tourné autour du vaisseau. Que si vous avez peine à comprendre comment une masse si lourde se peut mouvoir, dites-moi, je vous prie, les astres et les cieux, que vous faites si solides, sont-ils plus légers? Encore est-il plus aisé à nous, qui sommes assurés de la rondeur de la terre, de conclure son mouvement par sa figure. Mais pourquoi supposer le ciel rond, puisque vous ne le sauriez savoir, et que de toutes les figures, s'il n'a pas celle-ci, il est certain qu'il ne se peut mouvoir? Je ne vous reproche point vos excentêques, ni vos épicycles, lesquels vous ne sauriez expliquer que très-confusément, et dont je sauve mon système. Parlons seulement des causes naturelles de ce mouvement. Vous êtes contraints vous autres de recourir aux intelligences qui remuent et gouvernent vos globes. Mais moi, sans interrompre le repos du Souverain Etre, qui sans doute a créé la nature toute parfaite, et de la sagesse duquel il est de l'avoir achevée, de telle sorte que l'ayant accomplie pour une chose, il ne l'ait pas rendue défectueuse pour une autre, je dis que les rayons du Soleil, avec ses influences, venant à frapper dessus par leur circulation, la font tourner, comme nous faisons tourner un globe en le frappant de la main, ou de même que les fumées, qui s'évaporent continuellement de son sein du côté que le Soleil la regarde, répercutées par le froid de la moyenne région, rejaillissent dessus, et, de nécessité, ne la pouvant frapper que de biais, la font ainsi pirouetter. L'explication des deux autres mouvements est encore moins embrouillée; considérez un peu, je vous prie.

A ces mots, le vice-roi m'interrompit.

— J'aime mieux, dit-il, vous dispenser de cette

peine — aussi bien ai-je lu sur ce sujet quelques livres de Gassendi ; — mais à la charge que vous écouterez ce que me répondit un jour un de nos pères qui soutenait votre opinion. En effet, disait-il, je m'imagine que la terre tourne, non point pour les raisons qu'allègue Copernic, mais parce que le feu d'enfer étant clos au centre de la terre, les damnés, qui veulent fuir l'ardeur de sa flamme, grimpent, pour s'en éloigner, contre la voûte, et font ainsi tourner la terre, comme un chien fait tourner une roue lorsqu'il court enfermé dedans.

Nous louâmes quelque temps cette pensée, comme un pur zèle de ce bon père ; et enfin le vice-roi me dit qu'il s'étonnait fort, vu que le système de Ptolémée était si peu probable, qu'il eût été si généralement reçu.

— Monsieur, lui répondis-je, la plupart des hommes, qui ne jugent que par les sens, se sont laissé persuader à leurs yeux ; et de même que celui dont le vaisseau vogue terre à terre, croit demeurer immobile et que le rivage chemine, ainsi les hommes tournant avec la terre autour du ciel, ont cru que c'était le ciel lui-même qui tournait autour d'eux. Ajoutez à cela l'orgueil insupportable des humains, qui se persuadent que la nature n'a été faite que pour eux, comme s'il était vraisemblable que le Soleil, un grand corps quatre cent trente-quatre fois plus vaste que la terre, n'eût été allumé que pour mûrir les nèfles et pommer ses choux. Quant à moi, bien loin de consentir à leur insolence, je crois que les planètes sont des mondes autour du Soleil, et que les étoiles fixes sont aussi des soleils qui ont des planètes autour d'eux, c'est-à-dire des mondes que nous ne voyons pas d'ici à cause de leur petitesse, et parce que leur lumière empruntée ne saurait venir jusqu'à nous. Car, comment, en bonne foi, s'imaginer que ces globes spacieux ne soient que de grandes campagnes désertes, et que le nôtre, à cause que nous y campons, ait été bâti pour une douzaine de petits superbes. Quoi, parce que le Soleil compasse nos jours et nos années, est-ce à dire pour cela qu'il n'ait été construit qu'afin que nous ne frappions pas de la tête contre les murs ? Non, non, si ce Dieu visible éclaire l'homme, c'est par accident, comme le flambeau du roi éclaire par accident au crocheteur qui passe par la rue.

— Mais, me dit-il, si, comme vous assurez, les étoiles fixes sont autant de soleils, on pourrait conclure de là que le monde serait infini, puisqu'il est vraisemblable que les peuples de ce monde qui sont autour d'une étoile fixe, que vous prenez pour un Soleil, découvrent encore au-dessus d'eux d'autres étoiles fixes que nous ne saurions apercevoir d'ici, et qu'il en va de cette sorte à l'infini.

— N'en doutez point, lui répliquai-je ; comme Dieu a pu faire l'âme immortelle, il a pu faire le monde infini, s'il est vrai que l'éternité n'est rien autre chose qu'une durée sans bornes, et l'infini une étendue sans limites : et puis Dieu serait fini lui-même, supposé que le monde ne fût pas infini, puisqu'il ne pourrait pas être où il n'y aurait rien, et qu'il ne pourrait accroître la grandeur du monde, qu'il n'ajoutât quelque chose à sa propre étendue, commençant d'être où il n'était pas auparavant. Il faut donc croire que, comme nous voyons d'ici Saturne et Jupiter, si nous étions dans l'un ou dans l'autre nous découvririons beaucoup de mondes que nous n'apercevons pas, et que l'univers est à l'infini construit de cette sorte.

— Ma foi, me répliqua-t-il, vous avez beau dire, je ne saurais du tout comprendre cet infini.

— Hé! dites-moi, lui répartis-je, comprenez-vous le rien qui est au-delà? Point du tout. Car, quand vous songez à ce néant, vous vous l'imaginez tout au moins comme du vent ou comme de l'air, et cela c'est quelque chose; mais l'infini, si vous ne le comprenez en général, vous le concevez au moins par parties, puisqu'il n'est pas difficile de se figurer, au-delà de ce que nous voyons de terre et d'air, du feu, d'autre air et d'autre terre. Or, l'infini n'est rien qu'une tissure sans bornes de tout cela. Que si vous me demandez de quelle façon ces mondes ont été faits, vu que la Sainte-Ecriture parle seulement d'un que Dieu créa, je réponds que je ne dispute plus : car, si vous voulez m'obliger à vous rendre raison de ce que me fournit mon imagination, c'est m'ôter la parole et m'obliger de vous confesser que mon raisonnement le cèdera toujours en ces sortes de choses à la foi.

Il me dit qu'à la vérité sa demande était blâmable, mais que je reprisse mon idée.

— De sorte, ajoutai-je, que tous ces autres mondes qu'on ne voit point, ou qu'on ne croit qu'imparfaitement, ne sont rien que l'écume des soleils qui se purgent. Car, comment ces grands feux pourraient-ils subsister, s'ils n'étaient attachés à quelque matière qui les nourrit ? Or, de même que le feu pousse loin de chez soi la cendre dont il est étouffé, de même que l'or dans le creuset se détache, en s'affinant, du marcassite qui affaiblit son carat, et de même encore que notre cœur se dégage par le vomissement des humeurs indigestes qui l'attaquent ; ainsi ces soleils dégorgent tous les jours et se purgent des restes de la matière qui nouait leur feu. Mais lorsqu'ils auront tout-à-fait consumé cette matière qui les entretient, vous ne devez point douter qu'ils ne se répandent de tous côtés pour chercher une autre pâture, et qu'ils ne s'attachent à tous les mondes qu'ils auront construits autrefois, à ceux particulièrement qu'ils rencontreront les plus proches ; alors ces grands feux rebouillant tous les corps, les rechasseront pêle-mêle de toutes parts comme auparavant, et s'étant peu à peu purifiés, ils commenceront de servir de soleils à d'autres petits mondes qu'ils engendreront en les poussant hors de leurs sphères ; et c'est ce qui a fait sans doute prédire aux pythagoriciens l'embrasement universel. Ceci n'est pas une imagination ridicule ; la Nouvelle-France où nous sommes en produit un exemple bien convaincant. Ce vaste continent de l'Amérique est une moitié de la terre, laquelle, en dépit de nos prédécesseurs qui avaient mille fois cinglé l'Océan, n'avait point été encore découverte ; aussi n'y était-elle pas encore ; non plus que beaucoup d'îles, de péninsules et de montagnes, qui se sont soulevées sur notre globe, quand les rouillures du Soleil qui se nettoyait ont été poussées assez loin, et condensées en pelotons assez pesants, pour être attirées par le centre de notre monde, peut-être peu à peu en particules menues, peut-être aussi tout-à-coup en une masse. Cela n'est pas si déraisonnable que saint Augustin n'y eût applaudi, si la découverte de ce pays eût été faite de son âge, puisque ce grand personnage, dont le génie était fort éclairé, assure que de son temps la terre était plate comme un four, et qu'elle nageait sur l'eau comme la moitié d'une orange coupée. Mais si j'ai jamais l'honneur de vous voir en France, je vous ferai observer, par le moyen d'une lunette excellente, que certaines obscurités, qui d'ici paraissent des taches, sont des mondes qui se construisent.

Mes yeux qui se fermaient en achevant ce discours, obligèrent le vice-roi de sortir. Nous eûmes le lendemain et les jours suivants des entretiens de pareille nature. Mais comme quelque temps après l'embarras des affaires de la province accrocha notre philosophie, je retombai de plus belle au dessein de monter à la Lune.

Je m'en allais dès qu'elle était levée, rêvant, parmi les bois, à la conduite et à la réussite de mon entreprise; et enfin, une veille de saint Jean, qu'on tenait conseil dans le fort pour déterminer si l'on donnerait secours aux sauvages du pays contre les Iroquois, je m'en allai tout seul derrière notre habitation, au coupeau d'une petite montagne, où voici ce que j'exécutai :

J'avais fait une machine que je m'imaginais capable de m'élever autant que je voudrais, en sorte que rien de tout ce que j'y croyais nécessaire n'y manquant, je m'assis dedans et me précipitai en l'air du haut d'une roche; mais parce que je n'avais pas bien pris mes mesures, je culbutai rudement dans la vallée. Tout froissé néanmoins que j'étais, je m'en retournai dans ma chambre sans perdre courage, et je pris de la moelle de bœuf, dont je m'oignis tout le corps; car j'étais tout meurtri, depuis la tête jusqu'aux pieds; et, après m'être fortifié le cœur d'une bouteille d'essence cordiale, je m'en retournai chercher ma machine, mais je ne la trouvai point; car certains soldats, qu'on avait envoyés dans la forêt couper du bois pour faire le feu de la Saint-Jean, l'ayant rencontrée par hasard, l'avaient apportée au fort, où, après plusieurs explications de ce que ce pouvait être, quand on eut découvert l'invention du ressort, quelques-uns dirent qu'il y fallait attacher quantité de fusées volantes, parce que leur rapidité les ayant enlevées bien haut, et le ressort agitant ses grandes ailes, il n'y aurait personne qui ne prît cette machine pour un dragon de feu.

Je la cherchai longtemps cependant; mais enfin, je la trouvai au milieu de la place de Québec, comme on y mettait le feu. La douleur de rencontrer l'œuvre de mes mains en un si grand péril me transporta tellement, que je courus saisir le bras du soldat qui y allumait le feu. Je lui arrachai sa mèche et me jetai tout furieux dans ma machine, pour briser l'artifice dont elle était environnée; mais j'arrivai trop tard; car à peine y eus-je les deux pieds, que me voilà enlevé dans la nue.

L'horreur dont je fus consterné ne renversa point tellement les facultés de mon âme, que je ne me sois souvenu depuis de tout ce qui m'arriva en cet instant; car, dès que la flamme eut dévoré un rang de fusées, qu'on avait disposées six à six, par le moyen d'une amorce qui bordait chaque demi-douzaine, un autre étage s'embrasait, puis un autre, en sorte que, le salpêtre prenant feu, éloignait le péril en le croissant. La matière toutefois étant usée, fit que l'artifice manqua; et lorsque je ne songeais plus qu'à laisser ma tête sur celle de quelque montagne, je sentis, sans que je remuasse aucunement, mon élévation continuer; et ma machine prenant congé de moi, je la vis retomber vers la terre.

Cette aventure extraordinaire me gonfla le cœur d'une joie si peu commune, que, ravi de me voir délivré d'un danger assuré, j'eus l'impudence de philosopher là-dessus. Comme donc je cherchais des yeux et de la pensée ce qui en pouvait être la cause, j'aperçus ma chair boursoufflée et grasse encore de la moelle dont je m'étais enduit pour les meurtrissures de mon trébuchement; je connus qu'étant alors en décours, et la Lune, pendant ce quartier, ayant accoutumé de sucer la moelle des animaux, elle buvait celle dont je m'étais enduit, avec d'autant plus de force que son globe était plus proche de moi et que l'interposition des nuées n'en affaiblissait point la vigueur.

Quand j'eus percé, selon le calcul que j'ai fait depuis, beaucoup plus des trois quarts du chemin qui sépare la terre d'avec la Lune, je me vis tout d'un coup choir les pieds en haut, sans avoir culbuté en aucune façon; encore ne m'en fussé-je pas aperçu, si je n'eusse senti ma tête chargée du poids de mon corps. Je connus bien, à la vérité, que je ne retombais pas vers notre monde; car, encore que je me trouvasse entre deux lunes, et que je remarquasse fort bien que je m'éloignais de l'autre, j'étais assuré que la plus grande était notre globe; parce qu'au bout d'un jour ou deux de voyage, les réfractions éloignées du Soleil venant à confondre la diversité des corps et des climats, il ne m'avait plus paru que comme une grande plaque d'or. Cela me fit imaginer que je baissais vers la Lune; et je me confirmai dans cette opinion, quand je vins à me souvenir que je n'avais commencé de choir qu'après les trois quarts du chemin. Car, disais-je en moi-même, cette masse étant moindre que la nôtre, il faut que la sphère de son activité ait aussi moins d'étendue, et que, par conséquent, j'aie senti plus tard la force de son centre.

Enfin, après avoir été fort longtemps à tomber, à ce que je préjugeai, car la violence du précipice m'empêcha de le remarquer, le plus loin dont je me souviens, c'est que je me trouvai sous un arbre, embarrassé avec trois ou quatre branches assez grosses, que j'avais éclatées par ma chute, et le visage mouillé d'une pomme qui s'était écrasée dessus.

Par bonheur, ce lieu-là était, comme vous le saurez bientôt, ... Ainsi, vous pouvez bien juger que, sans ce hasard, je serais mille fois mort. J'ai souvent fait depuis réflexion sur ce que le vulgaire assure, qu'en se précipitant d'un lieu fort haut, on est étouffé avant de toucher la terre ; et j'ai conclu de mon aventure qu'il en avait menti, ou bien qu'il fallait que le jus énergique de ce fruit qui m'avait coulé dans la bouche eût rappelé mon âme qui n'était pas loin de mon cadavre, encore tout tiède, et encore disposé aux fonctions de la vie. En effet, sitôt que je fus à terre, ma douleur s'en alla avant même de se peindre en ma mémoire ; et la faim, dont, pendant mon voyage, j'avais été beaucoup travaillé, ne me fit trouver en sa place qu'un léger souvenir de l'avoir perdue.

A peine, quand je fus relevé, eus-je observé la plus large de quatre grandes rivières qui forment un lac en s'abouchant, que l'esprit ou l'âme invisible des simples qui s'exhalent sur cette contrée, vint me réjouir l'odorat ; et je connus que les cailloux n'y étaient ni durs ni raboteux, et qu'ils avaient soin de s'amollir quand on marchait dessus. Je rencontrai d'abord une étoile de cinq avenues, dont les arbres, par leur excessive hauteur, semblaient porter au ciel un parterre de haute futaie. En promenant mes yeux de la racine au sommet, puis les précipitant du faîte jusqu'au pied, je doutais si la terre les portait, ou si eux-mêmes ne portaient point la terre pendue à leurs racines ; leur front, superbement élevé, semblait aussi plier, comme par force, sous la pesanteur des globes célestes, dont on dirait qu'ils ne soutiennent la charge qu'en gémissant ; leurs bras étendus vers le ciel témoignaient, en l'embrassant, demander aux astres la bénignité toute pure de leurs influences, et les recevoir, avant qu'elles aient rien perdu de leur innocence, au lit des éléments. Là, de tous côtés, les fleurs, sans avoir eu d'autre jardinier que la nature, respirent une haleine si douce, quoique sauvage, qu'elle réveille et satisfait l'odorat ; là l'incarnat d'une rose sur l'églantier, et l'azur éclatant d'une violette sous des ronces, ne laissant point de liberté pour le choix, font juger qu'elles sont toutes deux plus belles l'une que l'autre ; là le printemps compose toutes les saisons ; là ne germe point de plante vénéneuse que sa naissance ne trahisse sa conversation ; là les ruisseaux, par un agréable murmure, racontent leurs voyages aux cailloux ; là mille petits gosiers emplumés font retentir la forêt au bruit de leurs mélodieuses chansons ; et la trémoussante assemblée de ces divins musiciens est si générale, qu'il semble que chaque feuille, dans ce bois, ait pris la langue et la figure d'un rossignol ; et même l'écho prend tant de plaisir à leurs airs, qu'on dirait, à les lui entendre répéter, qu'il ait envie de les apprendre.

A côté de ce bois se voient deux prairies, dont le vert gai continu fait une émeraude à perte de vue. Le mélange confus des peintures que le printemps attache à cent petites fleurs, en égare les nuances l'une dans l'autre avec une si agréable confusion, qu'on ne sait si ces fleurs, agitées par un doux zéphir, courent plutôt après elles-mêmes qu'elles ne fuient pour échapper aux caresses de ce vent folâtre. On prendrait même cette prairie pour un océan, à cause qu'elle est comme une mer qui n'offre point de rivage ;

en sorte que mon œil, épouvanté d'avoir couru si loin sans découvrir le bord, y envoyait vivement ma pensée; et ma pensée, doutant que ce fût l'extrémité du monde, se voulait persuader que des lieux si charmants avaient peut-être forcé le ciel de se joindre à la terre.

Au milieu d'un tapis si vaste et si plaisant, court à bouillons d'argent une fontaine rustique, qui couronne ses bords d'un gazon émaillé de bassinets, de violettes et de cent autres petites fleurs qui semblent se presser à qui s'y mirera la première; elle est encore au berceau, car elle ne vient que de naître, et sa face jeune et polie ne montre pas seulement une ride. Les grands cercles qu'elle promène en revenant mille fois sur elle-même, montrent que c'est bien à regret qu'elle sort de son pays natal; et, comme si elle eût été honteuse de se voir caressée auprès de sa mère, elle repoussa, en murmurant, ma main qui la voulait toucher.

Les animaux qui venaient s'y désaltérer, plus raisonnables que ceux de notre monde, témoignaient être surpris de voir qu'il faisait grand jour vers l'horizon, pendant qu'ils regardaient le soleil aux antipodes, et n'osaient se pencher sur le bord, de la crainte qu'ils avaient de tomber au firmament.

Il faut que je vous avoue qu'à la vue de tant de belles choses, je me sentis chatouillé de ces agréables douleurs qu'on dit que sent l'ambition à l'infusion de son âme. Le vieux poil me tomba, pour faire place à d'autres cheveux plus épais et plus déliés; je sentis ma jeunesse se rallumer, mon visage devenir vermeil, ma chaleur naturelle se remêler doucement à mon humide radical, enfin je reculai sur mon âge environ quatorze ans.

J'avais cheminé une demi-lieue à travers une forêt de jasmins et de myrtes, quand j'aperçus, couché à l'ombre, je ne sais quoi qui remuait. C'était un jeune adolescent, dont la majestueuse beauté me força presque à l'adoration; il se leva pour m'en empêcher.

— Ce n'est pas à moi, s'écria-t-il, c'est à Dieu que tu dois ces humilités.

— Vous voyez une personne, lui répondis-je, consternée de tant de miracles, que je ne sais par lequel débuter mes admirations; car, venant d'un monde que vous prenez sans doute ici pour une Lune, je pensais être abordé dans un autre, que ceux de mon pays appellent la Lune aussi; et voilà que je me trouve en paradis, aux pieds d'un Dieu qui ne veut pas être adoré.

— Hormis la qualité de Dieu, me répliqua-t-il, dont je ne suis que la créature, ce que vous dites est véritable : cette terre-ci est la Lune que vous voyez de votre globe, et ce lieu-ci où vous marchez est..... Or, en ce temps-là, l'imagination chez l'homme était si forte, pour n'avoir point encore été rompue, ni par les débauches, ni par la crudité des aliments, ni par l'altération des maladies, qu'étant alors excité au violent désir d'aborder cet asile, et que, sa masse étant devenue légère par le feu de cet enthousiasme, il y fut enlevé de la même sorte qu'il s'est vu des philosophes, leur imagination fortement tendue à quelque chose, être emportés en l'air par des ravissements que vous appelez extatiques..... que l'infirmité de son sexe rendait plus faible et moins chaude, n'aurait pas eu sans doute l'imaginative assez vigoureuse pour vaincre, par la contention de sa volonté, le poids de la matière, mais parce qu'il y avait très-peu..... La sympathie dont cette moitié était encore liée à son tout, la porta vers lui à mesure qu'il montait, comme l'ambre se fait suivre de la paille, comme l'aimant se tourne au septentrion d'où il a été arraché, et attira cette partie de lui-même, comme la mer attire les fleuves qui sont sortis d'elle. Arrivés qu'ils furent en votre terre, ils s'habituèrent entre la Mésopotamie et l'Arabie. Certains peuples l'ont connu sous le nom.... et d'autres sous celui de Prométhée, que les poètes feignirent avoir dérobé le feu du ciel, à cause de ses descendants, qu'il engendra pourvus d'une âme aussi parfaite que celle dont il était rempli. Ainsi, pour habiter votre monde, cet homme laissa celui-ci désert ; mais le tout sage ne voulut pas qu'une demeure si heureuse restât sans habitants ; il permit peu de siècles après..... ennuyé de la compagnie des hommes, dont l'innocence se corrompait, eut envie de les abandonner. Ce personnage, toutefois, ne jugea point de retraite assurée contre l'ambition de ses parents, qui s'égorgeaient déjà pour le partage de votre monde, sinon la terre bienheureuse, dont son aïeul lui avait tant parlé, et dont personne n'avait encore observé le chemin. Mais son imagination y suppléa ; car, comme il eut observé....... il remplit deux grands vases qu'il luta hermétiquement, et se les attacha sous les ailes : la fumée aussitôt, qui tendait à s'élever et qui ne pouvait pénétrer le métal, poussa les vases en haut, et de la sorte enlevèrent avec eux ce grand homme. Quand il fut monté jusqu'à la Lune, et qu'il eut jeté les yeux sur ce beau jardin, un épanouissement de joie presque surnaturelle lui fit connaître que c'était le lieu où son aïeul avait autrefois demeuré. Il délia promptement les vaisseaux qu'il avait ceints comme des ailes autour de ses épaules, et le fit avec tant de bonheur, qu'à peine était-il en l'air quatre toises au-dessus de la Lune, qu'il prit congé de ses nageoires. L'élévation cependant était assez grande pour le beaucoup blesser, sans le grand tour de sa robe, où le vent s'engouffra et le soutint doucement jusqu'à ce qu'il eut mis pied à terre. Pour les deux vases, ils montèrent jusqu'à un certain espace, où ils sont demeurés; et c'est ce qu'aujourd'hui vous appelez les Balances. Il faut maintenant que je vous raconte la façon dont j'y suis venu. Je crois que vous n'aurez pas oublié mon nom; car je vous l'ai dit naguère. Vous saurez donc que j'habitais sur les agréables bords d'un des plus renommés fleuves de votre monde, où je menais parmi les livres une vie assez douce pour ne la pas regretter, encore qu'elle s'écoulât. Cependant, plus les lumières de mon esprit croissaient, plus croissait aussi la connaissance de celles que je n'avais point. Jamais nos savants ne me ramentevaient l'illustre Mada, que le souvenir de la philosophie parfaite ne me fît soupirer. Je désespérais de la pouvoir acquérir, quand un jour, après l'avoir longtemps rêvé, je pris de l'aimant environ deux pieds en carré, que je mis dans un fourneau; puis, lorsqu'il fut bien purgé, précipité et dissous, j'en tirai l'attractif calciné et le réduisis à la grosseur d'environ une balle médiocre. Ensuite de ces préparations, je fis construire une machine de fer fort légère dans laquelle j'entrai....., et lorsque je fus bien ferme et bien appuyé sur le siége, je jetai fort haut en l'air cette boule d'aimant. Or, la machine de fer que j'avais forgée tout exprès plus massive au milieu qu'aux extrémités, fut enlevée aussitôt, et dans un parfait équilibre, à cause qu'elle se poussait toujours plus vite par cet endroit. Ainsi donc, à mesure que j'arrivais où l'aimant m'avait attiré, je rejetais aussitôt ma boule en l'air au-dessus de moi.

— Mais, l'interrompis-je, comment lanciez-vous votre balle si droit au-dessus de votre chariot, qu'il ne se trouvât jamais à côté ?

— Je ne vois point de merveille en cette aventure, me dit-il : car l'aimant poussé qui était en l'air attirait le fer droit à lui ; et par conséquent il était impossible que je montasse jamais à côté. Je vous dirai même que tenant ma boule en ma main, je ne laissais pas de monter, parce que le chariot courait toujours à l'aimant que je tenais au-dessus de lui ; mais la saillie de ce fer, pour s'unir à ma boule, était si violente, qu'elle me faisait plier le corps en double, de sorte que je n'osai tenter qu'une fois cette nouvelle expérience. A la vérité, c'était un spectacle à voir bien étonnant, car l'acier de cette maison volante, que j'avais poli avec beaucoup de soin, réfléchissait de tous côtés la lumière du Soleil, si vive et si brillante que je croyais moi-même être tout en feu. Enfin, après avoir beaucoup jeté et volé après mon coup, j'arrivai comme vous avez fait à un terme où je tombais vers ce monde-ci ; et parce qu'en cet instant je tenais ma boule bien serrée entre mes mains, ma machine, dont le siége me pressait pour approcher de son attractif, ne me quitta point ; tout ce qui me restait à craindre, c'était de me rompre le cou ; mais, pour m'en garantir, je rejetais ma boule de temps en temps, afin que la violence de la machine retenue par son attractif se ralentît, et qu'ainsi ma chute fut moins rude, comme en effet il arriva ; car, quand je me vis à deux ou trois cents toises près de terre, je lançai ma balle de tous côtés à fleur du chariot, tantôt deçà, tantôt delà, jusqu'à ce que je m'en visse à une certaine distance ; et aussitôt je la jetai au-dessus de moi, et ma machine l'ayant suivie, je la quittai et me laissai tomber d'un autre côté le plus doucement que je pus sur le sable, de sorte que ma chute ne fut pas plus violente que si je fusse tombé de ma hauteur. Je ne vous représenterai point l'étonnement qui me saisit à la vue des merveilles qui sont céans, parce qu'il fut à peu près semblable à celui dont je vous viens de voir consterné.....

J'en avais à peine goûté, qu'une épaisse nuée tomba sur mon âme ; je ne vis plus personne auprès de moi, et mes yeux ne reconnurent en tout l'hémisphère une seule trace du chemin que j'avais fait, et avec tout cela je ne laissais pas de me souvenir de tout ce qui m'était arrivé. Quand depuis j'ai fait réflexion sur ce miracle, je me suis figuré que l'écorce du fruit où j'avais mordu ne m'avait pas tout-à-fait abruti, à cause que mes dents la traversant se sentirent un peu du jus qu'elle couvrait, dont l'énergie avait dissipé la malignité de l'écorce. Je restai bien surpris de me voir tout seul au milieu d'un pays que je ne connaissais point. J'avais beau promener mes yeux, et les jeter par la campagne, aucune créature ne s'offrait pour les consoler. Enfin, je résolus de marcher jusqu'à ce que la fortune me fit rencontrer la compagnie ou de quelques bêtes ou de la mort.

Elle m'exauça, car au bout d'un demi-quart de lieue, je rencontrai deux fort grands animaux, dont l'un s'arrêta devant moi, l'autre s'enfuit légèrement au gîte, — au moins je le pensai ainsi, à cause qu'à quelque temps de là je le vis revenir accompagné de plus de sept ou huit cents de même espèce qui m'environnèrent. Quand je les pus discerner de près, je connus qu'ils avaient la taille et la figure comme nous. Cette aventure me fit souvenir de ce que jadis j'avais ouï conter à ma nourrice, des Syrènes, des Faunes et des Satyres : de temps en temps ils élevaient des huées si furieuses, causées sans doute par l'admiration de me voir, que je croyais quasi être devenu monstre. Enfin, une de ces bêtes hommes m'ayant pris par le cou, de même que font les loups quand ils enlèvent des brebis, me jeta sur son dos et me mena dans leur ville, où je fus plus étonné que devant, quand je reconnus en effet que c'était des hommes, de n'en rencontrer pas un qui ne marchât à quatre pattes.

Lorsque ce peuple me vit si petit, car la plupart

d'entre eux ont douze coudées de longueur, et mon corps soutenu de deux pieds seulement, ils ne purent croire que je fusse un homme. Car ils tenaient que la nature ayant donné aux hommes comme aux bêtes deux jambes et deux bras, ils s'en devaient servir comme eux. Et, en effet, rêvant depuis là-dessus, j'ai songé que cette situation de corps n'était point trop extravagante, quand je me suis souvenu que les enfants, lorsqu'ils ne sont encore instruits que de la nature, marchent à quatre pieds, et qu'ils ne se lèvent sur deux que par le soin de leurs nourrices, qui les dressent dans de petits chariots, leur attachent les lanières pour les empêcher de choir sur les quatre, comme la seule assiette où la figure de notre masse encline de se reposer.

Ils disaient donc, à ce que je me suis fait depuis interpréter, qu'infailliblement j'étais la femelle du petit animal de la reine. Ainsi je fus, en qualité de tel ou d'autre chose, mené droit à l'hôtel de ville, où je remarquai, selon le bourdonnement et les postures que faisaient et le peuple et les magistrats, qu'ils consultaient ensemble ce que je pouvais être. Quand ils eurent longtemps conféré, un certain bourgeois, qui gardait les bêtes rares, supplia les échevins de me commettre à sa garde, en attendant que la reine m'envoyât quérir pour vivre avec mon mâle. On n'en fit aucune difficulté, et ce bateleur me porta à son logis, où il m'instruisit à faire le godenot, à passer des culbutes, à figurer des grimaces; et les après-dînées il faisait prendre à la porte un certain prix, de ceux qui me voulaient voir. Mais le ciel, fléchi de mes douleurs, et fâché de voir profaner le temple de son maître, voulut qu'un jour, comme j'étais attaché au bout d'une corde, avec laquelle le charlatan me faisait sauter pour divertir le monde, j'entendis la voix d'un homme qui me demanda en grec qui j'étais. Je fus bien étonné d'entendre parler en ce pays-là comme en notre monde. Il m'interrogea quelque temps : je lui répondis, et lui contai ensuite généralement toute l'entreprise et le succès de mon voyage; il me consola ; et je me souviens qu'il me dit :

— Eh bien ! mon fils, vous portez enfin la peine des faiblesses de votre monde. Il y a du vulgaire ici comme là qui ne peut souffrir la pensée des choses où il n'est point accoutumé; mais sachez qu'on ne vous traite qu'à la pareille, et que si quelqu'un de cette terre avait monté dans la vôtre avec la hardiesse de se dire homme, vos savants le feraient étouffer comme un monstre.

Il me promit ensuite qu'il avertirait la cour de mon désastre, et il ajouta qu'aussitôt qu'il avait su la nouvelle qui courait de moi, il était venu pour me voir, et m'avait reconnu pour un homme du monde dont je me disais, parce qu'il y avait autrefois voyagé, et qu'il avait demeuré en Grèce, où on l'appelait le Démon de Socrate; qu'il avait, depuis la mort de ce philosophe, gouverné et instruit à Thèbes Epaminondas; qu'ensuite étant passé chez les Romains, la justice l'avait attaché au parti du jeune Caton; qu'après sa mort il s'était donné à Brutus; que tous ces grands personnages n'ayant laissé en ce monde à leurs places que le fantôme de leurs vertus, il s'était retiré avec ses compagnons dans les temples et dans les solitudes.

— Enfin, ajouta-t-il, le peuple de votre terre devint si stupide et si grossier, que mes compagnons et moi perdîmes tout le plaisir que nous avions autrefois pris à l'instruire. Il n'est pas que vous n'ayez entendu parler de nous; car on nous appelait Oracles, Nymphes, Génies, Fées, Dieux Foyers, Lemures, Larves, Lamies, Farfadets, Naïades, Incubes, Ombres, Mânes, Spectres et Fantômes, et nous abandonnâmes votre monde sous le règne d'Auguste, un peu après que je me fus apparu à Drusus, fils de Livia, qui portait la guerre en Allemagne, et que je lui eus défendu de passer outre. Il n'y a pas longtemps que j'en suis arrivé pour la seconde fois; depuis cent ans en çà, j'ai eu commission d'y faire un voyage : j'ai rôdé beaucoup en Europe, et conversé avec des personnes que possible vous aurez connues. Un jour, entre autres, j'apparus à Cardan, comme il étudiait; je l'instruisis de quantité de choses, et, en récompense, il me promit qu'il témoignerait à la postérité de qui il tenait les miracles qu'il s'attendait d'écrire. J'y vis Agrippa, l'abbé Tritème, le docteur Faust, La Brosse, César, et une certaine cabale de jeunes gens que le vulgaire a connus sous le nom de chevaliers de la Roze-Croix, à qui j'ai enseigné quantité de souplesses et de secrets naturels, qui, sans doute, les auront fait passer pour de grands magiciens. Je connus aussi Campanella; ce fut moi qui lui conseillai, pendant qu'il était à l'inquisition dans Rome, de styler son visage et son corps aux postures ordinaires de ceux dont il avait besoin de connaître l'intérieur, afin d'exciter chez soi, par une même assiette, les pensées que cette même situation avait appelées dans ses adversaires, parce qu'ainsi il ménagerait mieux leur âme quand il la connaîtrait, et il commença, à ma prière, un livre que nous intitulâmes : *De sensu rerum*. J'ai fréquenté pareillement, en France, La Mothe Le Vayer et Gassendi ; ce second est un homme qui écrit autant en philosophe que ce premier y vit. J'ai connu quantité d'autres gens, que votre siècle traite de divins ; mais je n'ai trouvé en eux que beaucoup de babil et beaucoup d'orgueil. Enfin, comme je traversais de votre pays en Angleterre, pour étudier les mœurs de ses habitants, je rencontrai un homme, la honte de son pays ; car, certes, c'est une honte aux grands de votre Etat de reconnaître en lui, sans l'adorer, la vertu dont il est le trône. Pour abréger son panégyrique, il est tout esprit, il est tout cœur, et il a toutes ces qualités dont une, jadis, suffisait à marquer un héros : c'était Tristan l'Hermite. Véritablement, il faut que je vous avoue que, quand je vis une vertu si haute, j'appréhendai qu'elle ne fût pas reconnue ; c'est pourquoi je tâchai de lui faire accepter trois fioles, la première était pleine d'huile de talc, l'autre de poudre de projection et la dernière d'or potable ; mais il les refusa avec un dédain plus généreux que Diogène ne reçut les compliments d'Alexandre. Enfin, je ne puis rien ajouter à l'éloge de ce grand homme, sinon que c'est le seul poète, le seul philosophe et le seul homme libre que vous ayez. Voilà les personnes considérables que j'ai fréquentées; toutes les autres, au moins de celles que j'ai connues, sont si fort au-dessous de l'homme, que j'ai vu des bêtes un peu au-dessus. Au reste, je ne suis point originaire de votre terre ni de celle-ci; je suis né dans le Soleil : mais, parce que quelquefois notre monde se trouve trop peuplé, à cause de la longue vie de ses habitants, et qu'il est presque exempt de guerres et de maladies, de temps en temps, nos magistrats envoient des colonies dans les mondes des environs. Quant à moi, je fus commandé pour aller au vôtre, et déclaré chef de la peuplade qu'on y envoyait avec moi. J'ai passé depuis en celui-ci, pour les raisons que je vous ai dites; et ce qui fait que j'y demeure actuellement, c'est que les hommes y sont amateurs de la vérité; qu'on n'y voit point de pédant; que les philosophes ne se laissent persuader qu'à la raison, et que l'autorité d'un savant, ni le plus grand nombre, ne l'emportent point sur l'opinion d'un batteur en grange, quand il raisonne aussi fortement. Bref, en ce pays, on ne compte pour insensés que les sophistes et les orateurs.

Je lui demandai combien de temps ils vivaient. Il me répondit trois ou quatre mille ans, et continua de cette sorte :

— Encore que les habitants du Soleil ne soient pas en aussi grand nombre que ceux de ce monde, le Soleil en regorge bien souvent, à cause que le peuple peut être d'un tempérament fort chaud, et remuant et ambitieux, et digère beaucoup. Ce que je vous dis ne vous doit pas sembler une chose étonnante; car, quoique notre globe soit très-vaste et le vôtre très-petit, quoique nous ne mourions qu'après quatre mille ans et vous après un demi-siècle, apprenez que tout de même qu'il n'y a pas tant de cailloux que de terre, ni tant de plantes que de cailloux, ni tant d'animaux que de plantes, ni tant d'hommes que d'animaux, ainsi il n'y doit pas avoir tant de démons que d'hommes, à cause des difficultés qui se rencontrent à la génération d'un composé parfait.

Je lui demandai s'ils étaient des corps comme nous. Il me répondit que oui, qu'ils étaient des corps, mais non pas comme nous, ni comme aucune chose que nous estimons telle ; parce que nous n'appelons vulgairement corps que ce que nous pouvons toucher ; qu'au reste il n'y avait rien en la nature qui ne fût matériel, et que quoiqu'ils le fussent eux-mêmes, ils étaient contraints, quand ils voulaient se faire voir à nous, de prendre des corps proportionnés à ce que nos sens sont capables de connaître, et que c'était sans doute ce qui avait fait penser à beaucoup de monde que les histoires qui se contaient d'eux-mêmes n'étaient qu'un effet de la rêverie des faibles, à cause qu'ils n'apparaissaient que de nuit ; et il ajouta que, comme ils étaient contraints de bâtir eux-mêmes à la hâte le corps dont il fallait qu'ils se servissent, ils n'avaient pas le temps bien souvent de les rendre propres qu'à choisir seulement dessous nos sens, tantôt l'ouïe comme les voix des Oracles, tantôt la vue comme les Ardents et les Spectres, tantôt le toucher comme les Incubes, et que cette masse n'étant qu'un air épaissi de telle ou telle façon, la lumière, par sa chaleur, les détruisait, ainsi qu'on voit qu'elle dissipe un brouillard en le dilatant.

Tant de belles choses qu'il m'expliquait me donnèrent la curiosité de l'interroger sur sa naissance et sur sa mort, si au pays du Soleil l'individu venait au jour par les voies de génération, et s'il mourait par le désordre de son tempérament ou la rupture de ses organes.

— Il y a trop peu de rapport, dit-il, entre vos sens et l'explication de ces mystères : vous vous imaginez, vous autres, que ce que vous ne sauriez comprendre est spirituel, ou qu'il n'est point; mais cette conséquence est très-fausse, et c'est un témoignage qu'il y a dans l'univers un million peut-être de choses qui, pour être connues, demanderaient en vous un million d'organes tous différents. Moi, par exemple, je connais par mes sens la cause de la sympathie de l'aimant avec le pôle, celle des reflux de la mer, et ce que l'animal devient après sa mort; vous autres ne sauriez donner jusqu'à ces hautes conceptions que par la foi, à cause que les proportions à ces miracles vous manquent, non plus qu'un aveugle ne saurait s'imaginer ce que c'est que la beauté d'un paysage, le coloris d'un tableau et les nuances de l'iris : ou bien il se les figurera, tantôt comme quelque chose de palpable, comme le manger, comme un son ou comme une odeur; tout de même, si je voulais vous expliquer ce que j'aperçois par les sens qui vous manquent, vous vous le représenteriez comme quelque chose qui pût être ouï, vu, touché, flairé ou savouré, et ce n'est rien cependant de tout cela.

Il en était là de son discours, quand mon bateleur s'aperçut que la chambrée commençait à s'ennuyer de mon jargon qu'ils n'entendaient point, et qu'ils prenaient pour un grognement articulé ; il se mit de plus belle à tirer ma corde pour me faire sauter, jusqu'à ce que les spectateurs étant soûls de rire et d'assurer que j'avais presque autant d'esprit que les bêtes de leur pays, ils se retirèrent chacun chez soi.

J'adoucissais ainsi la dureté des mauvais traitements de mon maître par les visites que me rendait cet officieux Démon ; car de m'entretenir avec ceux qui me venaient voir, outre qu'ils me prenaient pour un animal des mieux enracinés dans la catégorie des brutes, ni je ne savais leur langue, ni eux n'entendaient pas la mienne, et jugez ainsi quelle proportion ; car vous saurez que deux idiomes seulement sont usités en ce pays, l'un qui sert aux grands, et l'autre qui est particulier pour le peuple.

Celui des grands n'est autre chose qu'une différence de tons non articulés, à peu près semblables à notre musique, quand on n'a pas ajouté les paroles à l'air, et certes c'est une invention tout ensemble et bien utile et bien agréable ; car quand ils sont las de parler, ou quand ils dédaignent de prostituer leur gorge à cet usage, ils prennent ou un luth ou un autre instrument dont ils se servent aussi bien que de la voix à se communiquer leurs pensées ; de sorte que quelquefois ils se rencontreront jusqu'à quinze ou vingt de compagnie, qui agiteront un point de théologie ou les difficultés d'un procès, par un concert le plus harmonieux dont on puisse chatouiller l'oreille.

Le second, qui est en usage chez le peuple, s'exécute par le trémoussement des membres, mais non pas peut-être comme on se le figure; car certaines parties du corps signifient un discours tout entier. L'agitation, par exemple, d'un doigt, d'une main, d'une oreille, d'une lèvre, d'un bras, d'un œil, d'une joue, feront, chacun en particulier, une oraison ou une période avec tous les membres. D'autres ne servent qu'à désigner des mots, comme un pli sur le front, les divers frissonnements des muscles, les renversements des mains, les battements des pieds, les contorsions de bras; de sorte que quand ils parlent, avec la coutume qu'ils ont prise d'aller tout nus, leurs membres, accoutumés à gesticuler leurs conceptions, se remuent si dru, qu'il ne semble pas un homme qui parle, mais un corps qui tremble.

Presque tous les jours le Démon me venait visiter, et ses merveilleux entretiens me faisaient passer sans ennui les violences de ma captivité. Enfin, un matin, je vis entrer dans ma logette un homme que je ne connaissais point, et qui m'ayant fort longtemps léché, me gueula doucement par l'aisselle, et de l'une des pattes dont il me soutenait de peur que je me blessasse, me jeta sur son dos, où je me trouvai si mollement et si à mon aise, qu'avec l'affliction que me faisait sentir un traitement de bête, il ne me prit aucune envie de me sauver; et puis ces hommes qui marchent à quatre pieds vont bien d'une autre vitesse que nous, puisque les plus pesants attrapent les cerfs à la course.

Je m'affligeais cependant outre mesure de n'avoir

point de nouvelles de mon courtois Démon, et le soir de la première traite, arrivé que je fus au gîte, je me promenais dans la cour de l'hôtellerie, attendant que le manger fût prêt, lorsqu'un homme fort jeune et assez beau me vint rire au nez et jeter à mon cou ses deux pieds de devant. Après que je l'eus quelque temps considéré·

— Quoi! me dit-il en français, vous ne connaissez plus votre ami?

Je vous laisse à penser ce que je devins alors; certes, ma surprise fut si grande, que dès-lors je m'imaginai que tout le globe de la Lune, tout ce qui m'y était arrivé et tout ce que j'y voyais n'était qu'enchantement; et cet homme-bête étant le même qui m'avait servi de monture, continua de me parler ainsi :

— Vous m'aviez promis que les bons offices que je vous rendrais ne vous sortiraient jamais de la mémoire, et cependant il semble que vous ne m'ayez jamais vu.

Mais voyant que je demeurais dans mon étonnement :

— Enfin, ajouta-t-il, je suis ce Démon de Socrate.

Ce discours augmenta mon étonnement; mais, pour m'en tirer, il me dit :

— Je suis le Démon de Socrate qui vous ai diverti pendant votre prison, et qui, pour vous continuer mes services, me suis revêtu du corps avec lequel je vous portais hier.

— Mais, l'interrompis-je, comment tout cela se peut-il faire, vu qu'hier vous étiez d'une taille extrêmement longue, et qu'aujourd'hui vous êtes très-court ; qu'hier vous aviez une voix faible et cassée, et qu'aujourd'hui vous en avez une claire et vigoureuse ; qu'hier enfin vous étiez un vieillard tout chenu, et que vous n'êtes aujourd'hui qu'un jeune homme ? Quoi donc, au lieu qu'en mon pays on chemine de la naissance à la mort, les animaux de celui-ci vont de la mort à la naissance, et rajeunissent à force de vieillir !

— Sitôt que j'eus parlé au prince, me dit-il, après avoir reçu l'ordre de vous conduire à la cour, je vous allai trouver où vous étiez, et vous ayant apporté ici, j'ai senti le corps que j'informais si fort atténué de lassitude, que tous les organes me refusaient leurs fonctions ordinaires, en sorte que je me suis enquis du chemin de l'hôpital, où entrant j'ai trouvé le corps d'un jeune homme qui venait d'expirer par un accident fort bizarre, et pourtant fort commun en ce pays..... Je m'en suis approché, feignant d'y connaître encore du mouvement, et protestant à ceux qui étaient présents qu'il n'était point mort, et que ce qu'on croyait lui avoir fait perdre la vie n'était qu'une simple léthargie ; de sorte que, sans être aperçu, j'ai approché ma bouche de la sienne, où je suis entré comme par un souffle ; lors mon vieux cadavre est tombé, et, comme si j'eusse été ce jeune homme, je me suis levé et m'en suis venu vous chercher, laissant là les assistants crier miracle.

On nous vint quérir là-dessus pour nous mettre à table, et je suivis mon conducteur dans une salle magnifiquement meublée, mais où je ne vis rien de préparé pour manger. Une si grande solitude de viande, lorsque je périssais de faim, m'obligea de lui demander où l'on avait mis le couvert. Je n'écoutai point ce qu'il répondit; car trois ou quatre jeunes garçons, enfants de l'hôte, s'approchèrent de moi dans cet instant, et, avec beaucoup de civilité, me dépouillèrent jusqu'à la chemise. Cette nouvelle cérémonie m'étonna si fort, que je n'en osais pas seulement demander la cause à mes beaux valets de chambre, et je ne sais comment mon guide, qui me demanda par où je voulais commencer, put tirer de moi ces deux mots : — *un potage;* mais je les eus à peine proférés, que je sentis l'odeur du plus succulent mitonné qui frappa jamais le nez du mauvais riche. Je voulus me lever de ma place pour chercher à la piste la source de cette agréable fumée, mais mon porteur m'en empêcha.

— Où voulez-vous aller? me dit-il; nous irons tantôt à la promenade; mais maintenant il est saison de manger; achevez votre potage, et puis nous ferons venir autre chose.

— Et où diable est ce potage, lui répondis-je presque en colère; avez-vous fait gageure de vous moquer de moi tout aujourd'hui?

— Je pensais, me répliqua-t-il, que vous eussiez vu, à la ville d'où nous venons, votre maître, ou quelqu'autre, prendre ses repas; c'est pourquoi je ne vous avais point dit de quelle façon on se nourrit ici. Puis donc que vous l'ignorez encore, sachez que l'on n'y vit que de fumée. L'art de cuisinerie, c'est de renfermer, dans de grands vaisseaux moulés exprès, l'exhalaison qui sort des viandes en les cuisant; et quand on en a ramassé de plusieurs sortes et de différents goûts, selon l'appétit de ceux que l'on traite, on débouche le vaisseau où cette odeur est assemblée, on en découvre après cela un autre, et ainsi jusqu'à ce que la compagnie soit repue. A moins que vous n'ayez déjà vécu de cette sorte, vous ne croiriez jamais que le nez, sans dents et sans gosier, fasse, pour nourrir l'homme, l'office de la bouche; mais je vous le veux faire voir par expérience.

Il n'eut pas plus tôt achevé, que je sentis entrer successivement dans la salle tant d'agréables vapeurs, et si nourrissantes, qu'en moins de demi-quart d'heure je me sentis tout-à-fait rassasié. Quand nous fûmes levés:

— Ceci n'est pas, dit-il, une chose qui doive causer beaucoup d'admiration, puisque vous ne pouvez pas avoir tant vécu sans avoir observé qu'en votre monde les cuisiniers, les pâtissiers et les rôtisseurs, qui mangent moins que les personnes d'une autre vocation, sont pourtant beaucoup plus gras. D'où procède leur embonpoint, à votre avis, si ce n'est de la fumée dont ils sont sans cesse environnés, et laquelle pénètre leurs corps et les nourrit; aussi les personnes de ce monde jouissent d'une santé bien moins interrompue et plus vigoureuse, à cause que la nourriture n'engendre presque point d'excréments, qui font l'origine de presque toutes les maladies. Vous avez peut-être été surpris, lorsqu'avant le repas on vous a déshabillé, parce que cette coutume n'est pas usitée en votre pays; mais c'est la mode de celui-ci, et l'on en use ainsi, afin que l'animal soit plus transpirable à la fumée.

— Monsieur, lui répartis-je, il y a très-grande apparence à ce que vous dites, et je viens moi-même d'en expérimenter quelque chose ; mais je vous avouerai que, ne pouvant pas me débrutaliser si promptement, je serais bien aise de sentir un morceau palpable sous mes dents. Il me le promit ; et toutefois ce fut pour le lendemain, à cause, dit-il, que de manger sitôt après le repas, cela me produirait une indigestion. Nous discourûmes encore quelque temps, puis nous montâmes à la chambre pour nous coucher.

Un homme, au haut de l'escalier, se présenta à nous, et, nous ayant envisagés attentivement, me mena dans un cabinet, dont le plancher était couvert de fleurs d'oranger à la hauteur de trois pieds, et mon Démon dans un autre rempli d'œillets et de jasmins. Il me dit, voyant que je paraissais étonné de cette magnificence, que c'était les lits du pays. Enfin, nous nous couchâmes chacun dans notre cellule ; et dès que je fus étendu sur mes fleurs, j'aperçus, à la lueur d'une trentaine de gros vers luisants enfermés dans un cristal, — car on ne se sert point de chandelles, — ces trois ou quatre jeunes garçons qui m'avaient déshabillé au souper, dont l'un se mit à me chatouiller les pieds, l'autre les cuisses, l'autre les flancs, l'autre les bras, et tous avec tant de mignoteries et de délicatesse, qu'en moins d'un moment je me sentis assoupi.

Je vis entrer le lendemain mon Démon avec le Soleil.

— Je vous veux tenir parole, me dit-il ; vous déjeûnerez plus solidement que vous ne soupâtes hier.

A ces mots, je me levai, et il me conduisit par la main derrière le jardin du logis, où l'un des enfants de l'hôte nous attendait avec une arme à la main presque semblable à nos fusils. Il demanda à mon guide si je voulais une douzaine d'alouettes, parce que les magots, — il croyait que j'en fusse un, — se nourrissaient de cette viande. A peine eus-je répondu que oui, que le chasseur déchargea un coup de feu, et vingt ou trente alouettes tombèrent à nos pieds toutes rôties.

— Voilà, m'imaginai-je aussitôt, ce qu'on dit par proverbe en notre monde d'un pays où les alouettes tombaient toutes rôties; sans doute que quelqu'un était revenu d'ici.

— Vous n'avez qu'à manger, me dit mon Démon; ils ont l'industrie de mêler parmi leur poudre et leur plomb une certaine composition qui tue, plume, rôtit, et assaisonne le gibier.

J'en ramassai quelques-unes, dont je mangeai sur sa parole, et en vérité je n'ai jamais eu de ma vie rien goûté de si délicieux. Après ce déjeûner, nous nous mîmes en état de partir ; et avec mille grimaces, dont ils se servent quand ils veulent témoigner de l'affection, l'hôte reçut un papier de mon Démon. Je lui demandai si c'était une obligation pour la valeur de l'écot. Il me répartit que non, qu'il ne lui devait rien, et que c'était des vers.

— Comment des vers, lui répliquai-je, les taverniers sont donc ici curieux de rimes ?

— C'est, me dit-il, la monnaie du pays, et la dépense que nous venons de faire céans s'est trouvée monter à un sixain, que je lui viens de donner. Je ne craignais pas de demeurer court; car, quand nous ferions ici ripaille pendant huit jours, nous ne saurions dépenser un sonnet; et j'en ai quatre sur moi, avec deux épigrammes, deux odes et une églogue.

— Et plût à Dieu, lui dis-je, que cela fût de même en notre monde : j'y connais beaucoup d'honnêtes poëtes qui meurent de faim, et qui feraient bonne chère, si on payait les traiteurs en cette monnaie.

Je lui demandai si ces vers servaient toujours, pourvu qu'on les transcrivît. Il me répondit que non, et continua ainsi :

— Quand on a composé, l'auteur les porte à la cour des monnaies, où les poëtes jurés du royaume tiennent leur séance. Là, ces versificateurs officiers mettent les pièces à l'épreuve, et si elles sont jugées de bon aloi, on les taxe, non pas selon leur prix, c'est-à-dire qu'un sonnet ne vaut pas toujours un sonnet, mais selon le mérite de la pièce ; et ainsi quand quelqu'un meurt de faim, ce n'est jamais qu'un buffle, et les personnes d'esprit font toujours grande chère.

J'admirais, tout extasié, la police judicieuse de ce pays-là, et il poursuivit de cette façon :

— Il y a encore d'autres personnes qui tiennent cabaret d'une manière bien différente. Lorsqu'on sort de chez eux, ils demandent, à proportion des frais, un acquit pour l'autre monde ; et dès qu'on le leur donne, ils écrivent dans un grand registre, qu'ils appellent les Comptes du Grand Jour, à peu près en ces termes : Item, la valeur de tant de vers délivrés un tel jour à un tel, qu'on m'y doit rembourser aussitôt l'acquit reçu du premier fonds qui s'y trouvera. Et lorsqu'ils se sentent en danger de mourir, ils font hâcher ces registres en morceaux, et les avalent, parce qu'ils croient que s'ils n'étaient ainsi digérés, cela ne leur profiterait de rien.

Cet entretien n'empêchait pas que nous ne continuassions de marcher, c'est-à-dire mon porteur à quatre pattes sous moi, et moi à califourchon sur lui. Je ne particulariserai point davantage les aventures qui nous arrêtèrent sur le chemin, qu'enfin nous terminâmes à la ville où le roi fait sa résidence. Je n'y fus pas plus tôt arrivé, qu'on me conduisit au Palais, où les grands me reçurent avec des admirations plus modérées que n'avait fait le peuple. Mon guide me l'interprétait ainsi; et cependant lui-même n'entendait point cette énigme, et ne savait qui était ce petit animal de la reine; mais nous en fûmes bientôt éclaircis. Le roi, quelque temps après m'avoir considéré, commanda qu'on l'amenât; et à une demi-heure de là, je vis entrer, au milieu d'une troupe de singes qui portaient la fraise et le haut-de-chausses, un petit homme bâti presque tout comme moi, car il marchait à deux pieds. Sitôt qu'il m'aperçut, il m'aborda par un : — *Criado de vouestra merced.* Je lui ripostai sa révérence à peu près en mêmes termes. Mais, hélas! ils ne nous eurent pas plus tôt vus parler ensemble, qu'ils crurent tous le préjugé véritable; et cette conjecture n'avait garde de produire un autre succès, car celui des assistants qui opinait pour nous avec plus de ferveur, protestait que notre entretien était un grognement, que la joie d'être rejoints, par un instinct naturel nous faisait bourdonner. Ce petit homme me conta qu'il était Européen, natif de la Vieille-Castille ; qu'il avait trouvé moyen, avec des oiseaux, de se faire porter jusqu'au monde de la Lune où nous étions alors ; qu'étant tombé entre les mains de la reine, elle l'avait pris pour un singe, à cause qu'ils habillent, par hasard, en ce pays-là, les singes à l'espagnole ; et que, l'ayant à son arrivée trouvé vêtu de cette façon, elle n'avait point douté qu'il ne fût de l'espèce.

— Il faut bien dire, lui répliquai-je, qu'après leur avoir essayé toutes sortes d'habits, ils n'en ont point rencontré de plus ridicules ; et que ce n'est qu'à cause de cela qu'ils les équipent de la sorte, n'entretenant ces animaux que pour s'en donner du plaisir.

— Ce n'est pas connaître, reprit-il, la dignité de notre nation, en faveur de qui l'univers ne produit des hommes que pour nous donner des esclaves, et pour qui la nature ne saurait engendrer que des matières de rire.

Il me supplia ensuite de lui apprendre comment je m'étais osé hasarder de monter à la Lune avec la machine dont je lui avais parlé. Je lui répondis que c'était à cause qu'il avait emmené les oiseaux sur lesquels j'y pensais aller. Il sourit de cette raillerie ; et environ un quart d'heure après, le roi commanda aux gardeurs de singes de nous ramener, avec ordre exprès de nous faire coucher ensemble, l'Espagnol et moi, pour faire en son royaume multiplier notre espèce. On exécuta de point en point la volonté du prince, de quoi je fus très-aise, pour le plaisir que je recevais d'avoir quelqu'un qui m'entretînt pendant la solitude de ma brutification.

Un jour, mon mâle, — car on me prenait pour la femelle, — me conta que ce qui l'avait véritablement obligé de courir toute la terre, et enfin de l'abandonner pour la Lune, était qu'il n'avait pu trouver un seul pays où l'imagination même fût en liberté.

— Voyez-vous, me dit-il, à moins de porter un bonnet, quoi que vous puissiez dire de beau, s'il est contre les principes des docteurs de drap, vous êtes un idiot, un fou, et quelque chose de pis. On m'a voulu mettre en mon pays à l'inquisition, parce qu'à la barre des pédants j'avais soutenu qu'il y avait du vide, et que je ne connaissais point de matière au monde plus pesante l'une que l'autre.

Je lui demandai de quelles probabilités il appuyait une opinion si peu reçue.

— Il faut, me répondit-il, pour en venir à bout, supposer qu'il n'y a qu'un élément; car encore que nous voyons de l'eau, de la terre, de l'air et du feu séparés, on ne les trouve jamais pourtant si parfaitement purs, qu'ils ne soient encore engagés les uns avec les autres. Quand, par exemple, vous regardez du feu, ce n'est pas du feu, ce n'est que de l'eau beaucoup étendue; l'air n'est que de l'eau fort dilatée, l'eau n'est que de la terre qui se fond, et la terre elle-même n'est autre chose que de l'eau beaucoup resserrée. Et ainsi, à pénétrer sérieusement la matière, vous connaîtrez qu'elle n'est qu'une, qui, comme excellente comédienne, joue ici-bas toutes sortes de personnages sous toutes sortes d'habits : — autrement, il faudrait admettre autant d'éléments qu'il y a de sortes de corps. Et si vous me demandez pourquoi le feu brûle et l'eau refroidit, vu que ce n'est qu'une seule matière, je vous réponds que cette matière agit par sympathie, selon la disposition où elle se trouve dans le temps qu'elle agit. Le feu, qui n'est rien que de la terre encore plus répandue qu'elle ne l'est pour constituer l'air, tâche de changer en elle, par sympathie, ce qu'elle rencontre. Ainsi, la chaleur du charbon, étant le feu le plus subtil et le plus propre à pénétrer un corps, se glisse entre les pores de notre masse au commencement, parce que c'est une nouvelle matière qui nous remplit et nous fait exhaler en sueur. Cette sueur, étendue par le feu, se convertit en fumée et devient air ; cet air, encore davantage fondu par la chaleur de l'antipéristase, ou des astres qui l'avoisinent, s'appelle feu ; et la terre, abandonnée par le froid, et partie tombe en terre ; l'eau, d'autre part, quoiqu'elle ne diffère de la manière du feu qu'en ce qu'elle est plus serrée, ne nous brûle pas, à cause qu'étant serrée, elle demande par sympathie à resserrer les corps qu'elle rencontre ; et le froid que nous sentons, n'est autre chose que l'effet de notre chair, qui se replie sur elle-même par le voisinage de la terre où de l'eau, qui la contraint de lui ressembler. De là vient que les hydropiques, remplis d'eau, changent en eau toute la nourriture qu'ils prennent ; de là vient que les bilieux changent en bile tout le sang que forme le foie. Supposez donc qu'il n'y ait qu'un seul élément, il est certissime que tous les corps, chacun selon sa qualité, inclinent également au centre de la terre. Mais vous me demanderez pourquoi donc le fer, les métaux, la terre, le bois descendent plus vite à ce centre qu'une éponge, si ce n'est à cause qu'elle est pleine d'air, qui tend naturellement en haut. Ce n'en est point du tout la raison, et voici comment je vous réponds : quoiqu'une roche tombe avec plus de rapidité qu'une plume, l'une et l'autre ont même inclination pour ce voyage ; mais un boulet de canon, par exemple, s'il trouvait la terre percée à jour se précipiterait plus vite à son centre qu'une vessie grosse de vent ; et la raison est que cette masse de métal est beaucoup de terre recognée en un petit canton, et que ce vent est fort peu de terre en beaucoup d'espace : car toutes les parties de la matière qui logent dans ce fer, jointes qu'elles sont les unes aux autres, augmentent leur force par l'union, à cause que s'étant resserrées, elles se trouvent à la fin beaucoup à combattre contre peu, vu qu'une parcelle d'air égale en grosseur au boulet, n'est pas égale en quantité. Sans prouver ceci par une enfilure de raisons, comment, par votre foi, une pique, une épée, un poignard, nous blessent-ils? si ce n'est à cause que l'acier étant une matière où les parties sont plus proches et plus enfoncées les unes dans les autres; que non pas votre chair, dont les pores et la mollesse montrent qu'elle contient fort peu de matière répandue en un grand lieu, et que la pointe de fer qui nous pique étant une quantité presque innombrable de matière contre fort peu de chair, il la contraint de céder au plus fort, de même qu'un escadron bien pressé entame aisément un bataillon moins serré et plus étendu ; car pourquoi une loupe d'acier embrasée, est-elle plus chaude qu'un tronc de bois allumé ? si ce n'est qu'il y a plus de feu dans la loupe en peu d'espace, y en ayant d'attaché à toutes les parties du métal, que dans le bâton, qui pour être fort spongieux enferme par conséquent beaucoup de vide, et que le vide, n'étant qu'une privation de l'être, ne peut être susceptible de la forme du feu. Mais, m'objecterez-vous, vous supposez du vide comme si vous l'aviez prouvé, et c'est cela dont nous sommes en dispute. Eh bien ! je vais vous le prouver et quoique cette difficulté soit la sœur du nœud gordien, j'ai les bras assez forts pour en devenir l'Alexandre. Qu'elle me réponde donc, je l'en supplie, cette bête vulgaire, qui ne croit être homme que parce qu'on le lui a dit: supposé qu'il n'y ait qu'une matière, comme je pense l'avoir assez prouvé, d'où vient qu'elle se relâche et se rétraint selon son appétit ? d'où vient qu'un morceau de terre à force de se condenser s'est fait caillou ? est-ce que les parties de ce caillou se sont placées les unes dans les autres, en telle sorte que là où s'est fiché ce grain de sablon, là même, ou dans le même point, loge un autre grain de sablon ? Tout cela ne se peut, et selon leur principe même, puisque les corps ne se pénètrent point ; mais il faut que cette matière se soit rapprochée, et si vous voulez, se soit raccourcie, en sorte qu'elle ait rempli quelque lieu qui ne l'était pas : de dire que cela n'est point compréhensible qu'il y eût du rien dans le monde, que nous fussions en partie composés de rien ; hé pourquoi non ? le monde entier n'est-il pas enveloppé de rien ? Puisque vous m'avouez cet article, confessez donc qu'il est aussi aisé que le monde ait du rien dedans soi qu'autour de soi. Je vois d'abord fort bien que vous me demanderez pourquoi donc l'eau restreinte par la gelée dans un vase le fait crever, si ce n'est pour empêcher qu'il ne se fasse du vide ; mais je réponds que cela n'arrive qu'à cause que l'air de dessus, qui tend aussi bien que la terre et l'eau au centre, rencontrant sur le droit chemin de ce pays une hôtellerie vacante, y va loger ; s'il trouve les pores de ce vaisseau, c'est-à-dire les chemins qui conduisent à cette chambre de vide, trop étroits, trop longs, trop tortus, il satisfait en le brisant à son impatience pour arriver plus tôt au gîte. Mais sans m'amuser à répondre à toutes leurs objections, j'ose bien dire que s'il n'y avait point de vide, il n'y aurait point de mouvement, ou il faut admettre la pénétration des corps : il serait trop ridicule de croire que quand une mouche pousse de l'aile une parcelle de l'air, cette parcelle en fait reculer devant elle une autre, cette autre encore une autre, et qu'ainsi l'agitation du petit orteil d'une puce allât faire une bosse derrière le monde. Quand ils n'en peuvent plus, ils ont recours à la raréfaction ; mais, en bonne foi, comment se peut-il faire, quand un corps se raréfie, qu'une particule de la masse s'éloigne d'une autre particule sans laisser ce milieu vide ? n'aurait-il pas fallu que ces deux corps qui se viennent de séparer eussent été en même temps au même lieu où était celui-ci, et que de la sorte ils se fussent pénétrés tous trois. Je m'attends bien que vous me demanderez pourquoi donc par un chalumeau, une seringue ou une pompe on fait monter l'eau contre son inclination ; à quoi je vous répondrai qu'elle est violente, et que ce n'est pas la peur qu'elle a du vide qui l'oblige à se détourner de son chemin ; mais qu'étant jointe avec l'air d'une nuance imperceptible, elle s'élève quand on élève en haut l'air qui la tient embarrassée. Cela n'est pas fort épineux à comprendre, quand on connaît le cercle parfait et la délicate enchaînure des éléments ; car si vous considérez attentivement ce limon qui fait le mariage de la terre et de l'eau, vous trouverez qu'il n'est plus terre, qu'il n'est plus eau, mais qu'il est l'entremetteur du contract de ces deux ennemis ; l'eau tout de même, avec l'air s'envoient réciproquement un brouillard qui pénètre aux humeurs de l'un et de l'autre pour moyenner leur paix, et l'air se réconcilie avec le feu par le moyen d'une exhalaison médiatrice qui les unit.

Je pense qu'il voulait encore parler, mais on nous apporta notre mangeaille ; et parce que nous avions faim je fermai les oreilles à ses discours pour ouvrir l'estomac aux viandes qu'on nous donna.

Il me souvient qu'une autre fois, comme nous philosophions, car nous n'aimions guère ni l'un ni l'autre à nous entretenir de choses basses :

— Je suis bien fâché, dit-il, de voir un esprit de la trempe du vôtre, infecté des erreurs du vulgaire. Il faut donc que vous sachiez, malgré le pédantisme d'Aristote, dont retentissent aujourd'hui toutes les classes de votre France, que tout est en tout, c'est-à-dire que dans l'eau, par exemple, il y a du feu, dedans le feu de l'eau, dedans l'air de la terre, et dedans la terre de l'air. Quoique cette opinion fasse aux scolares les yeux grands comme des salières, elle est plus aisée à prouver qu'à persuader. Car je leur demande premièrement si l'eau n'engendre pas du poisson, quand ils me le nieront : creuser un fossé, le remplir du sirop de l'éguière, et qu'ils passeront encore à travers un bluteau pour échapper aux objections des aveugles, je veux en cas qu'ils n'y trouvent du poisson dans quelque temps, avaler toute l'eau qu'ils y auront versée : mais s'ils y en trouvent, comme je n'en doute point, c'est une preuve convaincante qu'il y a du sel et du feu ; par conséquent de trouver ensuite de l'eau dans ce feu, ce n'est pas une entreprise fort difficile. Car, qu'ils choisissent le feu même le plus détaché de la matière, comme les comètes, il y en a toujours beaucoup, puisque si cette humeur onctueuse dont ils sont engendrés, réduite en soufre par la chaleur de l'antipéristase qui les allume, ne trouvait un obstacle à sa violence dans l'humide froideur qui la tempère et la combat, elle se consommerait brusquement comme un éclair. Qu'il y ait maintenant de l'air dans la terre, ils ne les nieront pas ; ou bien ils n'ont jamais entendu parler des frissons effroyables dont les montagnes de la Sicile ont été si souvent agitées : outre cela nous voyons la terre toute poreuse, jusqu'aux grains de sablon qui la composent. Cependant personne n'a dit encore que ces creux fussent remplis de vide : on ne trouvera donc pas mauvais que l'air y fasse son domicile. Il me reste à prouver que dans l'air il y a de la terre ; mais je ne daigne quasi en prendre la peine, puisque vous en êtes convaincus autant de fois que vous voyez tomber sur vos têtes ces légions d'atomes, si nombreuses qu'elles étouffent l'arithmétique. Mais passons des corps simples aux composés, ils me fourniront des sujets beaucoup plus fréquents, et pour montrer que toutes choses sont en toutes choses, non point qu'elles se changent les unes aux autres, comme le gazouillent vos péripatéticiens ; car je veux soutenir à leur barbe que les principes se mêlent, se séparent et se remêlent de rechef, en telle sorte que celui qui a été fait eau par le sage Créateur du monde, le sera toujours ; je ne suppose point, à leur mode, de maxime que je ne prouve. C'est pourquoi, prenez, je vous prie, une buche ou quelque autre matière combustible, et y mettez le feu ; ils diront, quand elle sera embrasée, que ce qui était bois est devenu feu ; mais je leur soutiens que non, et qu'il n'y a point davantage de feu, quand elle est tout enflammée, qu'avant qu'on en eût approché l'allumette ; mais celui qui était caché dans la buche, que le froid et l'humide empêchaient de s'étendre et d'agir, secouru par l'étranger, a rallié ses forces contre le flegme qui l'étouffait et s'est emparé du champ qu'occupait son ennemi ; aussi se montre-t-il sans obstacles et triomphant de son geôlier. Ne voyez-vous pas comme l'eau s'enfuit par les deux bouts du tronçon, chaude et fumante encore du combat qu'elle a rendu ? Cette flamme que vous voyez en haut est le feu le plus subtil, le plus dégagé de la matière, et le plus tôt prêt, par conséquent, à retourner chez soi ; il s'unit pourtant en pyramide jusques à certaine hauteur, pour enfoncer l'épaisse humidité de l'air qui lui résiste. Mais comme il vient, en montant à se dégager peu à peu de la violente compagnie de ses hôtes, alors il prend le large, parce qu'il ne rencontre plus rien d'antipathique à son passage, et cette négligence est bien souvent cause d'une seconde prison ; car, cheminant séparé, il s'égarera quelquefois dans un nuage. S'ils s'y rencontrent d'autres fois en assez grande quantité pour faire tête à la vapeur, ils se joignent ; ils foudroient, et la mort des innocents est bien souvent l'effet de la colère animée des choses mortes. Si quand il se trouve embarrassé dans ces crudités importunes de la moyenne région, il n'est pas assez fort pour se défendre, il s'abandonne à la discrétion de son ennemi, qui le contraint, par sa pesanteur, de retomber en terre ; et ce malheureux, enfermé dans une goutte d'eau, se rencontrera peut-être au pied d'un chêne, de qui le feu animal invitera ce pauvre égaré de se loger avec lui. Ainsi, le voilà qui revient au même état dont il était sorti quelques jours auparavant. Mais voyons la fortune des autres éléments qui composaient cette buche. L'air se retire à son quartier, encore pourtant mêlé de vapeurs, à cause que le feu, tout en colère, les a brusquement chassées pêle-mêle. Le voilà donc qui sert de ballon aux vents, fournit aux animaux de respiration, remplit le vide que la nature fait, et peut-être que, s'étant enveloppé dans une goutte de rosée; il sera sucé et digéré par les feuilles altérées de cet arbre, où s'est retiré notre feu. L'eau que la flamme avait chassée de ce tronc, élevée par la chaleur jusqu'au berceau des météores, retombera en pluie sur notre chêne aussitôt que sur un autre; et la terre devenue cendre, et puis guérie de sa stérilité, ou par la chaleur nourrissante d'un fumier où on l'aura jetée, ou par le sel végétatif de quelques plantes voisines, ou par l'eau féconde des rivières, se rencontrera peut-être près de ce chêne qui, par la chaleur de son germe, l'attirera, et en fera une partie de son tout. De cette façon, voilà ces quatre éléments qui reçoivent le même sort, et rentrent en même état d'où ils étaient sortis quelques jours auparavant. Ainsi, on peut dire que dans un homme il y a tout ce qui est nécessaire pour composer un arbre, et dans un arbre tout ce qui est nécessaire pour composer un homme. Enfin, de cette façon, toutes choses se rencontreront en toutes choses; mais il nous manque un Prométhée qui nous tire du sein de la nature et nous rende sensible ce que je veux bien appeler matière première.

Voilà les choses à peu près dont nous amusions le temps; car ce petit Espagnol avait l'esprit joli. Notre entretien toutefois n'était que la nuit, à cause que, depuis six heures du matin jusqu'au soir, la grande foule du monde qui nous venait contempler à notre logis nous eût détournés; car quelques-uns nous jetaient des pierres, d'autres des noix, d'autres de l'herbe. Il n'était bruit que des bêtes du roi; on nous

servait tous les jours à manger à nos heures, et le roi
et la reine prenaient eux-mêmes assez souvent la
peine de me tâter le ventre, pour connaître si je
n'emplissais point; car ils brûlaient d'une envie extraordinaire d'avoir de la race de ces petits animaux.
Je ne sais si ce fut pour avoir été plus attentif que mon
mâle à leurs simagrées et à leurs tons; mais j'appris plus tôt que lui à entendre leur langue et à
l'écorcher un peu; ce qui fit qu'on nous considéra
d'une autre façon qu'on n'avait fait, et les nouvelles
coururent aussitôt par tout le royaume: qu'on avait
trouvé deux hommes sauvages plus petits que les autres, à cause des mauvaises nourritures que la solitude nous avait fournies, et qui, par un défaut de la
semence de leurs pères, n'avaient pas eu les jambes
de devant assez fortes pour s'appuyer dessus.

Cette créance allait prendre racine à force d'être
confirmée, sans les doctes du pays qui s'y opposèrent, disant que c'était une impiété épouvantable de
croire que non-seulement des bêtes, mais des monstres, fussent de leur espèce.

— Il y aurait bien plus d'apparence, ajoutaient les
moins passionnés, que nos animaux domestiques participassent au privilége de l'humanité et de l'immortalité, par conséquent, à cause qu'ils sont nés dans
notre pays, qu'une bête monstrueuse qui se dit née
je ne sais où dans la Lune; et puis, considérez la
différence qui se remarque entre nous et eux. Nous
autres marchons à quatre pieds, parce que Dieu ne
se voulut pas fier d'une chose si précieuse à une
moins ferme assiette, et il eut peur qu'allant autre-

ment il n'arrivât malheur à l'homme ; c'est pourquoi il prit la peine de l'asséoir sur quatre piliers, afin qu'il ne pût tomber ; mais dédaignant de se mêler de la construction de ces deux brutes, il les abandonna au caprice de la nature, laquelle, ne craignant pas la perte de si peu de chose, ne les appuya que sur deux pattes. Ces oiseaux mêmes, disaient-ils, n'ont pas été si maltraités qu'elles ; car, au moins, ils ont reçu des plumes pour subvenir à la faiblesse de leurs pieds, et se jeter en l'air quand nous les chasserons de chez nous ; au lieu que la nature, en ôtant les deux pieds à ces monstres, les a mis en état de ne pouvoir échapper à notre justice. Voyez un peu, outre cela, comment ils ont la tête tournée devers le ciel : c'est la disette où Dieu les a mis de toutes choses qui l'a située de la sorte ; car cette posture suppliante témoigne qu'ils se plaignent au ciel de celui qui les a créés, et qu'ils lui demandent permission de s'accommoder de nos restes. Mais nous autres nous avons la tête penchée en bas, pour contempler les biens dont nous sommes seigneurs, et comme n'y ayant rien au ciel à qui notre heureuse condition puisse porter envie.

J'entendais tous les jours à ma loge faire ces contes, ou d'autres semblables ; et ils en bridèrent si bien l'esprit des peuples sur cet article, qu'il fut arrêté que je ne passerais tout au plus que pour un perroquet sans plumes ; car ils confirmaient les persuadés sur ce que, non plus qu'un oiseau, je n'avais que deux pieds. Cela fit qu'on me mit en cage par ordre exprès du conseil d'en haut.

Là, tous les jours, l'oiseleur de la reine prenait le soin de me venir siffler la langue, comme on fait ici aux sansonnets; j'étais heureux, à la vérité, en ce que je ne manquais point de mangeaille. Cependant, parmi les sornettes dont les regardants me rompaient les oreilles, j'appris à parler comme eux, en sorte que quand je fus assez rompu dans l'idiome pour exprimer la plupart de mes conceptions, j'en contai des plus belles; déjà les compagnies ne s'entretenaient plus que de la gentillesse de mes bons mots et de l'estime que l'on faisait de mon esprit. On vint jusque-là, que le conseil fut contraint de faire publier un arrêt, par lequel on défendait de croire que j'eusse de la raison, avec un commandement très-exprès à toutes personnes, de quelque qualité ou condition qu'elles fussent, de s'imaginer, quoi que je pusse faire de spirituel, que c'était l'instinct qui me le faisait faire.

Cependant, la définition de ce que j'étais partagea la ville en deux factions. Le parti qui soutenait en ma faveur grossissait de jour en jour, et enfin, en dépit de l'anathème par lequel on tâchait d'épouvanter le peuple, ceux qui tenaient pour moi demandèrent une assemblée des Etats pour résoudre cette controverse. On fut longtemps à s'accorder sur le choix de ceux qui opineraient; mais les arbitres pacifièrent l'animosité par le nombre des intéressés qu'ils égalèrent, et qui ordonnèrent qu'on me porterait dans l'assemblée, comme l'on fit; mais j'y fus traité autant sévèrement qu'on se le peut imaginer. Les examinateurs m'interrogèrent entre autres choses de philosophie ; je leur exposai tout à la bonne foi ce que jadis mon régent m'en avait appris, mais ils ne mirent guère à me le refuter par beaucoup de raisons convaincantes; de sorte que n'y pouvant répondre, j'alléguai pour dernier refuge les principes d'Aristote, qui ne me servirent pas davantage que les sophismes ; car en deux mots ils m'en découvrirent la fausseté.

— Cet Aristote, me dirent-ils, dont vous vantez si fort la science, accommodait sans doute les principes à sa philosophie, au lieu d'accommoder sa philosophie aux principes ; et encore devait-il les prouver au moins plus raisonnables que ceux des autres sectes dont vous nous avez parlé ; c'est pourquoi le bon seigneur ne trouvera pas mauvais si nous lui baisons les mains.

Enfin, comme ils virent que je ne clabaudais autre chose, sinon qu'ils n'étaient pas plus savants qu'Aristote, et qu'on m'avait défendu de disputer contre ceux qui niaient ses principes, ils conclurent tous d'une voix que je n'étais pas un homme, mais possible quelque espèce d'autruche, vu que je portais comme elle la tête droite, que je marchais sur deux pieds, et qu'enfin, hormis un peu de duvet, je lui étais tout semblable, si bien qu'on ordonna à l'oiseleur de me reporter en cage. J'y passais mon temps avec assez de plaisir ; car à cause de leur langue, que je possédais correctement, toute la cour se divertissait à me faire jaser. Les filles de la reine entre autres fourraient toujours quelque bribe dans mon panier ; et la plus gentille de toutes, ayant conçu quelque amitié pour moi, elle était si transportée de joie lorsque, étant en secret, je l'entretenais des mœurs et des divertissements des gens de notre monde, et principalement de nos cloches et de nos autres instruments de musique, qu'elle me protestait, les larmes aux yeux, que si jamais je me trouvais en état de revoler en notre monde, elle me suivrait de bon cœur.

Un jour, de grand matin, m'étant éveillé en sursaut, je la vis qui tambourinait contre les bâtons de ma cage.

— Réjouissez-vous, me dit-elle; hier, dans le conseil, on conclut la guerre contre le roi..... J'espère, parmi l'embarras des préparatifs, pendant que notre monarque et ses sujets seront éloignés, faire naître l'occasion de vous sauver.

— Comment, la guerre, l'interrompis-je, arrive-t-il des querelles entre les princes de ce monde-ci comme entre ceux du nôtre? Eh! je vous prie, parlez-moi de leur façon de combattre.

— Quand les arbitres, reprit-elle, élus au gré des deux parties, ont désigné le temps accordé pour l'armement, celui de la marche, le nombre des combattants, le jour et le lieu de la bataille, et tout cela avec tant d'égalité, qu'il n'y a pas dans une armée un seul homme plus que dans l'autre, les soldats estropiés d'un côté sont tous enrôlés dans une compagnie; et lorsqu'on en vient aux mains, les maréchaux de camp ont soin de les exposer aux estropiés; de l'autre côté, les géants ont en tête les colosses; les escrimeurs, les adroits; les vaillants, les courageux; les débiles, les faibles ; les indisposés, les malades ; les robustes, les forts : et si quelqu'un entreprenait de frapper un autre que son ennemi désigné, à moins qu'il ne pût justifier que c'était par méprise, il est condamné comme couard. Après la bataille donnée, on compte les blessés, les morts, les prisonniers ; car, pour les fuyards, il ne s'en trouve point. Si les pertes se trouvent égales de part et d'autre, ils tirent à la courte paille à qui se proclamera victorieux. Mais encore qu'un royaume eût défait son ennemi de bonne guerre, ce n'est presque rien avancé ; car il y a d'autres armées plus nombreuses de savants et d'hommes d'esprit, des disputes desquelles dépend entièrement le triomphe ou la servitude des Etats. Un savant est opposé à un autre savant, un spirituel à un autre spirituel, et un judicieux à un autre judicieux. Au reste, le triomphe que remporte un Etat en cette façon est compté par trois victoires à force ouverte. Après la proclamation de la victoire, on rompt l'assemblée, et le peuple vainqueur choisit pour être son roi ou celui des ennemis ou le sien.

Je ne pus m'empêcher de rire de cette façon scrupuleuse de donner des batailles ; et j'alléguais pour exemple d'une bien plus forte politique les coutumes de notre Europe, où le monarque n'avait garde d'omettre aucun de ses avantages pour vaincre ; et voici comment elle me parla :

— Apprenez-moi, me dit-elle, si vos princes ne prétextent pas leurs armements de droit.

— Oui, lui répliquai-je, et de la justice de leur cause.

— Pourquoi donc, continua-t-elle, ne choisissent-ils des arbitres non suspects pour être accordés? Et s'il se trouve qu'ils aient autant de droit l'un que l'autre, qu'ils demeurent comme ils étaient, ou qu'ils jouent en un coup de piquet la ville ou la province dont ils sont en dispute.

— Mais vous, lui répartis-je, pourquoi toutes ces circonstances en votre façon de combattre? Ne suffit-il pas que les armées soient en pareil nombre d'hommes?

— Vous n'avez guère de jugement, me répondit-elle. Croiriez-vous, par votre foi, ayant vaincu sur le pré votre ennemi seul à seul, l'avoir vaincu de bonne guerre, si vous étiez maillé, et lui non; s'il n'avait qu'un poignard, et vous une estocade; enfin s'il était manchot, et que vous eussiez deux bras? Cependant, avec toute l'égalité que vous recommandez tant à vos gladiateurs, ils ne se battent jamais pareils; car l'un sera de grande, l'autre de petite taille; l'un sera adroit, l'autre n'aura jamais manié l'épée; l'un sera robuste, l'autre faible; et quand même ces disproportions seraient égales, qu'ils seraient aussi adroits et aussi forts l'un que l'autre, encore ne seraient-ils pas pareils; car l'un des deux aura peut-être plus de courage que l'autre; et sous l'ombre que cet emporté ne considèrera pas le péril, qu'il sera bilieux, qu'il aura plus de sang, qu'il avait le cœur plus serré, avec toutes ces qualités qui font le courage, comme si ce n'était pas aussi bien qu'une épée, une arme que son ennemi n'a point, il s'ingère de se ruer éperdument sur lui, de l'effrayer; et d'ôter la vie à ce pauvre homme, qui prévoit le danger, dont la chaleur est étouffée dans la pituite, et duquel le cœur est trop vaste pour unir les esprits nécessaires à dissiper cette glace qu'on appelle poltronnerie. Ainsi, vous louez cet homme d'avoir tué son ennemi avec avantage ; et, le louant de hardiesse, vous le louez d'un péché contre nature, puisque la hardiesse tend à la destruction. Et, à propos de cela, je vous dirai qu'il y a quelques années qu'on fit une remontrance au conseil de guerre, pour apporter un règlement plus circonspect et plus consciencieux dans les combats. Et le philosophe qui donnait l'avis parla ainsi : Vous vous imaginez, Messieurs, avoir bien égalé les avantages de deux ennemis, quand vous les avez choisis tous deux grands, tous deux adroits, tous deux pleins de courage ; mais ce n'est pas encore assez, puisqu'il faut qu'enfin le vainqueur surmonte par adresse, par force et par fortune. Si ça été par adresse, il a frappé sans doute son adversaire par un endroit où il ne l'attendait pas, ou plus vite qu'il n'était vraisemblable, ou feignant de l'attaquer d'un côté, il l'a assailli de l'autre. Cependant, tout cela c'est raffiner, c'est tromper, c'est trahir ; et la tromperie et la trahison ne doivent pas faire l'estime d'un véritable généreux. S'il a triomphé par force, estimerez-vous son ennemi vaincu, puisqu'il a été violenté? Non, sans doute; non plus que vous ne direz pas qu'un homme ait perdu la victoire, encore qu'il soit accablé de la chute d'une montagne, parce qu'il n'a pas été en puissance de la gagner. Tout de même celui-là n'a point été surmonté, à cause qu'il ne s'est point trouvé dans ce moment disposé à pouvoir résister aux violences de son adversaire. Si ça été par hasard qu'il a terrassé son ennemi, c'est la fortune qu'on doit couronner, il n'y a rien contribué; et enfin le vaincu n'est non plus blâmable que le joueur de dés, qui sur dix-sept points en voit faire dix-huit. On lui confessa qu'il avait raison; mais qu'il était impossible, selon les apparences humaines, d'y mettre ordre, et qu'il valait mieux subir un petit inconvénient, que de s'abandonner à cent autres de plus grande importance.

Elle ne m'entretint pas cette fois davantage, parce qu'elle craignait d'être trouvée toute seule avec moi si matin : ce n'est pas qu'en ce pays l'impudicité soit un crime ; au contraire, hors les coupables convaincus, tout homme a pouvoir sur toute femme, et une femme tout de même pourrait appeler un homme en justice qui l'aurait refusée ; mais elle ne m'osait pas fréquenter publiquement, à cause que les gens du conseil avaient dit, dans la dernière assemblée, que c'étaient les femmes principalement qui publiaient que j'étais homme, afin de couvrir sous ce prétexte le désir qui les brûlait de se mêler aux bêtes, et de commettre avec moi sans vergogne des péchés contre nature; cela fut cause que je demeurai longtemps sans la voir, ni pas une du sexe.

Cependant, il fallait bien que quelqu'un eût réchauffé les querelles de la définition de mon être ; car, comme je ne songeais plus qu'à mourir en ma cage, on me vint quérir encore une fois pour me donner audience. Je fus donc interrogé en présence d'un grand nombre de courtisans, sur quelques points de physique, et mes réponses, à ce que je crois, en satisfirent un ; car celui qui présidait m'exposa fort au long ses opinions sur la structure du monde. Elles me semblèrent ingénieuses ; et sans qu'il passa jusqu'à son origine, qu'il soutenait éternelle, j'eusse trouvé sa philosophie beaucoup plus raisonnable que la nôtre. Mais sitôt que je l'entendis soutenir une rêverie si contraire à ce que la foi nous apprend, je brisai avec lui, dont il ne fit que rire, ce qui m'obligea de lui dire que, puisqu'ils en venaient là, je recommençais à croire que leur monde n'était qu'une Lune.

— Mais, me dirent-ils tous, vous y voyez de la terre, des rivières, des mers ; que serait-ce donc tout cela ?

— N'importe, répartis-je, Aristote assure que ce n'est que la Lune ; et si vous aviez dit le contraire dans les classes où j'ai fait mes études, on vous aurait sifflé.

Il se fit sur cela un grand éclat de rire : il ne faut pas demander si ce fut de leur ignorance. Mais cependant on me conduisit dans ma cage.

Mais d'autres savants plus emportés que les premiers, avertis que j'avais osé dire que la Lune d'où je venais était un monde, et que leur monde n'était qu'une Lune, crurent que cela leur fournissait un prétexte assez juste pour me faire condamner à l'eau : c'est la façon d'exterminer les impies. Pour cet effet, ils furent en corps faire leur plainte au roi, qui leur promit justice, et ordonna que je serais remis sur la sellette.

Me voilà donc décagé pour la troisième fois ; et lors le plus ancien prit la parole et plaida contre moi. Je ne me souviens pas de sa harangue, à cause que j'étais trop épouvanté pour recevoir les espèces de sa voix sans désordre, et parce aussi qu'il s'était servi pour déclamer d'un instrument dont le bruit m'étourdissait ; c'était une trompette qu'il avait tout exprès choisie, afin que la violence de ce son martial échauffât leurs esprits à ma mort, et afin d'empêcher, par cette émotion, que le raisonnement ne pût faire son office, comme il arrive dans nos armées, où le tintamarre des trompettes et des tambours empêche le soldat de réfléchir sur l'importance de sa vie. Quand il eut dit, je me levai pour défendre ma cause ; mais j'en fus délivré par une aventure qui vous va surprendre. Comme j'avais la bouche ouverte, un homme, qui avait eu grande difficulté à traverser la foule, vint choir aux pieds du roi, et se traîna longtemps sur le dos en sa présence. Cette façon de faire ne me surprit pas ; car je savais que c'était la posture où ils se mettaient quand ils voulaient discourir en public. Je rengaînai seulement ma harangue ; voici celle que nous eûmes de lui :

— Justes, écoutez-moi ; vous ne sauriez condamner cet homme, ce singe ou ce perroquet, pour avoir dit que la Lune est un monde d'où il venait ; car s'il est homme, quand même il ne serait pas venu de la Lune, puisque tout homme est libre, ne lui est-il pas libre aussi de s'imaginer ce qu'il voudra ? Quoi ! pouvez-vous le contraindre à n'avoir pas vos visions ? Vous le forcerez bien à dire que la Lune n'est pas un monde, mais il ne croira pas pourtant ; car pour croire quelque chose, il faut qu'il se présente à son imagination certaines possibilités plus grandes au oui qu'au non : à moins que vous ne lui fournissiez ce vraisemblable, ou qu'il ne vienne de soi-même s'offrir à son esprit, il vous dira bien qu'il croit, mais il ne le croira pas pour cela. J'ai maintenant à vous prouver qu'il ne doit pas être condamné, si vous le posez dans la catégorie des bêtes. Car, supposé qu'il soit animal sans raison, en auriez-vous vous-mêmes de l'accuser d'avoir péché contre elle. Il a dit que la Lune était un monde; or, les bêtes n'agissent que par instinct de la nature; donc, c'est la nature qui le dit, et non pas lui; de croire que cette savante nature qui a fait le monde et la Lune, ne sache ce que c'est elle-même, et que vous autres, qui n'avez de connaissance que ce que vous en tenez d'elle, le sachiez plus certainement, cela serait bien ridicule. Mais quand même la passion vous ferait renoncer à vos principes, et que vous supposeriez que la nature ne guidât pas les bêtes, rougissez à tout le moins des inquiétudes que vous causent les caprices d'une bête. En vérité, Messieurs, si vous rencontriez un homme d'âge mûr, qui veillât à la police d'une fourmilière, pour tantôt donner un soufflet à la fourmi qui aurait fait choir sa compagne, tantôt en emprisonner une qui aurait dérobé à sa voisine un grain de blé, tantôt mettre en justice une autre qui aurait abandonné ses œufs, ne l'estimeriez-vous pas insensé de vaquer à des choses trop au-dessous de lui, et de prétendre assujettir à la raison des animaux qui n'en ont pas l'usage? Comment donc, vénérable assemblée, défendrez-vous l'intérêt que vous prenez aux caprices de ce petit animal ? Justes, j'ai dit.

Dès qu'il eut achevé, une sorte de musique d'applaudissements fit retentir toute la salle ; et, après que toutes les opinions eurent été débattues un gros quart d'heure, le roi prononça que dorénavant je serais censé homme, comme tel, mis en liberté, et que la punition d'être noyé serait modifiée en une amende honteuse, car il n'en est point en ce pays-là d'honorable ; dans laquelle amende, je me dédirais publiquement avoir soutenu que la Lune était un monde, à cause du scandale que la nouveauté de cette opinion aurait pu apporter dans l'âme des faibles.

Cet arrêt prononcé, on m'enlève hors du palais, on m'habille par ignominie fort magnifiquement, on me porte sur la tribune d'un magnifique chariot ; et traîné que je fus par quatre princes qu'on avait attachés au joug, voici ce qu'ils m'obligèrent de prononcer aux carrefours de la ville.

— Peuple, je vous déclare que cette Lune-ci n'est pas une Lune, mais un monde ; et que ce monde là-bas n'est pas un monde, mais une Lune. Tel est ce que le conseil trouve bon que vous croyiez.

Après que j'eus crié la même chose aux cinq grandes places de la cité, j'aperçus mon avocat qui me tendait la main pour m'aider à descendre. Je fus bien étonné de reconnaître, quand je l'eus envisagé, que c'était mon Démon : nous fûmes une heure à nous embrasser.

— Et venez-vous-en chez moi, me dit-il, car de

retourner en cour après une amende honteuse ; vous n'y seriez pas vu de bon œil. Au reste, il faut que je vous dise que vous seriez encore parmi les singes, aussi bien que l'Espagnol votre compagnon, si je n'eusse publié dans les compagnies la vigueur et la force de votre esprit, et brigué contre vos ennemis, en votre faveur, la protection des grands.

La fin de mes remerciements nous vit entrer chez lui ; il m'entretint jusqu'au repas des ressorts qu'il avait fait jouer pour obliger mes ennemis, malgré tous les plus spécieux scrupules dont ils avaient embabouiné le peuple, à se déporter d'une poursuite si injuste ; mais comme on nous eut averti qu'on avait servi, il me dit qu'il avait, pour me tenir compagnie ce soir-là, prié deux professeurs d'académie de cette ville de venir manger avec nous.

— Je les ferai tomber, ajouta-t-il, sur la philosophie qu'ils enseignent en ce monde-ci, et par même moyen vous verrez le fils de mon hôte : c'est un jeune homme autant plein d'esprit que j'en ai jamais rencontré. Ce serait un second Socrate, s'il pouvait régler ses lumières, et ne point étouffer dans le vice les grâces dont Dieu continuellement le visite, et ne plus affecter le libertinage, comme il fait, par une chimérique ostentation et une affectation de s'acquérir la réputation d'homme d'esprit. Je me suis logé céans pour épier les occasions de l'instruire.

Il se tut, comme pour me laisser à mon tour la liberté de discourir ; puis il fit signe qu'on me devêtit des honteux ornements dont j'étais encore tout brillant.

Les deux professeurs que nous attendions entrèrent presque aussitôt, et nous allâmes nous mettre à table où elle était dressée, et où nous trouvâmes le jeune garçon dont il m'avait parlé, qui mangeait déjà : ils lui firent grande saluade, et le traitèrent d'un respect aussi profond que d'esclave à seigneur. J'en demandai la cause à mon Démon, qui me répondit que c'était à cause de son âge, parce qu'en ce monde-là les vieux rendaient toute sorte de respect et de déférence aux jeunes ; bien plus, que les pères obéissent à leurs enfants aussitôt que, par l'avis du sénat des philosophes, ils avaient atteint l'âge de raison.

— Vous vous étonnez, continua-t-il, d'une coutume si contraire à celle de votre pays ; mais elle ne répugne point à la raison : car, en conscience, dites-moi, quand un homme jeune et chaud est en force d'imaginer, de juger et d'exécuter, n'est-il pas plus capable de gouverner une famille qu'un infirme sexagénaire, pauvre, hébété, dont la neige de soixante hivers a glacé l'imagination, qui ne se conduit que par ce que vous appellez expérience des heureux succès, qui ne sont cependant que de simples effets du hasard contre toutes les règles de l'économie de la prudence humaine : pour du jugement, il en a aussi peu, quoique le vulgaire de notre monde en fasse un apanage de la vieillesse ; mais, pour se désabuser, il faut qu'il sache que ce qu'on appelle prudence en un vieillard, n'est autre chose qu'une appréhension panique, une peur enragée de rien entreprendre qui l'obsède : ainsi, quand il n'a pas risqué un danger où un jeune homme s'est perdu, ce n'est pas qu'il en

préjugeât sa catastrophe ; mais il n'avait pas assez
de feu pour allumer ces nobles élans qui nous font
oser ; au lieu que l'audace de ce jeune homme était
comme un gage de la réussite de son dessein ; parce
que cette ardeur qui fait la promptitude et la facilité
d'une exécution, était celle qui le poussait à l'entreprendre.
Pour ce qui est d'exécuter, je ferais tort à
votre esprit de m'efforcer à le convaincre de preuves :
vous savez que la jeunesse seule est propre à l'action,
et si vous n'en étiez pas tout-à-fait persuadé,
dites-moi, je vous prie, quand vous respectez un
homme courageux, n'est-ce pas à cause qu'il vous
peut venger de vos ennemis ou de vos oppresseurs ?
et est-ce par autre considération que par pure habitude
que vous le considérez, lorsqu'un bataillon de
septante janviers a gelé son sang, et tué de froid tous
les nobles enthousiasmes dont les jeunes personnes
sont échauffées ? Lorsque vous déférez au plus fort,
n'est-ce pas afin qu'il vous soit obligé d'une victoire
que vous ne lui sauriez disputer ? Pourquoi donc
vous soumettre à lui, quand la paresse a fondu ses
muscles, débilité ses artères, évaporé ses esprits et
sucé la moelle de ses os ? Si vous adoriez une femme,
n'était-ce pas à cause de sa beauté ? Pourquoi donc
continuer vos génuflexions après que la vieillesse en
a fait un fantôme qui ne représente plus qu'une hideuse
image de la mort ? Enfin, lorsque vous aimiez
un homme spirituel, c'était à cause que, par la vivacité
de son génie, il pénétrait une affaire mêlée et la
débrouillait, qu'il défrayait par son bien dire l'assemblée
du plus haut carat, qu'il dirigeait les sciences

d'une seule pensée ; et cependant vous lui continuez vos honneurs, quand ses organes usés rendent sa tête imbécile, pesante et importune aux compagnies, et lorsqu'il ressemble plutôt à la figure d'un dieu foyer qu'à un homme de raison : concluez donc par-là, mon fils, qu'il vaut mieux que les jeunes gens soient pourvus du gouvernement des familles que les vieillards. D'autant plus même que, selon vos maximes, Hercule, Achille, Epaminondas, Alexandre et César, qui sont tous presque morts au-deçà de quarante ans, n'auraient mérité aucun honneur, parce qu'à votre compte ils auraient été trop jeunes, bien que leur seule jeunesse fût seule la cause de leurs belles actions, qu'un âge plus avancé eût rendues sans effet, parce qu'il eût manqué de l'ardeur et de la promptitude qui leur ont donné ces grands succès. Mais, direz-vous, toutes les lois de notre monde font retentir avec soin ce respect qu'on doit aux vieillards : il est vrai, mais aussi tous ceux qui ont introduit des lois ont été des vieillards qui craignaient que les jeunes ne les dépossédassent justement de l'autorité qu'ils avaient extorquée..... Vous ne tenez de votre architecte mortel que votre corps seulement, votre âme vient des cieux ; il n'a tenu qu'au hasard que votre père n'ait été votre fils, comme vous êtes le sien. Savez-vous même s'il ne vous a point empêché d'hériter d'un diadème ? Votre esprit peut-être était parti du ciel à dessein d'animer le roi des Romains au ventre de l'impératrice ; en chemin, par hasard, il rencontra votre embryon, et peut-être que pour abréger sa course il s'y logea ; non,

non, Dieu ne vous eût point rayé du calcul de tous les hommes, quand votre père fût mort petit garçon. Mais qui sait si vous ne seriez point aujourd'hui l'ouvrage de quelque vaillant capitaine, qui vous aurait associé à sa gloire comme à ses biens. Ainsi peut-être vous n'êtes non plus redevable à votre père de la vie qu'il vous a donnée, que vous le seriez au pirate qui vous aurait mis à la chaîne, parce qu'il vous nourrirait; et je veux même qu'il vous eût engendré prince, qu'il vous eût engendré roi : un présent perd son mérite, lorsqu'il est fait sans le choix de celui qui le reçoit. On donna la mort à César, on la donna à Cassius; cependant Cassius en est obligé à l'esclave dont il l'impétra, non pas César à ses meurtriers, parce qu'ils le forcèrent de la recevoir. Votre père consulta-t-il votre volonté, lorsqu'il embrassa votre mère ? Vous demanda-t-il si vous trouviez bon de voir ce siècle-là, ou d'en attendre un autre; si vous vous contentiez d'être fils d'un sot, ou si vous auriez l'ambition de sortir d'un brave homme ? Hélas ! vous, que l'affaire concernait tout seul, vous étiez le seul dont on ne prenait point l'avis. Peut-être qu'alors, si vous eussiez été enfermé autre part que dans la matrice des idées de la nature, et que votre naissance eût été à votre option, vous auriez dit à la Parque: ma chère demoiselle, prends le fuseau d'un autre, il y a fort longtemps que je suis dans le rien, et j'aime encore mieux demeurer cent ans à n'être pas, que d'être aujourd'hui pour m'en repentir demain ! Cependant il vous fallut passer par là; vous eûtes beau piailler, pour retourner à la longue et noire maison dont on vous arrachait, on faisait semblant de croire que vous demandiez à téter. — Voilà, ô mon fils, les raisons à peu près qui sont cause du respect que les pères portent à leurs enfants. Je sais bien que j'ai penché du côté des enfants, plus que la justice ne le demande, et que j'ai, en leur faveur, un peu parlé contre ma conscience; mais voulant corriger cet orgueil dont certains pères bravent la faiblesse de leurs petits, j'ai été obligé de faire comme ceux qui pour redresser un arbre tordu le tirent de l'autre côté, afin qu'il redevienne également droit entre les deux contorsions. Ainsi j'ai fait restituer aux pères ce qu'ils ôtent à leurs enfants, leur en ôtant beaucoup qui leur appartenait, afin qu'une autre fois ils se contentassent du leur. Je sais bien encore que j'ai choqué, par cette apologie, tous les vieillards; mais qu'ils se souviennent qu'ils ont été enfants avant que d'être pères, et qu'il est impossible que je n'aie parlé fort à leur avantage, puisqu'ils n'ont pas été trouvés sous une pomme de chou; mais enfin, quoi qu'il en puisse arriver, quand mes ennemis se mettraient en bataille contre mes amis, je n'aurai que du bon, car j'ai servi tous les hommes, et je n'en ai desservi que la moitié.

A ces mots il se tut, et le fils de notre hôte prit ainsi la parole.

— Permettez-moi, lui dit-il, puisque je suis informé, par votre soin, de l'origine, de l'histoire, des coutumes, et de la philosophie du monde de ce petit homme, que j'ajoute quelque chose à ce que vous avez dit, et que je prouve que les enfants ne son point obligés à leurs pères de leur génération, parce que leurs pères étaient obligés en conscience à les engendrer. La philosophie de leur monde la plus étroite confesse qu'il est plus avantageux de mourir, à cause que pour mourir il faut avoir vécu, que de n'être point. Or, puisqu'en ne donnant pas l'être à ce rien, je le mets en un état pire que la mort, je suis plus coupable de ne le pas produire que de le tuer. Tu croirais cependant, ô mon petit homme, avoir fait un parricide indigne de pardon, si tu avais égorgé ton fils! Il serait énorme à la vérité, mais il est bien plus exécrable de ne pas donner l'être à qui le peut recevoir : car cet enfant à qui tu ôtes la lumière pour toujours, eût eu la satisfaction d'en jouir quelque temps. Encore nous savons qu'il n'en est privé que pour quelques siècles ; mais pour ces pauvres quarante petits rien, dont tu pouvais faire quarante bons soldats à ton roi, tu les empêches malicieusement de venir au jour, et les laisses corrompre dans tes reins au hasard d'une apoplexie qui t'étouffera.....

Cette réponse ne satisfit pas, à ce que je crois, le petit hôte, car il en hocha trois ou quatre fois la tête ; mais notre commun précepteur se tut, parce que le repas était en impatience de s'envoler.

Nous nous étendîmes donc sur des matelas fort mollets, couverts de grands tapis ; et un jeune serviteur ayant pris le plus vieux de nos philosophes, le conduisit dans une petite salle séparée, d'où mon Démon lui cria de nous venir retrouver sitôt qu'il aurait mangé. Cette fantaisie de manger à part me donna la curiosité d'en demander la cause.

— Il ne goûte point, me dit-il, d'odeur de viande, ni même des herbes, si elles ne sont mortes d'elles-mêmes, à cause qu'il les pense capables de douleur.

— Je ne suis pas si surpris, répliquai-je, qu'il s'abstienne de la chair et de toutes choses qui ont eu vie sensitive ; car, en notre monde, les Pythagoriciens, et même quelques saints anachorètes, ont usé de ce régime; mais de n'oser, par exemple, couper un chou de peur de le blesser, cela me semble tout-à-fait ridicule.

— Et moi, répondit mon Démon, je trouve beaucoup d'apparence en son opinion. Car, dites-moi, ce chou, dont vous parlez, n'est-il pas comme vous un être existant de la nature? ne l'avez-vous pas tous deux pour mère également? Encore semble-t-il qu'elle ait pourvu plus nécessairement à celle du végétant que du raisonnable, puisqu'elle a remis la génération d'un homme aux caprices de son père, qui peut selon son plaisir l'engendrer ou ne l'engendrer pas : rigueur dont cependant elle n'a pas voulu traiter avec le chou; car, au lieu de remettre à la discrétion du père de germer le fils, comme si elle eût appréhendé davantage que la race du chou pérît, que celle des hommes, elle les contraint, bon gré, mal gré, de se donner l'être les uns aux autres, et non pas ainsi que les hommes, qui ne les engendrent que selon leurs caprices, et qui, en leur vie, n'en peuvent engendrer au plus qu'une vingtaine, au lieu que les choux en peuvent produire quatre cent mille par tête. De dire que la nature a pourtant plus aimé l'homme que le chou, c'est que nous nous chatouillons pour nous faire rire. Etant incapable de passion, elle ne saurait ni haïr ni aimer personne; et si elle était susceptible d'amour, elle aurait plutôt des tendresses pour ce chou que vous tenez, qui ne saurait l'offenser, que pour cet homme qui voudrait la détruire, s'il le pouvait. Ajoutez à cela que l'homme ne saurait naître sans crime, étant une partie du premier criminel. Mais nous savons fort bien que le premier chou n'offensa pas son Créateur. Si on dit que nous sommes faits à l'image du premier Etre, et non pas le chou, quand il serait vrai, nous avons, en souillant notre âme par où nous lui ressemblons, effacé cette ressemblance, puisqu'il n'y a rien de plus contraire à Dieu que le péché. Si donc notre âme n'est plus son portrait, nous ne lui ressemblons pas plus par les pieds, par les mains, par la bouche, par le front et par les oreilles, que ce chou par ses feuilles, par ses fleurs, par sa tige, par son trognon, et par sa tête. Ne croyez-vous pas, en vérité, si cette pauvre plante pouvait parler quand on la coupe, qu'elle ne dit : homme, mon cher frère, que t'ai-je fait qui mérite la mort? Je ne crois que dans les jardins, et l'on ne me trouve jamais en lieu sauvage, où je vivrais en sûreté; je dédaigne toutes les autres sociétés, hormis la tienne; et à peine suis-je semé dans ton jardin, que, pour te témoigner ma complaisance, je m'épanouis, je te tends les bras, je t'offre mes enfants en graine; et pour récompense de ma courtoisie, tu me fais trancher la tête. Voilà le discours que tiendrait ce chou, s'il pouvait s'exprimer. Hé quoi ! à cause qu'il ne saurait se plaindre, est-ce à dire que nous pouvons justement lui faire tout le mal qu'il ne saurait empêcher ? Si je trouve un misérable lié, puis-je sans crime le tuer, à cause qu'il ne peut se défendre ? Au contraire, sa faiblesse aggraverait ma cruauté. Car, combien que cette misérable créature soit pauvre et dénuée de tous nos avantages, elle ne mérite pas la mort. Quoi! de tous les biens de l'être, elle n'a que celui de rejeter, et nous le lui arrachons! Le péché de massacrer un homme n'est pas si grand, parce qu'un jour il revivra, que de couper un chou et lui ôter la vie, à lui qui n'en a point d'autre à espérer! Vous anéantissez le chou en le faisant mourir; mais en tuant un homme, vous ne faites que changer son domicile; et je dis bien plus, puisque Dieu chérit également ses ouvrages, et qu'il a partagé ses bienfaits également entre nous et les plantes, qu'il est très-juste de les considérer également comme nous. Il est vrai que nous naquîmes les premiers; mais, dans la famille de Dieu, il n'y a point de droit d'aînesse. Si donc les choux n'eurent point de part avec nous du fief de l'immortalité, ils furent sans doute avantagés de quelqu'autre, qui, par sa grandeur, récompensa sa brièveté; c'est peut-être un intellect universel, une connaissance parfaite de toutes les choses dans leurs causes; et c'est aussi pour cela que ce sage moteur ne leur a point taillé d'organes semblables aux nôtres, qui n'ont qu'un simple raisonnement faible, et souvent trompeur, mais d'autres plus ingénieusement travaillés, plus forts et plus nombreux, qui servent à l'opération de leurs spéculatifs entretiens. Vous me demanderez peut-être ce qu'ils nous ont jamais communiqué de ces grandes pensées. Mais, dites-moi, que nous ont jamais enseigné certains êtres que nous admettons au-dessus de nous, avec lesquels nous n'avons aucun rapport ni proportion, et dont nous comprenons l'existence aussi difficilement que l'intelligence et les façons avec lesquelles un chou est capable de s'exprimer à ses semblables, et non pas à nous, à cause que nos sens sont trop faibles pour pénétrer jusque-là ? Moïse, le plus grand de tous les philosophes, et qui puisait la connaissance de la nature dans la source de la nature même, signifiait cette vérité, lorsqu'il parlait de l'arbre de science, et il voulait sans doute nous enseigner, sous cette énigme, que les plantes possèdent privativement à nous la philosophie parfaite. Souvenez-vous donc, ô de tous les animaux le plus superbe ! qu'encore qu'un chou que vous coupez ne dise mot, il n'en pense pas moins ; mais le pauvre végétant n'a pas des organes propres à hurler comme vous ; il n'en a pas pour frétiller ni pour pleurer ; il en a toutefois par lesquels il se plaint du tort que vous lui faites, et par lesquels il attire sur vous la vengeance du ciel. Que si enfin vous insistez à me demander comment je sais que les choux ont ces belles pensées, je vous demande comment vous savez qu'ils ne les ont point, et que tel d'entre eux, à votre imitation, ne dise pas le soir en s'enfermant : Je suis monsieur le chou frisé, votre très-humble serviteur chou cabus.

Il en était là de son discours, quand ce jeune garçon, qui avait emmené notre philosophe, le ramena.

— Hé quoi ! déjà dîné ? lui cria mon Démon.

Il répondit que oui, à l'issue près, d'autant que le physionome lui avait permis de tâter de la nôtre.

Le jeune hôte n'attendit pas que je lui demandasse l'explication de ce mystère.

— Je vois, dit-il, que cette façon de vivre vous étonne. Sachez donc, quoique en votre monde on gouverne la santé plus négligemment, que le régime de celui-ci n'est pas à mépriser. Dans toutes les maisons, il y a un physionome entretenu du public, qui est à peu près ce qu'on appellerait chez vous un médecin, hormis qu'il n'y gouverne que les sains, et qu'il ne juge des diverses façons dont il nous fait traiter, que par la proportion, figure et symétrie de nos membres, par les linéaments du visage, le coloris de la chair, la délicatesse du cuir, l'agilité de la masse, le son de la voix, la teinture, la force et la dureté du poil. N'avez-vous pas tantôt pris garde à un homme de taille assez courte qui vous a considéré ? C'était le philosophe de céans. Assurez-vous que, selon qu'il a reconnu votre complexion, il a diversifié l'exhalaison de votre dîner. Regardez combien le matelas où l'on vous a fait coucher est éloigné de nos lits ; sans doute qu'il vous a jugé d'un tempérament bien éloigné du nôtre, puisqu'il a craint que l'odeur qui s'évapore de ces petits robinets sous nos nez ne s'épandît jusqu'à vous, ou que la vôtre ne fumât jusqu'à nous : vous le verrez ce soir qui choisira les fleurs pour votre lit avec la même circonspection.

Pendant tout ce discours, je faisais signe à mon

hôte qu'il tâchât d'obliger les philosophes à tomber sur quelque chapitre de la science qu'ils professaient; il m'était trop ami, pour n'en pas faire naître aussitôt l'occasion : c'est pourquoi je ne vous dirai point ni les discours ni les prières qui firent l'ambassade de ce traité, aussi bien la nuance du ridicule au sérieux fut trop imperceptible pour pouvoir être imitée. Tant y a, lecteur, que le dernier venu de ces docteurs, après plusieurs autres choses, continua ainsi :

— Il me reste à prouver qu'il y a des mondes infinis dans un monde infini. Représentez-vous donc l'univers comme un animal; que les étoiles, qui sont des mondes, sont dans ce grand animal, comme d'autres grands animaux qui servent réciproquement de mondes à d'autres peuples tels que nous, nos chevaux, etc.; et que nous, à notre tour, sommes aussi des mondes à l'égard de certains animaux encore plus petits sans comparaison que nous, comme sont certains vers, des poux, des cirons; que ceux-ci sont la terre d'autres plus imperceptibles, qu'ainsi de même que nous paraissons chacun en particulier un grand monde à ce petit peuple. Peut-être que notre chair, notre sang, nos esprits, ne sont autre chose qu'une tissure de petits animaux qui s'entretiennent, nous prêtent mouvement par le leur, et se laissent aveuglément conduire à notre volonté qui leur sert de cocher; nous conduisent nous-même, et produisent tous ensemble cette action que nous appelons la vie. Car, dites-moi, je vous prie, est-il mal aisé à croire qu'un pou prenne votre corps pour un monde, et que quand quelqu'un d'eux voyage depuis l'une de vos oreilles jusques à l'autre, ses compagnons disent qu'il a voyagé aux deux bouts de la terre, ou qu'il a couru de l'un à l'autre pôle. Oui, sans doute, ce petit peuple prend votre poil pour les forêts de son pays, les pores pleins de pituite pour des fontaines, les bubes pour des lacs et des étangs, les apostumes pour des mers, les défluxions pour des déluges ; et quand vous vous peignez en devant et en arrière, ils prennent cette agitation pour le flux et le reflux de l'Océan. La démangeaison ne prouve-t-elle pas mon dire ? Le ciron, qui la produit, est-ce autre chose qu'un de ces petits animaux, qui s'est dépris de la société civile pour s'établir tyran de son pays ? Si vous me demandez d'où vient qu'ils sont plus grands que ces autres imperceptibles ; je vous demande pourquoi les éléphants sont plus grands que nous, et les Hibernais que les Espagnols. Quant à cette ampoule et cette croûte dont vous ignorez la cause, il faut qu'elles arrivent, ou par la corruption de leurs ennemis que ces petits géants ont massacrés, ou que la peste produite par la nécessité des aliments dont les séditieux se sont gorgés, et ont laissé pourrir dans la campagne des monceaux de cadavres, où que ce tyran, après avoir tout autour de soi chassé ses compagnons qui de leurs corps bouchaient les pores du nôtre, ait donné passage à la pituite, laquelle étant extraversée hors la sphère de la circulation de notre sang s'est corrompue. On me demandera peut-être pourquoi un ciron en produit tant d'autres : ce n'est pas chose mal aisée à concevoir ; car, de même qu'une révolte en produit une autre, aussi ces petits peuples, poussés du mauvais exemple de leurs compagnons séditieux, aspirent chacun au commandement, allumant partout la guerre, le massacre et la faim. Mais, me direz-vous, certaines personnes sont bien moins sujettes à la démangeaison que d'autres ; cependant chacun est rempli également de ces petits animaux, puisque ce sont eux, dites-vous, qui font la vie. Il est vrai ; aussi remarquons-nous que les flegmatiques sont moins en proie à la grattelle que les bilieux, à cause que le peuple sympathisant au climat qu'il habite est plus lent en un corps froid qu'un autre échauffé par la température de sa région, qui pétille, se remue, et ne saurait demeurer en une place. Ainsi, le bilieux est bien plus délicat que le flegmatique, parce qu'étant animé en bien plus de parties, et l'âme étant l'action de ces petites bêtes, il est capable de sentir en tous les endroits où ce bétail se remue ; au lieu que le flegmatique n'étant pas assez chaud pour faire agir qu'en peu d'endroits cette remuante populace, il n'est sensible qu'en peu d'endroits ; et pour prouver encore cette cironalité universelle, vous n'avez qu'à considérer, quand vous êtes blessé, comment le sang accourt à la plaie. Vos docteurs disent qu'il est guidé par la prévoyante nature, qui veut secourir les parties débilitées : ce qui serait conclure qu'outre l'âme et l'esprit, il y aurait encore en nous une troisième substance intellectuelle qui aurait ses fonctions et ses organes à part. C'est pourquoi je trouve bien plus probable de dire que ces petits animaux se sentant attaqués envoient chez leurs voisins demander du secours, et qu'étant arrivés de tous côtés, et le pays se trouvant incapable de tant de gens, ou ils meurent de faim, ou étouffent dans la presse. Cette mortalité arrive quand l'apostume est mûr ; car pour témoigner qu'alors ces animaux sont étouffés, c'est que la chair pourrie devient insensible ; que si bien souvent la saignée qu'on ordonne pour divertir la fluxion profite, c'est à cause que s'en étant perdu beaucoup par l'ouverture que ces petits animaux tâchaient de boucher, ils refusent d'assister leurs alliés, n'ayant que médiocrement la puissance de se défendre chacun chez soi.

Il acheva ainsi, quand le second philosophe s'aperçut que nos yeux assemblés sur les siens l'exhortaient de parler à son tour :

— Hommes, dit-il, vous voyant curieux d'apprendre à ce petit animal, notre semblable, quelque chose de la science que nous professons, je dicte maintenant un traité, que je serais bien aise de lui produire, à cause des lumières qu'il donne à l'intelligence de notre physique : c'est l'explication de l'origine éternelle du monde ; mais comme je suis empressé de faire travailler à mes soufflets, car demain sans remise la ville part, vous pardonnerez au temps, avec promesse toutefois qu'aussitôt qu'elle sera arrivée où elle doit aller, je vous satisfairai.

A ces mots, le fils de l'hôte appela son père pour savoir quelle heure il était ; mais ayant répondu qu'il était huit heures sonnées, il lui demanda tout en colère pourquoi il ne les avait pas avertis à sept, comme il le lui avait commandé, qu'il savait bien que les maisons partaient le lendemain, et que les murailles de la ville l'étaient déjà.

— Mon fils, répliqua le bonhomme, on a publié depuis que vous êtes à table une défense expresse de partir avant après-demain.

— N'importe, répartit le jeune homme, vous devez obéir aveuglément, ne point pénétrer dans mes ordres, et vous souvenir seulement de ce que je vous ai commandé. Vite, allez quérir votre effigie.

Lorsqu'elle fut apportée, il la saisit par le bras, et la fouetta un gros quart d'heure.

— Or, sus, vaurien, continua-t-il, en punition de votre désobéissance, je veux que vous serviez aujourd'hui de risée à tout le monde, et pour cet effet je vous commande de ne marcher que sur deux pieds le reste de la journée.

Le pauvre sortit fort éploré, et son fils nous fit des excuses de son emportement.

J'avais bien de la peine, quoique je me mordisse les lèvres, à m'empêcher de rire d'une si plaisante punition, et cela fut cause que, pour rompre cette burlesque pédagogie qui m'aurait sans doute fait éclater, je le suppliai de me dire ce qu'il entendait par ce voyage de la ville dont tantôt il avait parlé, et si les maisons et les murailles cheminaient : il me répondit :

— Entre nos villes, cher étranger, il y en a de mobiles et de sédentaires : les mobiles, comme, par exemple, celle où nous sommes maintenant, sont faites comme je vais vous dire. L'architecte construit chaque palais, ainsi que vous voyez, d'un bois fort léger ; il pratique dessous quatre roues dans l'épaisseur de l'un des murs ; il place dix gros soufflets dont les tuyaux passent d'une ligne horizontale à travers le dernier étage de l'un à l'autre pignon ; en sorte que quand on veut traîner les villes autre part, — car on les change d'air à toutes les saisons, — chacun déplie sur l'un des côtés de son logis quantité de larges voiles au-devant des soufflets ; puis ayant bandé un ressort pour les faire jouer, leurs maisons en moins de huit jours, avec les bouffées continuelles que vomissent ces monstres à vent, sont emportées si on veut à plus de cent lieues. Quant à celles que nous appelons sédentaires, les logis en sont presque semblables à vos tours, hormis qu'ils sont de bois et qu'ils sont percés au centre d'une grosse et forte vis qui règne de la cave jusqu'au toit, pour les pouvoir hausser et baisser à discrétion. Or, la terre est creusée aussi profond que l'édifice est élevé, et le tout est construit de cette sorte, afin qu'aussitôt que les gelées commencent à morfondre le ciel, ils puissent descendre leurs maisons en terre, où ils se tiennent à l'abri des intempéries de l'air ; mais sitôt que les douces haleines du printemps viennent à le radoucir, ils remontent au jour par le moyen de leur grosse vis dont je vous ai parlé.

Je le priai, puisqu'il avait déjà eu tant de bonté pour moi, et que la ville partait le lendemain, de me dire quelque chose de cette origine éternelle du monde, dont il m'avait parlé quelque temps auparavant.

— Je vous promets, lui dis-je, qu'en récompense, sitôt que je serai de retour dans ma Lune, dont mon gouverneur, — je lui montrai mon Démon, — vous témoignera que je suis venu, j'y sèmerai votre gloire, en y racontant les belles choses que vous m'aurez dites ; je vois bien que vous riez de cette promesse, parce que vous ne croyez pas que la Lune dont je vous parle soit un monde, et que j'en suis un habitant ; mais je vous puis assurer aussi que les peuples de ce monde-là, qui ne prennent celui-ci que pour une Lune, se moqueront de moi, quand je dirai que votre Lune est un monde, et qu'il y a des campagnes avec des habitants.

Il ne me répondit que par un sourire, et parla ainsi.

— Puisque nous sommes contraints, quand nous voulons recourir à l'origine de ce grand tout, d'encourir trois ou quatre absurdités, il est bien raisonnable de prendre le chemin qui nous fait le moins broncher. Je dis donc que le premier obstacle qui nous arrête, c'est l'éternité du monde, et l'esprit des hommes n'étant pas assez fort pour la concevoir, et ne pouvant non plus s'imaginer que ce grand univers, si beau, si bien réglé, pût s'être fait soi-même, ils ont eu recours à la création ; mais, semblables à celui qui s'enfoncerait dans la rivière de peur d'être mouillé de la pluie, ils se sauvent des bras nains, à la miséricorde d'un géant ; encore ne s'en sauvent-ils pas, car cette éternité qu'ils ôtent au monde pour ne l'avoir pu comprendre, ils la donnent à Dieu, comme s'il avait besoin de ce présent et comme s'il était plus aisé de l'imaginer dans l'un que dans l'autre. Car dites-moi, je vous prie, a-t-on jamais conçu comment de rien il se peut faire quelque chose? Hélas! entre rien et un atome seulement, il y a des proportions tellement infinies que la cervelle la plus aiguë n'y saurait pénétrer; il faudra pour échapper à ce labyrinthe inexplicable, que vous admettiez une matière éternelle avec Dieu. Mais, me direz-vous, quand je vous accorderais la matière éternelle, comment ce cahos s'est-il arrangé de soi-même? ha! je vous le vais expliquer. Il faut, ô mon petit animal, après avoir séparé mentalement chaque petit corps visible en une infinité de petits corps invisibles, s'imaginer que l'univers infini n'est composé d'autre chose que de ces atomes infinis, très-solides, très-incorruptibles et très-simples, dont les uns sont cubiques, les autres parallélogrammes, d'autres angulaires, d'autres ronds, d'autres pointus, d'autres pyramidaux, d'autres exagones, d'autres ovales, qui tous agissent diversement, chacun selon sa figure; et qu'ainsi ne soit, posez une boule d'ivoire ronde sur un lieu fort uni, à la moindre impression que vous lui donnerez, elle sera un demi-quart d'heure sans s'arrêter; or, j'ajoute que si elle était aussi parfaitement ronde que le sont quelques-uns de ces atomes dont je parle, et la surface où elle serait posée parfaitement unie, elle ne s'arrêterait jamais. Si donc l'art est capable d'incliner un corps au mouvement perpétuel, pourquoi ne croirions-nous pas que la nature le puisse faire? Il en est de même des autres figures, desquelles l'une comme carrée demande le repos perpétuel, d'autres un mouvement de côté, d'autres un demi-mouvement comme de trépidation; et la ronde, dont l'être est de se remuer, venant à se joindre à la pyramidale, fait peut-être ce que nous appelons feu, parce que non-seulement le feu s'agite sans se reposer, mais perce et pénètre facilement : le feu a outre cela des effets différents selon l'ouverture et la qualité des angles, où la figure ronde se joint; comme, par exemple, le feu du poivre est autre chose que le feu du sucre, le feu du sucre que celui de la cannelle, que celui du clou de girofle, et celui-ci que le feu d'un fagot. Or le feu qui est le constructeur des parties et du tout de l'univers, a poussé et ramassé dans un chêne la quantité des figures nécessaires à composer ce chêne. Mais, me direz-vous, comment le hasard peut-il avoir ramassé en un lieu toutes les choses nécessaires à produire ce chêne? Je vous réponds que ce n'est pas merveille que la matière ainsi disposée ait formé un chêne, mais que la merveille eût été plus grande si, la matière ainsi disposée, le chêne n'eût pas été produit; un peu moins de certaines figures, c'eût été un orme, un peuplier, un saule; un peu moins de certaines figures, c'eût été la plante sensitive, une huître à l'écaille, un ver, une mouche, une grenouille, un moineau, un singe, un homme. Quant ayant jeté trois dés sur une table, il arrive rafle de deux ou bien de trois, quatre et cinq, ou bien deux, six et un, direz-vous : ô le grand miracle! à chaque dé il est arrivé le même point, tant d'autres points pouvant arriver; ô le grand miracle! il est arrivé trois points qui se suivent; ô le grand miracle! Il est arrivé justement deux six et le dessous de l'autre six. Je suis assuré qu'étant homme d'esprit, vous ne ferez jamais ces exclamations, car, puisqu'il n'y a sur les dés qu'une certaine quantité de nombres, il est impossible qu'il n'en arrive quelqu'un; et après cela vous vous étonnez comment cette matière, brouillée pêle-mêle au gré du hasard, peut avoir constitué un homme, vu qu'il y avait tant de choses nécessaires à la construction de son être. Vous ne savez donc pas qu'un million de fois cette matière s'acheminant au dessein d'un homme, s'est arrêtée à former tantôt une pierre, tantôt du plomb, tantôt du corail, tantôt une fleur, tantôt une comète, et tout cela à cause du plus ou du moins de certaines figures qu'il fallait, ou qu'il ne fallait pas, à désigner un homme : si bien que ce n'est pas merveille qu'entre une infinité de matières, qui changent et se remuent incessamment, elles aient rencontré à faire le peu d'animaux, de végétaux, de minéraux que nous voyons; non plus que ce n'est pas merveille qu'en cent coups de dés il arrive une rafle; aussi bien est-il impossible que de ce remuement il ne se fasse quelque chose, et cette chose sera toujours admirée d'un étourdi qui ne saura combien peu s'en est fallu qu'elle n'ait pas été faite. Quand la grande rivière de.... fait moudre un moulin, conduit les ressorts d'une horloge, et que le petit ruisseau de..... ne fait que couler et se dérober quelquefois, vous ne direz pas que cette rivière a bien de l'esprit, parce que vous savez qu'elle a rencontré les choses disposées à faire tous ces beaux chefs-d'œuvre; car si son moulin ne se fût pas trouvé dans son cours, elle n'aurait pas pulvérisé le froment; si elle n'eût point rencontré l'horloge, elle n'aurait pas marqué les heures; et si le petit ruisseau dont j'ai parlé avait eu la même rencontre, il aurait fait les mêmes miracles. Il en va tout ainsi de ce feu qui se meut de soi-même : car ayant trouvé les organes propres à l'agitation nécessaire pour raisonner, il a raisonné; quand il en a trouvé de propres seulement à sentir, il a senti; quand il en a trouvé de propres à végéter, il a végété; et qu'ainsi ne soit, qu'on crève les yeux de cet homme que le feu de cette âme fait voir, il cessera de voir, de même que notre grande horloge cessera de marquer les heures si on en brise le mouvement. Enfin, ces premiers et indivisibles atomes font un cercle sur qui roulent sans difficulté les difficultés les plus embarrassantes de la physique; il n'est pas jusques à l'opération des sens, que personne n'a pu encore bien concevoir, que je n'explique fort aisément par les petits corps : commençons par la vue, elle mérite, comme la plus incompréhensible, notre premier début. Elle se fait donc, à ce que je m'imagine, quand les tuniques de l'œil, dont les pertuis sont semblables à ceux du verre, transmettent cette poussière de feu, qu'on appelle rayons visuels, et qu'elle est arrêtée par quelque matière opaque qui la fait rejaillir chez soi; car alors rencontrant en chemin l'image de l'objet qui l'a repoussée, et cette image n'étant qu'un nombre infini de petits corps qui s'exhalent continuellement en égale superficie du sujet regardé, elle les pousse jusqu'à notre œil : vous ne manquerez pas de m'objecter que le verre est un corps opaque et fort serré, et que cependant au lieu de rechasser ces autres petits corps, il s'en laisse pénétrer : mais je vous réponds que ces pores du verre sont taillés de même figure que ces atomes de feu qui le traversent, et que, comme un crible à froment n'est pas propre à l'avoine, ni un crible à avoine à cribler du froment, ainsi, une boîte de sapin, quoique mince, et qu'elle laisse pénétrer les sons, n'est pas pénétrable à la vue, et une pièce de cristal, quoique transparente, qui se laisse percer à la vue, n'est pas pénétrable au toucher.

Je ne pus là m'empêcher de l'interrompre.

— Un grand poète et philosophe de notre monde, lui dis-je, a parlé après Epicure, et lui après Démocrite, de ces petits corps, presque comme vous, c'est pourquoi vous ne me surprenez point par ce discours; et, je vous prie, en le continuant, de me dire comment par ces principes vous expliqueriez la façon de vous peindre dans un miroir.

— Il est fort aisé, me répliqua-t-il ; car figurez-vous que ces feux de votre œil ayant traversé la glace, et rencontrant derrière un corps non diaphane qui les rejette, ils repassent par où ils étaient venus, et trouvant ces petits corps cheminant en superficies égales sur le miroir, ils les rappellent à nos yeux ; et notre imagination, plus chaude que les autres facultés de notre âme, en attire le plus subtil dont elle fait chez soi un portrait en raccourci. L'opération de l'ouïe n'est pas plus mal aisée à concevoir, et pour être plus succinct, considérons-là seulement dans l'harmonie d'un luth touché par les mains d'un maître de l'art. Vous me demanderez comment il se peut faire que j'aperçoive si loin de moi une chose que je ne vois point? Est-ce qu'il sort de mes oreilles une éponge qui boit cette musique pour me la rapporter? ou ce joueur engendre-t-il dans ma tête un autre petit joueur avec un petit luth, qui ait ordre de me chanter comme un écho les mêmes airs? Non; mais ce miracle procède de ce que la corde tirée venant à frapper de petits corps dont l'air est composé, elle les chasse dans mon cerveau, le perçant doucement avec ces petits riens corporels; et, selon que la corde est bandée, le son est haut, à cause qu'elle pousse les atomes plus vigoureusement, et l'organe ainsi pénétré en fournit à la fantaisie de quoi faire son tableau : si c'est trop peu, il arrive que notre mémoire n'ayant pas encore achevé son image, nous sommes contraints de lui répéter le même son, afin que des matériaux que lui fournissent, par exemple, les mesures d'une sarabande, elle en prend assez pour enlever le portrait de cette sarabande; mais cette opération n'a rien de si merveilleux que les autres, par lesquelles, à l'aide du même organe, nous sommes émus tantôt à la joie, tantôt à la colère....... Et cela se fait lorsque dans ce mouvement ces petits corps en rencontrent d'autres en nous remués de même façon, ou que leur propre figure rend susceptibles du même ébranlement; car alors les nouveaux venus excitent leurs hôtes à se remuer comme eux ; et de cette façon lorsqu'un air violent rencontre le feu de notre sang, il le fait incliner au même branle, et il l'anime à se pousser dehors, c'est ce que nous appelons ardeur de courage. Si le son est plus doux et qu'il n'ait la force de soulever qu'une moindre flamme plus ébranlée, en la promenant le long des nerfs, des membranes et des pertuis de notre chair, elle excite ce chatouillement qu'on appelle joie ; il en arrive ainsi de l'ébullition des autres passions, selon que ces petits corps sont jetés plus ou moins violemment sur nous, selon le mouvement qu'ils reçoivent par la rencontre d'autres branles, et selon qu'ils trouvent à remuer chez nous : c'est quant à l'ouïe. La démonstration du toucher n'est pas maintenant plus difficile, en concevant que de toute matière palpable il se fait une émission perpétuelle de petits corps, et qu'à mesure que nous la touchons, il s'en évapore davantage, parce que nous les épreignons du sujet même, comme l'eau d'une éponge quand nous la pressons. Les durs viennent faire à l'organe le rapport de leur solidité, les souples de leur mollesse, les raboteux, etc. Et qu'ainsi ne soit, nous ne sommes plus si fins à discerner par l'attouchement avec des mains usées de travail, à cause de l'épaisseur du cal, qui pour n'être ni poreux ni animé ne transmet que fort mal aisément ces fumées de la matière. Quelqu'un désirera d'apprendre où l'organe du toucher tient son siége : pour moi je pense qu'il est répandu dans toutes les superficies de la masse, vu qu'il sent dans toutes ses parties. Je m'imagine toutefois que plus nous tâtons par un membre proche de la tête, et plus vite nous distinguons ; ce qui se peut expérimenter, quand les yeux clos nous patinons quelque chose, car nous la devinons plus facilement ; et si au contraire nous la tâtions du pied, nous aurions plus de peine à la connaître : cela provient de ce que notre peau étant partout criblée de petits trous, nos nerfs, dont la matière n'est pas plus serrée, perdent en chemin beaucoup de ces petits atomes par les menus pertuis de leur contexture, avant que d'être arrivés jusqu'au cerveau qui est le terme de leur voyage. Il me reste à parler de l'odorat et du goût. Dites-moi, lorsque je goûte un fruit, n'est-ce pas à cause de la chaleur de la bouche qu'il fond ? Avouez-moi donc qu'y ayant dans une poire des sels, et que la dissolution les partageant en petits corps d'autre figure que ceux qui composent la saveur d'une pomme, il faut qu'ils percent notre palais d'une manière bien différente, tout ainsi que l'escare enfoncée par le fer d'une pique qui me traverse, n'est pas semblable à ce que me fait souffrir en sursaut la balle d'un pistolet ; et de même que la balle d'un pistolet m'imprime une autre douleur que celle d'un carreau d'acier. De l'odorat je n'ai rien à dire, puisque les philosophes même confessent qu'il se fait par une émission continuelle de petits corps. Je m'en vais, sur ce principe, vous expliquer la création, l'harmonie et l'influence des globes célestes avec l'immuable variété des météores.

Il allait continuer, mais le vieil hôte entra là-dessus, qui fit songer notre philosophe à la retraite : il apportait des cristaux pleins de vers luisants pour éclairer la salle ; mais comme ces petits feux insectes perdent beaucoup de leur éclat quand ils ne sont pas nouvellement amassés, ceux-ci, vieux de dix jours, n'éclairaient presque point. Mon Démon n'attendit pas que la compagnie en fut incommodée; il monta dans son cabinet, et en descendit aussitôt avec deux boules de feu si brillantes, que chacun s'étonna comment il ne se brûlait point les doigts.

— Ces flambeaux incombustibles, dit-il, nous serviront mieux que vos pelotons de verre. Ce sont des rayons du Soleil que j'ai purgés de leur chaleur, autrement les qualités corrosives de son feu auraient blessé votre vue en l'éblouissant: j'en ai fixé la lumière, et l'ai renfermée dans ces boules transparentes que je tiens; cela ne vous doit pas fournir un grand sujet d'admiration, car il ne m'est pas plus difficile à moi, qui suis né dans le Soleil, de condenser ses rayons qui sont la poussière de ce monde-là, qu'à vous d'amasser de la poussière ou des atomes qui sont de la terre pulvérisée de celui-ci.

Là-dessus notre hôte envoya un valet conduire les philosophes, parce qu'il était nuit, avec une douzaine de globes à verres pendus à ses quatre pieds.

Pour nous autres, savoir, mon précepteur et moi, nous nous couchâmes par l'ordre du physionome.

Il me mit cette fois-là dans une chambre de violette et de lis, et m'envoya chatouiller à l'ordinaire, et le lendemain, sur les neuf heures, je vis entrer mon Démon, qui me dit qu'il venait..... du palais, où l'une des demoiselles de la reine l'avait prié de l'aller trouver, et qu'elle s'était enquise de moi, témoignant qu'elle persistait toujours dans le dessein de me tenir parole; c'est-à-dire que de bon cœur elle me suivrait si je la voulais mener avec moi dans l'autre monde.

— Ce qui m'a fort édifié, continua-t-il, c'est quand j'ai reconnu que le motif principal de son voyage était de se faire chrétienne : ainsi je lui ai promis d'aider son dessein de toutes mes forces, et d'inventer pour cet effet une machine capable de tenir trois ou quatre personnes, dans laquelle vous pourrez monter ensemble dès aujourd'hui. Je vais m'appliquer sérieusement à l'exécution de cette entreprise : c'est pourquoi, afin de vous divertir pendant que je ne serai point avec vous, voici un livre que je vous laisse ; je l'apportai jadis de mon pays natal ; il est intitulé : *Les Etats et Empires de la Lune, avec une addition de l'Histoire de l'Etincelle.* Je vous donne encore celui-ci que j'estime beaucoup davantage ; c'est le grand œuvre des philosophes, qu'un des plus forts esprits du Soleil a composé : il prouve là-dedans que toutes choses sont vraies, et déclare la façon d'unir physiquement les vérités de chaque contradictoire, comme par exemple que le blanc est noir, et que le noir est blanc, qu'on peut être et n'être pas en même temps, qu'il peut y avoir une montagne sans vallée, que le néant est quelque chose, et que toutes les choses qui sont ne sont point : mais remarquez qu'il prouve tous ces inouïs paradoxes, sans aucune raison captieuse ou sophistique. Quand vous serez ennuyé de lire, vous pourrez vous promener, ou vous entretenir avec le fils de notre hôte : son esprit a beaucoup de charmes ; ce qui me déplaît en lui, c'est qu'il est impie : s'il lui arrive de vous scandaliser, ou de faire, par quelque raisonnement, chanceler votre foi, ne manquez pas aussitôt de me le venir proposer, je vous en résoudrai les difficultés ; un autre vous ordonnerait de rompre compagnie ; mais comme il est extrêmement vain, je suis assuré qu'il prendrait cette fuite pour une défaite, et il se figurerait que notre croyance serait sans raison, si vous refusiez d'entendre les siennes.

Il me quitta en achevant ces mots ; mais il fut à peine sorti, que je me mis à considérer attentivement mes livres et leurs boîtes, c'est-à-dire leurs couvertures, qui me semblaient admirables par leurs richesses : l'une était taillée d'un seul diamant, sans comparaison plus brillant que les nôtres ; la seconde ne paraissait qu'une monstrueuse perle fendue en deux. Mon Démon avait traduit ces livres en langage de ce monde ; mais, parce que je n'ai point de leur imprimerie, je m'en vais expliquer la façon de ces deux volumes.

A l'ouverture de la boîte, je trouvai dans un, je ne sais quoi de métal presque semblable à nos horloges, plein de je ne sais quelques petits ressorts et de machines imperceptibles : c'est un livre, à la vérité ; mais c'est un livre miraculeux, qui n'a ni feuillets ni caractères ; enfin, c'est un livre, où, pour apprendre, les yeux sont inutiles : on n'a besoin que des oreilles. Quand quelqu'un donc souhaite lire, il bande avec grande quantité de toutes sortes de petits nerfs cette machine, puis il tourne l'aiguille sur le chapitre qu'il désire écouter, et au même temps il en sort, comme de la bouche d'un homme ou d'un instrument de musique, tous les sons distincts et différents qui servent entre les grands lunaires à l'expression du langage.

Quatre d'entre eux portaient sur leurs épaules une espèce de cercueil enveloppé de noir. Je m'informai d'un regard ce que voulait dire ce convoi semblable aux pompes funèbres de mon pays; il me répondit que ce méchant ...., et nommé du peuple par une chiquenaude sur le genou droit, qui avait été convaincu d'envie et d'ingratitude, était décédé le jour précédent, et que le Parlement l'avait condamné, il y avait plus de vingt ans, à mourir dans son lit, et puis à être enterré après sa mort.

Je me pris à rire de cette réponse; et lui, m'interrogeant pourquoi :

— Vous m'étonnez, dis-je, de dire que ce qui est une marque de bénédiction dans notre monde, comme la longue vie, une mort paisible, une sépulture honorable, serve en celui-ci d'une punition exemplaire.

— Quoi! vous prenez la sépulture pour quelque chose de précieux? me répartit cet homme. Et, par votre foi, pouvez-vous concevoir quelque chose de plus épouvantable qu'un cadavre marchant sous les vers dont il regorge, à la merci des crapauds qui lui mâchent les joues; enfin, la peste revêtue du corps d'un homme? Bon Dieu! la seule imagination d'avoir, quoique mort, le visage embarrassé d'un drap, et sur la bouche une pique de terre, me donne de la peine à respirer. Ce misérable que vous voyez porter, outre l'infamie d'être assisté dans une fosse, a été condamné d'être assisté dans son convoi de cent cinquante de ses amis; et commandement à eux, en punition d'avoir aimé un envieux et un ingrat, de paraître à ses funérailles avec un visage triste; et sans que les juges en ont eu pitié, imputant en partie ses crimes à son peu d'esprit, ils auraient ordonné d'y pleurer. Hormis les criminels, on brûle ici tout le monde; aussi est-ce une coutume très-décente et très-raisonnable; car nous croyons que le feu ayant séparé le pur d'avec l'impur, la chaleur rassemble par sympathie cette chaleur naturelle qui faisait l'âme, et lui donne la force de s'élever toujours en montant jusqu'à quelque astre, la terre de certains peuples plus immatériels que nous et plus intellectuels, parce que leur tempérament doit répondre et participer à la pureté du globe qu'ils habitent. Ce n'est pas encore notre façon d'inhumer la plus belle. Quand un de nos philosophes vient à un âge où il sent ramollir son esprit, et la glace de ses ans engourdir les mouvements de son âme, il assemble ses amis par un banquet somptueux; puis, ayant exposé les motifs qui le font résoudre à prendre congé de la nature, et le peu d'espérance qu'il y a d'ajouter quelque chose à ses belles actions, on lui fait, ou grâce, c'est-à-dire qu'on lui permet de mourir, ou on lui fait un sévère commandement de vivre. Quand donc, à la pluralité des voix, on lui a mis son souffle entre les mains, il avertit ses plus chers et du jour et du lieu. Ceux-ci se purgent et s'abstiennent de manger pendant vingt-quatre heures; puis, arrivés qu'ils sont au logis du sage, et sacrifié qu'ils ont au

Soleil, ils entrent dans la chambre, où le généreux les attend sur un lit de parade. Chacun le vient embrasser ; et quand c'est au rang de celui qu'il aime le mieux, après l'avoir baisé tendrement, il l'appuie sur son estomac, et, joignant sa bouche sur sa bouche, de la main droite il se plonge un poignard dans le cœur. L'amant ne détache point ses lèvres de celles de son amant qu'il ne le sente expirer ; et lors il retire le fer de son sein, et fermant de sa bouche la plaie, il avale son sang, qu'il suce jusqu'à ce qu'un second lui succède, puis un troisième, un quatrième, et enfin toute la compagnie. Et quatre ou cinq heures après, on introduit à chacun une fille de seize ou dix-sept ans ; et, pendant trois ou quatre jours qu'ils sont à goûter les plaisirs de l'amour, ils ne sont nourris que de la chair du mort qu'on leur fait manger toute crue, afin que, si de cent embrassements il peut naître quelque chose, ils soient assurés que c'est leur ami qui revit.

J'interrompis ce discours, en disant à celui qui me le faisait que ces façons de faire avaient beaucoup de ressemblance avec celles de quelque peuple de notre monde. Et continuai ma promenade, qui fut si longue, que quand je revins il y avait deux heures que le dîner était prêt. On me demanda pourquoi j'étais arrivé si tard.

— Ce n'a pas été ma faute, répondis-je au cuisinier qui s'en plaignait ; j'ai demandé plusieurs fois par les rues quelle heure il était, mais on ne m'a répondu qu'en ouvrant la bouche, serrant les dents, et tournant le visage de travers.

— Quoi! s'écria toute la compagnie, vous ne savez pas que par là ils vous montraient l'heure.

— Par ma foi, répartis-je, ils avaient beau exposer leur grand nez au Soleil, avant que je l'apprisse.

— C'est une commodité, me dirent-ils, qui leur sert à se passer d'horloge; car de leurs dents ils font un cadran si juste, que lorsqu'ils veulent instruire quelqu'un de l'heure, ils ouvrent les lèvres, et l'ombre de ce nez, qui vient tomber dessus leurs dents, marque comme un cadran celle dont le curieux est en peine. Maintenant, afin que vous sachiez pourquoi, en ce pays, tout le monde a le nez grand, apprenez qu'aussitôt que la femme est accouchée, la matrone porte l'enfant au maître du séminaire; et justement au bout de l'an les experts étant assemblés, si son nez est trouvé plus court qu'à une certaine mesure que tient le syndic, il est censé camus et mis entre les mains des gens qui le châtrent. Vous me demanderez la cause de cette barbarie, et comment il se peut faire que nous, chez qui la virginité est un crime, établissons des continences par force; mais sachez que nous le faisons après avoir observé, depuis trente siècles, qu'un grand nez est le signe d'un homme spirituel, courtois, affable, généreux, libéral; et que le petit est un signe du contraire; c'est pourquoi des camus on bâtit les eunuques, parce que la république aime mieux ne point avoir d'enfants, que d'en avoir qui leur fussent semblables.

Il parlait encore, lorsque je vis entrer un homme tout nu. Je m'assis aussitôt et me couvris pour lui faire honneur, car ce sont les marques du plus grand respect qu'on puisse en ce pays-là témoigner à quelqu'un.

— Le royaume, dit-il, souhaite qu'avant de retourner en votre monde, vous en avertissiez les magistrats, à cause qu'un mathématicien vient tout-à-l'heure de promettre au conseil que, pourvu qu'étant de retour chez vous, vous vouliez construire une certaine machine qu'il vous enseignera, il attirera votre globe et le joindra à celui-ci.

A quoi je promis de ne pas manquer.

— Hé! je vous prie, dis-je à mon hôte, quand l'autre fut parti, de me dire pourquoi cet envoyé portait à la ceinture des parties honteuses de bronze?

Ce que j'avais vu plusieurs fois pendant que j'étais en cage, sans l'avoir osé demander, parce que j'étais toujours environné des filles de la reine que je craignais d'offenser, si j'eusse, en leur présence, attiré l'entretien d'une manière si grasse; de sorte qu'il me répondit :

— Les femelles ici, non plus que les mâles, ne sont pas assez ingrates pour rougir à la vue de celui qui les a forgées; et les vierges n'ont pas honte d'aimer sur nous, en mémoire de leur mère nature, la seule chose qui porte son nom. Sachez donc que l'écharpe, dont cet homme est honoré et où pend pour médaille la figure d'un membre viril, est le symbole du gentilhomme et la marque qui distingue le noble d'avec le roturier.

Ce paradoxe me sembla si extravagant, que je ne pus m'empêcher de rire.

— Cette coutume me semble bien extraordinaire,

répartis-je, car en notre monde la marque de noblesse est de porter une épée.

Mais l'hôte, sans s'émouvoir :

— O mon petit homme! s'écria-t-il, quoi! les grands de votre monde sont si enragés de faire parade d'un grand instrument qui désigne un bourreau, qui n'est forgé que pour détruire, enfin l'ennemi juré de tout ce qui vit, et de cacher, au contraire, un membre sans qui nous serions au rang de ce qui n'est pas, le Prométhée de chaque animal, et le réparateur infatigable des faiblesses de la nature! Malheureuse contrée, où les marques de génération sont ignominieuses, et où celles d'anéantissement sont honorables! Cependant vous appelez ce membre-là des parties honteuses, comme s'il y avait quelque chose de plus glorieux que de donner la vie, et rien de plus honteux que de l'ôter.

Pendant tout ce discours, nous ne laissions pas de dîner, et sitôt que nous fûmes levés, nous allâmes au jardin prendre l'air, et là, prenant occasion de la génération et conception des choses, il me dit :

— Vous devez savoir que la terre se faisant un arbre, d'un arbre un pourceau, et d'un pourceau un homme, nous devons croire, puisque tous les êtres dans la nature tendent au plus parfait, qu'ils aspirent à devenir hommes, cette essence étant l'achèvement du plus beau mixte et mieux imaginé qui soit au monde, parce que c'est le seul qui fasse le lien de la vie animale avec la raisonnable. C'est ce qu'on ne peut nier sans être pédant, puisque nous voyons qu'un prunier, par la chaleur de son germe, comme par une bouche, suce et digère le gazon qui l'environne ; qu'un pourceau dévore ce fruit et le fait devenir une partie de soi-même, et qu'un homme mange le pourceau, réchauffe cette chair morte, la joint à soi, et fait revivre cet animal sous une plus noble espèce. Ainsi, cet homme que vous voyez était peut-être, il y a soixante ans, une touffe d'herbe dans mon jardin; ce qui est d'autant plus probable que l'opinion de la métempsycose pythagorique, soutenue par tant de grands hommes, n'est vraisemblablement parvenue jusqu'à nous qu'afin de nous engager à en rechercher la vérité ; comme, en effet, nous avons trouvé que tout ce qui est sent et végète, et qu'enfin après que toute la matière est parvenue à ce période qui est sa perfection, elle descend et retourne dans son inanité, pour revenir jouer derechef les mêmes rôles.

Je descendis très-satisfait au jardin, et je commençais à réciter à mon compagnon ce que notre maître m'avait appris, quand le physionome arriva pour nous conduire à la réfection et au dortoir.

Le lendemain, dès que je fus éveillé, je m'en allai faire lever mon antagoniste.

— C'est un aussi grand miracle, lui dis-je en l'abordant, de trouver un fort esprit comme le vôtre enseveli dans le sommeil, que de voir du feu sans action.

Il souffrit de ce mauvais compliment.

— Mais, s'écria-t-il, avec une colère passionnée d'amour, ne vous déferez-vous jamais de ces termes fabuleux ? Sachez que ces noms-là diffament la philosophie, et que comme le sage ne voit rien au monde qu'il ne conçoive et qu'il ne juge pouvoir être conçu, il doit abhorrer toutes ces expressions de prodiges et d'évènements de nature qu'ont inventé les stupides pour excuser les faiblesses de leur entendement.

Je crus alors être obligé en conscience de prendre la parole pour le détromper.

— Encore, lui répliquai-je, que vous soyez fort obstiné dans vos sentiments, j'ai vu plusieurs choses arrivées surnaturellement.

— Vous le dites, continua-t-il, mais vous ne savez pas que la force de l'imagination est capable de guérir toutes les maladies que vous attribuez au surnaturel, à cause d'un certain baume naturel contenant toutes les qualités contraires à toutes celles de chaque mal qui nous attaque : ce qui se fait quand notre imagination, avertie par la douleur, va chercher en ce lieu le remède spécifique qu'elle apporte au venin. C'est là d'où vient qu'un habile médecin de votre monde conseille au malade de prendre plutôt un médecin ignorant qu'on estimera pourtant fort habile, qu'un fort habile qu'on estimera ignorant, parce qu'il se figure que notre imagination travaillant à notre santé, pourvu qu'elle soit aidée de remèdes, est capable de nous guérir ; mais que les plus puissants étaient trop faibles, quand l'imagination ne les appliquait pas. Vous étonnez-vous que les premiers hommes de votre monde vivaient tant de siècles sans avoir aucune connaissance de la médecine ? Non. Et qu'est-ce à votre avis qui en pouvait être la cause, sinon leur nature encore dans sa force, et ce baume universel, qui n'est pas encore dissipé par les drogues dont vos médecins vous consument ; n'ayant lors pour rentrer en convalescence qu'à le souhaiter fortement, et s'imaginer d'être guéris. Aussi leur fantaisie vigoureuse se plongeant dans cette huile en attirait l'élixir, et, appliquant l'actif au passif, ils se trouvaient presque dans un clin-d'œil aussi sains qu'auparavant : ce qui, malgré la dépravation de la nature, ne laisse pas de se faire encore aujourd'hui, quoique un peu rarement à la vérité ; mais le populaire l'attribue à miracle. Pour moi, je n'en crois rien du tout, et je me fonde sur ce qu'il est plus facile que tous ces docteurs se trompent, que cela n'est facile à faire ; car je leur demande : le fiévreux qui vient d'être guéri a souhaité bien fort pendant sa maladie, comme il est vraisemblable, d'être guéri, et même il a fait des vœux pour cela ; de sorte qu'il fallait nécessairement qu'il mourût, ou qu'il demeurât dans son mal, ou qu'il guérît : s'il fût mort, on eût dit que le ciel l'avait récompensé de ses peines, et même on eût dit que selon la prière du malade il a été guéri de tous ses maux : s'il fût demeuré dans son infirmité, on aurait dit qu'il n'avait pas la foi ; mais parce qu'il est guéri, c'est un miracle tout visible. N'est-il pas bien plus vraisemblable que sa fantaisie, excitée par les violents désirs de sa santé, a fait son opération ? Car je veux qu'il soit réchappé ; pourquoi crier miracle, puisque nous voyons beaucoup de personnes qui s'étaient vouées périr misérablement avec leurs vœux.

— Mais à tout le moins, lui répartis-je, si ce que

vous dites de ce baume est véritable, c'est une marque de la raisonnabilité de notre âme ; puisque, sans se servir des instruments de notre raison, sans s'appuyer du concours de notre volonté, elle fait elle-même comme si étant hors de nous elle appliquait l'actif au passif. Or, si étant séparée de nous elle est raisonnable, il faut nécessairement qu'elle soit spirituelle ; et si vous la confessez spirituelle je conclus qu'elle est immortelle, puisque la mort n'arrive dans l'animal que par le changement des formes dont la matière seule est capable.

Ce jeune homme s'étant mis alors en son séant sur son lit, et m'ayant fait asseoir, discourut à peu près de cette sorte.

— Pour l'âme des bêtes, qui est corporelle, je ne m'étonne pas qu'elle meure, vu qu'elle n'est peut-être qu'une harmonie des quatre qualités, une force de sang, une proportion d'organes bien concertés ; mais je m'étonne bien fort que la nôtre, intellectuelle, incorporelle et immortelle, soit contrainte de sortir de chez nous par la même cause que celle qui fait périr un bœuf. A-t-elle fait pacte avec notre corps, que quand il aurait un coup d'épée dans le cœur, une balle de plomb dans la cervelle, une mousquetade à travers le corps, d'abandonner aussitôt sa maison ?..... Et si cette âme était spirituelle et par soi-même si raisonnable, qu'elle fût aussi capable d'intelligence quand elle est séparée de notre masse que quand elle est en revêtue, pourquoi les aveugles-nés, avec tous les beaux avantages de cette âme intellectuelle, ne sauraient-ils s'imaginer ce que c'est que de voir ? Est-ce à cause qu'ils ne sont pas encore privés par le trépas de tous leurs sens ? Quoi, je ne pourrai donc me servir de ma main droite à cause que j'en ai une gauche?..... Et enfin, pour faire une comparaison juste et qui détruise tout ce que vous avez dit, je me contenterai de vous apporter l'exemple d'un peintre qui ne peut travailler sans pinceau ; et je vous dirai que l'âme est tout de même quand elle n'a pas l'usage des sens. Oui ; mais, ajouta-t-il,..... cependant ils veulent que cette âme qui ne peut agir qu'imparfaitement, à cause de la vie, puisse alors travailler avec perfection, quand après notre mort elle les aura tous perdus. S'ils me viennent rechanter qu'elle n'a pas besoin de ces instruments pour faire ses fonctions, je leur rechanterai qu'il faut fouetter les Quinze-Vingts qui font semblant de ne voir goutte.

Il voulait continuer dans de si impertinents raisonnements, mais je lui fermai la bouche en le priant de les cesser, comme il fit de peur de querelle ; car il connaissait que je commençais à m'échauffer. Il s'en alla ensuite, et me laissa dans l'admiration des gens de ce monde-là, dans lesquels, jusqu'au simple peuple, il se trouve naturellement tant d'esprit, au lieu que ceux du nôtre en ont si peu, et qui leur coûte si cher.

Enfin l'amour de mon pays me détachant petit à petit de l'affection et même de la pensée que j'avais eue de demeurer en celui-là, je ne songeai plus qu'à mon départ ; mais j'y vis tant d'impossibilité que j'en devins tout chagrin. Mon Démon s'en aperçut, et m'ayant demandé à quoi il tenait que je ne parusse pas le même que toujours, je lui dis franchement le sujet de ma mélancolie; mais il me fit de si belles promesses pour mon retour, que je m'en reposai sur lui entièrement.

J'en donnai avis au conseil, qui m'envoya quérir, et qui me fit prêter serment que je raconterais dans notre monde les choses que j'avais vues en celui-là. Ensuite on me fit expédier des passe-ports : et mon Démon s'étant muni des choses nécessaires pour un si grand voyage, me demanda en quel endroit de mon pays je voulais descendre. Je lui dis que la plupart des riches enfants de Paris se proposant un voyage à Rome une fois en la vie, ne s'imaginant pas après cela qu'il y eût rien de beau ni à faire ni à voir, je le priais de trouver bon que je les imitasse.

— Mais, ajoutai-je, dans quelle machine ferons-nous ce voyage, et quel ordre pensez-vous que me veuille donner le mathématicien qui me parla l'autre jour de joindre ce globe-ci au nôtre?

— Quant au mathématicien, me dit-il, ne vous y arrêtez point, car c'est un homme qui promet beaucoup, et qui ne tient rien. Et quant à la machine qui vous reportera, ce sera la même qui vous voitura à la cour.

— Comment, dis-je, l'air deviendra, pour soutenir vos pas, aussi solide que la terre?

— C'est ce que je ne crois point; et c'est une chose étrange, reprit-il, que ce que vous croyez et ne croyez pas. Hé! pourquoi les sorciers de votre monde, qui marchent en l'air et conduisent des armées, des grêles, des neiges, des pluies, et d'autres tels météores, d'une province en une autre, auraient-ils plus de pouvoir que nous ? Soyez, soyez, je vous prie, plus crédule en ma faveur.

— Il est vrai, lui dis-je, que j'ai reçu de vous tant de bons offices, de même que Socrate et les autres pour qui vous avez tant eu d'amitié, que je me dois fier à vous, comme je fais en m'y abandonnant de tout mon cœur.

Je n'eus pas plus tôt achevé cette parole, qu'il s'enleva comme un tourbillon, me tenant entre ses bras; il me fit passer sans incommodité tout ce grand espace que nos astronomes mettent entre nous et la Lune, en un jour et demi; ce qui me fit connaître le mensonge de ceux qui disent qu'une meule de moulin serait trois cent soixante et tant d'années à tomber du ciel, puisque je fus si peu de temps à tomber du globe de la Lune en celui-ci.

Enfin, au commencement de la seconde journée, je m'aperçus que j'approchais de notre monde. Déjà je distinguais l'Europe d'avec l'Afrique, et ces deux d'avec l'Asie, lorsque je sentis le soufre que je vis sortir d'une fort haute montagne : cela m'incommodait de sorte que je m'évanouis.

Je ne puis pas dire ce qui m'arriva ensuite; mais je me trouvai, ayant repris mes sens, dans des bruyères, sur la pente d'une colline, au milieu de quelques pâtres qui parlaient italien. Je ne savais ce qu'était devenu mon Démon, et je demandai à ces pâtres s'ils ne l'avaient point vu.

A ces mots, ils firent le signe de la croix, et me

regardèrent comme si j'en eusse été un moi-même. Mais leur disant que j'étais chrétien, et que je les priais, par charité, de me conduire en quelque lieu où je pusse me reposer, ils me menèrent dans un village à un mille de là, où je fus à peine arrivé, que tous les chiens du lieu, depuis les bichons jusqu'aux dogues, se vinrent jeter sur moi, et m'eussent dévoré, si je n'eusse trouvé une maison où je me sauvai. Mais cela ne les empêcha pas de continuer leur sabbat, en sorte que le maître du logis m'en regardait de mauvais œil; et je crois, dans le scrupule où le peuple augure de ces sortes d'accidents, que cet homme était capable de m'abandonner en proie à ces animaux, si je ne me fusse avisé que ce qui les acharnait ainsi après moi était le monde d'où je venais, à cause qu'ayant accoutumé d'aboyer à la Lune, ils sentaient que j'en venais et que j'en avais l'odeur, comme ceux qui conservent une espèce de relent ou air marin, quelque temps après être descendus de sur la mer. Pour me purger de ce mauvais air, je m'exposai sur une terrasse durant trois ou quatre heures au soleil : après quoi je descendis. Et les chiens, qui ne sentaient plus l'influence qui m'avait fait leur ennemi, ne m'aboyèrent plus, et s'en retournèrent chacun chez soi.

Le lendemain, je partis pour Rome, où je vis les restes des triomphes de quelques grands hommes, de même que ceux des siècles; j'en admirai les belles ruines et les belles réparations qu'y ont fait les modernes. Enfin, après y être demeuré quinze jours, en la compagnie de M. de Cyrano, mon cousin, qui me prêta de l'argent pour mon retour, j'allai à Civitta-Vecchia, et me mis sur une galère qui m'amena jusqu'à Marseille.

Pendant tout ce voyage, je n'eus l'esprit tendu qu'aux merveilles de celui que je venais de faire. J'en commençai les mémoires dès ce temps-là ; et quand j'ai été de retour, je les mis autant en ordre que la maladie qui me retient au lit me l'a pu permettre. Mais prévoyant quelle sera la fin de mes études et de mes travaux, pour tenir parole au conseil de ce monde-là, j'ai prié M. Le Bret, mon plus cher et mon plus inviolable ami, de les donner au public, avec l'*Histoire de la République du Soleil*, celle de l'*Etincelle*, et quelques ouvrages de même façon, si ceux qui nous les ont dérobés les lui rendent, comme je les en conjure de tout mon cœur.

HISTOIRE COMIQUE

DES

ÉTATS ET EMPIRES DU SOLEIL.

Enfin, notre vaisseau surgit au hâvre de Toulon ; et d'abord, après avoir rendu grâces aux vents et aux étoiles, pour la félicité du voyage, chacun s'embrassa sur le port, et se dit adieu.

Pour moi, parce qu'au monde de la Lune, d'où j'arrivais, l'argent se met au nombre des contes faits à plaisir, et que j'en avais comme perdu la mémoire, le pilote se contenta pour le naulage de l'honneur d'avoir porté dans son navire un homme tombé du ciel.

Rien ne nous empêcha donc d'aller jusqu'auprès de Toulouse, chez un de mes amis. Je brûlais de le voir, pour la joie que j'espérais lui causer au récit de mes aventures.

Je ne serai point ennuyeux à vous réciter tout ce qui m'arriva sur le chemin : je me lassai, je me reposai ; j'eus soif, j'eus faim ; je bus, je mangeai, au milieu de vingt ou trente chiens qui composaient sa meute. Quoique je fusse en fort mauvais ordre, maigre et rôti du hâle, il ne laissa pas de me reconnaître. Transporté de ravissement, il me sauta au cou, et, après m'avoir baisé plus de cent fois, tout tremblant d'aise, il m'entraîna dans son château, où, sitôt que les larmes eurent fait place à la voix :

— Enfin, s'écria-t-il, nous vivons et nous vivrons, malgré tous les accidents dont la fortune a ballotté notre vie. Mais, bon Dieu ! il n'est donc pas vrai le bruit qui courut que vous aviez été brûlé en Canada, dans ce grand feu d'artifice, duquel vous fûtes l'inventeur ? Et cependant deux ou trois personnes de créance, parmi ceux qui m'en apportèrent les tristes nouvelles, m'ont juré avoir vu et touché cet oiseau de bois dans lequel vous fûtes ravi. Ils me contèrent que, par malheur, vous étiez entré dedans au moment qu'on y mit le feu, et que la rapidité des fusées qui brûlaient tout à l'entour, vous enlevèrent si haut, que l'assistance vous perdit de vue. Et vous fûtes, à ce qu'ils protestent, consumé de telle sorte, que la machine étant retombée, on n'y trouva que fort peu de vos cendres.

— Ces cendres, lui répondis-je, Monsieur, étaient donc celles de l'artifice même, car le feu ne m'endommagea en façon quelconque. L'artifice était attaché au-dehors, et sa chaleur par conséquent ne pouvait pas m'incommoder. Or, vous saurez qu'aussitôt que le salpêtre fut à bout, l'impétueuse ascension des fusées ne soutenant plus la machine, elle tomba en terre. Je la vis choir ; et lorsque je pensais culbuter avec elle, je fus bien étonné de sentir que je montais vers la Lune. Mais il faut vous expliquer la cause d'un effet que vous prendriez pour un miracle. Je m'étais, le jour de cet accident, à cause de certaines meurtrissures, frotté de moelle tout le corps ; mais parce que nous étions en décours, et que la Lune pour lors attire la moelle, elle absorba si goulument celle dont ma chair était imbue, principalement quand ma boîte fut arrivée au-dessus de la moyenne région, où il n'y avait point de nuages interposés pour en affaiblir l'influence, que mon corps suivit cette attraction. Et je vous proteste qu'elle continua de me sucer si longtemps, qu'à la fin j'abordai ce monde qu'on appelle ici la Lune.

Je lui racontai ensuite fort au long toutes les particularités de mon voyage.

M. de Colignac, ravi d'entendre des choses si extraordinaires, me conjura de les rédiger par écrit. Moi qui aime le repos, je résistai longtemps, à cause des visites qu'il était vraisemblable que cette publication m'attirerait. Toutefois, honteux du reproche dont il me rebattait, de ne faire assez de compte de ses prières, je me résolus enfin de le satisfaire. Je mis donc la plume à la main, et, à mesure que j'achevais un cahier, impatient de ma gloire, qui lui démangeait plus que la sienne, il allait à Toulouse le prôner dans les plus belles assemblées. Comme il était en réputation d'être un des plus forts génies de son siècle, mes louanges, dont il semblait l'infatigable écho, me firent connaître de tout le monde. Déjà les graveurs, sans m'avoir vu, avaient buriné mon image, et la ville retentissait, dans chaque carrefour, du gosier enroué des colporteurs qui criaient à tue-tête :

— Voilà le portrait de l'auteur *des Etats et Empires de la Lune.*

Parmi les gens qui lurent mon livre, il se rencontra beaucoup d'ignorants qui le feuilletèrent. Pour contrefaire les esprits de la grande volée, ils applaudirent comme les autres jusqu'à battre des mains à chaque mot, de peur de se méprendre, et tous joyeux s'écrièrent : Qu'il est bon ! aux endroits qu'ils n'entendaient point ; mais la superstition travestie en remords, de qui les dents sont bien aiguës, sous la chemise d'un sot, leur rongea tant le cœur, qu'ils aimèrent mieux renoncer à la réputation de philosophe, laquelle aussi bien leur était un habit mal fait, que d'en répondre au jour du jugement.

Voilà donc la médaille renversée ; c'est à qui chantera la palinodie. L'ouvrage, dont ils avaient fait tant de cas, n'est plus qu'un pot pourri de contes ridicules, un amas de lambeaux décousus, un répertoire de peaux d'ânes à bercer les enfants, et tel ne connaît pas seulement la syntaxe, qui condamne l'auteur à porter une bougie à Saint-Mathurin.

Ce contraste d'opinions entre les habiles et les idiots, augmenta son crédit. Peu après, les copies en manuscrits se vendirent sous le manteau ; tout le monde et ce qui est hors du monde, c'est-à-dire depuis le gentilhomme jusqu'au moine, acheta cette pièce. Les femmes même prirent parti, chaque famille se divisa, et les intérêts de cette querelle allèrent si loin, que la ville fut partagée en deux factions : la lunaire et l'anti-lunaire.

On était aux escarmouches de la bataille, quand un matin, je vis entrer dans la chambre de Colignac neuf au dix barbes à longue robe, qui d'abord lui parlèrent ainsi :

— Monsieur, vous savez qu'il n'y a pas un de nous qui ne soit votre allié, votre parent, ou votre ami, et que, par conséquent, il ne vous peut arriver rien de honteux qui ne nous rejaillisse sur le front. Cependant, nous sommes informés, de bonne part, que vous retirez un sorcier dans votre château.

— Un sorcier ! s'écria Colignac. O dieux ! nommez-le-moi, je vous le mets entre les mains ; mais il faut prendre garde que ce ne soit une calomnie.

— Hé quoi, Monsieur, interrompit l'un des plus vénérables, y a-t-il aucun Parlement qui se connaisse en sorciers comme le nôtre ? Enfin, mon cher neveu, pour ne vous pas tenir davantage en suspens, le sorcier que nous accusons est l'auteur des *Etats et Empires de la Lune :* il ne saurait pas nier qu'il ne soit le plus grand magicien de l'Europe, après ce qu'il avoue lui-même. Comment, avoir monté à la Lune, cela se peut-il sans l'entremise de..... Je n'oserais nommer la bête ; car enfin, dites-moi, qu'allait-il faire chez la Lune ?

— Belle demande, interrompit un autre ; il allait assister au sabbat qui s'y tenait possible ce jour-là : et en effet vous voyez qu'il eut accointance avec le Démon de Socrate. Après cela vous étonnez-vous que le diable l'ait, comme il dit, rapporté en ce monde ?

Mais quoi qu'il en soit, voyez-vous, tant de lunes, tant de cheminées, tant de voyages par l'air ne valent rien, je dis rien du tout; et, entre vous et moi, — à ces mots il approcha sa bouche de son oreille, — je n'ai jamais vu de sorcier qui n'eût commerce avec la Lune.

Ils se turent après ces bons avis; et Colignac demeura tellement surpris de leur commune extravagance, qu'il ne put jamais dire un mot. Ce que voyant, un vénérable butor qui n'avait point encore parlé :

— Voyez-vous, dit-il, notre parent, nous connaissons d'où nous vient l'enclouure. Le magicien est une personne que vous aimez; mais n'appréhendez rien; à votre considération, les choses iront à la douceur : vous n'avez seulement qu'à nous le mettre entre les mains, et, pour l'amour de vous, nous engageons notre honneur de le faire brûler sans scandale.

A ces mots, Colignac, quoique ses poings dans ses côtés, ne put se contenir; un éclat de rire le prit, qui n'offensa pas peu Messieurs ses parents; de sorte qu'il ne fut pas en son pouvoir de répondre à aucun point de leur harangue, que par des ha! ha! ha! ha! ou des ho! ho! ho! ho! si bien que nos Messieurs très-scandalisés s'en allèrent, je dirais avec leur courte honte, si elle n'avait duré jusqu'à Toulouse.

Quand ils furent partis, je tirai Colignac dans son cabinet, où, sitôt que j'eus fermé la porte dessus nous :

— Comte, lui dis-je, ces ambassadeurs à long poil me semblent des comètes chevelues; j'appréhende que le bruit dont ils ont éclaté, ne soit le tonnerre de la foudre qui s'ébranle pour choir. Quoique leur accusation soit ridicule, et possible un effet de leur stupidité, je ne serais pas moins mort, quand une douzaine d'habiles gens, qui m'auraient vu griller, diraient que mes juges sont des sots. Tous les arguments dont ils prouveraient mon innocence, ne me ressusciteraient pas ; et mes cendres demeureraient tout aussi froides dans un tombeau qu'à la voirie. C'est pourquoi, sauf votre meilleur avis, je serais fort joyeux de consentir à la tentation qui me suggère de ne leur laisser en cette province que mon portrait ; car j'enragerais au double de mourir pour une chose à laquelle je ne crois guère.

Colignac n'eut quasi pas la patience d'attendre que j'eusse achevé pour répondre. D'abord, toutefois, il railla ; mais quand il vit que je le prenais sérieusement :

— Ha ! par la mort, s'écria-t-il d'un visage alarmé, on ne vous touchera point au bord du manteau, que moi, mes amis, mes vassaux, et tous ceux qui me considèrent, ne périssent auparavant. Ma maison est telle, qu'on ne la peut forcer sans canon ; elle est très-avantageuse d'assiette et bien flanquée. Mais je suis fou de me précautionner contre des tonnerres de parchemin.

— Ils sont, lui répliquai-je, plus à craindre que ceux de la moyenne région.

De là en avant nous ne parlâmes que de nous réjouir. Un jour nous chassions, un autre nous allions à la promenade; quelquefois nous recevions visite, et quelquefois nous en rendions; enfin, nous quittions toujours chaque divertissement avant que ce divertissement eût pu nous ennuyer.

Le marquis de Cussan, voisin de Colignac, homme qui se connaît aux bonnes choses, était ordinairement avec nous, et nous avec lui; et, pour rendre les lieux de notre séjour encore plus agréables par ce changement, nous allions de Colignac à Cussan, et revenions de Cussan à Colignac.

Les plaisirs innocents, dont le corps est capable, ne faisaient que la moindre partie. De tous ceux que l'esprit peut trouver dans l'étude et la conversation, aucun ne nous manquait; et nos bibliothèques, unies comme nos esprits, appelaient tous les doctes dans notre société. Nous mêlions la lecture à l'entretien, l'entretien à la bonne chère, celle-là à la pêche ou à la chasse, aux promenades; et, en un mot, nous jouissions, pour ainsi dire, et de nous-mêmes et de tout ce que la nature a produit de plus doux pour notre usage, et ne mettions que la raison pour bornes à nos désirs.

Cependant, ma réputation, contraire à mon repos, courait les villages circonvoisins et les villes mêmes de la province. Tout le monde, attiré par ce bruit, prenait prétexte de venir voir le seigneur pour voir le sorcier. Quand je sortais du château, non-seulement les enfants et les femmes, mais aussi les hommes, me regardaient comme la bête; surtout le pasteur de Colignac, qui, par malice ou par ignorance, était en secret le plus grand de mes ennemis.

Cet homme, simple en apparence, et dont l'esprit bas et naïf était infiniment plaisant en ses naïvetés, était en effet très-méchant : il était vindicatif jusqu'à la rage, calomniateur comme quelque chose de plus qu'un Normand, et si chicaneur, que l'amour de la chicane était sa passion dominante. Ayant longtemps plaidé contre son seigneur, qu'il haïssait d'autant plus qu'il l'avait trouvé ferme contre ses attaques, il en craignait le ressentiment, et, pour l'éviter, il avait voulu permuter son bénéfice. Mais, soit qu'il eût changé de dessein, ou seulement qu'il eût différé pour se venger de Colignac, en ma personne, pendant le séjour qu'il ferait en ses terres, il s'efforçait de persuader le contraire, bien que des voyages qu'il faisait bien souvent à Toulouse en donnassent quelques soupçons. Il y faisait mille contes ridicules de mes enchantements ; et la voix de cet homme malin, se joignant à celle des simples et des ignorants, y mettait mon nom en exécration. On n'y parlait plus de moi que comme d'un nouvel Agrippa ; et nous sûmes qu'on y avait même informé contre moi à la poursuite du curé, lequel avait été précepteur de ses enfants. Nous en eûmes avis par plusieurs personnes qui étaient dans les intérêts de Colignac et du marquis ; et, bien que l'humeur grossière de tout un pays nous fût un sujet d'étonnement et de risée, je ne laissai pas de m'en effrayer en secret, lorsque je considérais de plus près les suites fâcheuses que pourrait avoir cette erreur. Mon bon génie, sans doute, m'inspirait cette frayeur : il éclairait ma raison de toutes ses lumières, pour me faire voir le précipice où j'allais tomber ; et, non content de me conseiller ainsi tacitement, se voulut déclarer plus expressément en ma faveur.

Une nuit, des plus fâcheuses qui fut jamais, ayant succédé à un des jours les plus agréables que nous eussions à Colignac, je me levai aussitôt que l'aurore, et, pour dissiper les inquiétudes et les nuages dont mon esprit était encore offusqué, j'entrai dans le jardin, où la verdure, les fleurs et les fruits, l'artifice et la nature, enchantaient l'âme par les yeux, lorsqu'en même instant j'aperçus le marquis qui s'y promenait seul dans une grande allée, laquelle coupait le parterre en deux : il avait le marcher lent et le visage pensif. Je restai fort surpris de le voir, contre sa coutume, si matineux ; cela me fit hâter mon abord pour lui en demander la cause. Il me répondit que quelques fâcheux songes, dont il avait été travaillé, l'avaient contraint de venir, plus matin qu'à son ordinaire, guérir un mal au jour, que lui avait causé l'ombre. Je lui confessai qu'une semblable peine m'avait empêché de dormir, et je lui en allais conter le détail ; mais, comme j'ouvrais la bouche, nous aperçûmes, au coin d'une palissade qui croisait dans la nôtre, Colignac qui marchait à grands pas. D'aussi loin qu'il nous aperçut :

— Vous voyez, dit-il, un homme qui vient d'échapper aux plus affreuses visions dont le spectacle soit capable de faire tourner le cerveau. A peine ai-je eu le loisir de mettre mon pourpoint, que je suis descendu pour vous le conter ; mais vous n'étiez plus ni l'un ni l'autre dans vos chambres : c'est pourquoi je suis accouru au jardin, me doutant que vous y seriez.

En effet, le pauvre gentilhomme était presque

hors d'haleine. Sitôt qu'il l'eut reprise, nous l'exhortâmes de se décharger d'une chose qui, pour être souvent fort légère, ne laisse pas de peser beaucoup.

— C'est mon dessein, nous répliqua-t-il; mais auparavant asseyons-nous.

Un cabinet de jasmins nous présenta tout à propos de la fraîcheur et des siéges; nous nous y retirâmes, et chacun s'étant mis à son aise, Colignac poursuivit ainsi :

— Vous saurez qu'après deux ou trois sommes, durant lesquels je me suis trouvé parmi beaucoup d'embarras, dans celui que j'ai fait environ le crépuscule de l'aurore, il m'a semblé que mon cher hôte, que voilà, était entre le marquis et moi, et que nous le tenions étroitement embrassé, quand un grand monstre noir, qui n'était que de têtes, nous l'est venu tout d'un coup arracher. Je pense même qu'il l'allait précipiter dans un bûcher allumé proche de là, car il le balançait déjà sur les flammes; mais une fille, semblable à celle des Muses qu'on nomme Euterpe, s'est jetée aux genoux d'une dame qu'elle a conjurée de le sauver. Cette dame avait le port et les marques dont se servent nos peintres pour représenter la Nature. A peine a-t-elle eu le loisir d'écouter les prières de sa suivante, que, tout étonnée : Hélas ! a-t-elle crié, c'est un de mes amis. Aussitôt elle a porté à sa bouche une espèce de sarbacane, et a tant soufflé, par le canal, sous les pieds de mon cher hôte, qu'elle l'a fait monter dans le ciel et l'a garanti des cruautés du monstre à cent têtes. J'ai crié après lui fort longtemps, ce me semble, et l'ai conjuré de ne pas s'en aller sans moi : quand une infinité de petits anges tous ronds, qui se disaient enfants de l'Aurore, m'ont enlevé au même pays vers lequel il paraissait voler, et m'ont fait voir des choses que je ne vous raconterai point, parce que je les tiens trop ridicules.

Nous le suppliâmes de ne pas laisser de nous les dire.

— Je me suis imaginé, continua-t-il, être dans le Soleil, et que le Soleil était un monde. Je n'en serais pas encore désabusé, sans le hennissement de mon barbe, qui, me réveillant, m'a fait voir que j'étais dans mon lit.

Quand le marquis connut que Colignac avait achevé :

— Et vous, dit-il, M. Dyrcona, quel a été le vôtre ?

— Pour le mien, répondis-je, encore qu'il ne soit pas des vulgaires, je ne le mets en conte de rien. Je suis bilieux, mélancolique, c'est la cause pourquoi, depuis que je suis au monde, mes songes ont sans cesse représenté des cavernes et du feu. Dans mon plus bel âge, il me semblait, en dormant, que, devenu léger, je m'enlevais jusqu'aux nues, pour éviter la rage d'une troupe d'assassins qui me poursuivaient ; mais qu'au bout d'un effort fort long et fort vigoureux, il se rencontrait toujours quelque muraille, après avoir volé par-dessus beaucoup d'autres, au pied de laquelle, accablé de travail, je ne manquais point d'être arrêté. Ou bien, si je m'imaginais prendre ma volée droit en haut, encore que j'eusse avec les bras nagé fort longtemps dans le ciel, je ne laissais pas de me rencontrer toujours proche de terre, et, contre toute raison, sans qu'il me semblât être devenu ni las, ni lourd, mes ennemis ne faisaient qu'étendre la main pour me saisir par le pied et m'attirer à eux. Je n'ai guère eu que des songes semblables à celui-là depuis que je me connais ; hormis que cette nuit, après avoir longtemps volé comme de coutume, et m'être plusieurs fois échappé de mes persécuteurs, il m'a semblé qu'à la fin je les ai perdus de vue, et que, dans un ciel libre et fort éclairé, mon corps soulagé de toute pesanteur, j'ai poursuivi mon voyage jusque dans un palais où se composent la chaleur et la lumière. J'y aurais sans doute remarqué bien d'autres choses, mais mon agitation pour voler m'avait tellement approché du bord du lit, que je suis tombé dans la ruelle, le ventre tout nu sur le plâtre et les yeux fort ouverts. Voilà, Messieurs, mon songe tout au long, que je n'estime qu'un pur effet de ces deux qualités qui prédominent à mon tempérament ; car encore que celui-ci diffère un peu de ceux qui m'arrivent toujours, en ce que j'ai volé jusqu'au ciel sans rechoir, j'attribue ce changement au sang qui s'est répandu, par la joie de nos plaisirs d'hier, plus au large qu'à son ordinaire, a pénétré la mélancolie, et lui a ôté, en la soulevant, cette pesanteur qui me faisait retomber ; mais, après tout, c'est une science où il y a fort à deviner.

— Ma foi, continua Cussan, vous avez raison, c'est un pot pourri de toutes les choses à quoi nous avons pensé en veillant, une monstrueuse chimère, un assemblage d'espèces confuses, que la fantaisie, qui, dans le sommeil, n'est plus guidée par la raison, nous présente sans ordre, et dont toutefois, en les tordant, nous croyons épreindre le vrai sens et tirer des songes, comme des oracles, une science de l'avenir. Mais, par ma foi, je n'y trouve aucune autre conformité, sinon que les songes, comme les oracles, ne peuvent être entendus. Toutefois, jugez par le mien, qui n'est point extraordinaire, de la valeur de tous les autres. J'ai songé que j'étais fort triste; je rencontrais partout Dyrcona qui nous réclamait. Mais, sans davantage m'alambiquer le cerveau à l'explication de ces noires énigmes, je vous développerai en deux mots leur sens mystique : c'est, par ma foi, qu'à Colignac on fait de fort mauvais songes, et que, si j'en suis cru, nous irons essayer d'en faire de meilleurs à Cussan.

— Allons-y donc, me dit le comte, puisque ce trouble-fête en a tant envie.

Nous délibérâmes de partir le même jour. Je les suppliai de se mettre donc en chemin devant, parce que j'étais bien aise, ayant, comme ils venaient de conclure, à y séjourner un mois, d'y faire porter quelques livres : ils en tombèrent d'accord, et, aussitôt après déjeûner, mirent le cul sur la selle.

Ma foi, cependant, je fis un ballot des volumes que je m'imaginai n'être pas à la bibliothèque de Cussan, dont je chargeai un mulet, et je sortis, environ sur les trois heures, monté sur un très-bon coureur. Je n'allais pourtant qu'au pas, afin d'accompagner ma petite bibliothèque et pour enrichir mon âme avec plus de loisir des libéralités de ma vue. Mais écoutez une aventure qui vous surprendra.

J'avais avancé plus de quatre lieues, quand je me trouvai dans une contrée que je pensais indubitablement avoir vue autre part : en effet, je sollicitai tant ma mémoire de me dire d'où je connaissais ce paysage, que la présence des objets excitant les images, je me souvins que c'était justement le lieu que j'avais vu en songe la nuit passée. Ce rencontre bizarre eût occupé mon attention plus de temps qu'il ne l'occupa, sans une étrange apparition par qui j'en fus réveillé.

Un spectre, — au moins je le pris pour tel, — se présentant à moi au milieu du chemin, saisit mon cheval par la bride. La taille de ce fantôme était énorme, et, par le feu qui paraissait de ses yeux, il avait le regard triste et rude. Je ne saurais pourtant dire s'il était beau ou laid, car une longue robe, tissue des feuillets d'un livre de plein chant, le couvrait jusqu'aux ongles, et son visage était caché d'une carte où l'on avait écrit l'*In principio*. Les premières paroles que le fantôme proféra :

— *Satanus Diabolas*, cria-t-il tout épouvanté, je te conjure par le grand Dieu vivant.....

A ces mots, il hésita : mais, répétant toujours le grand Dieu vivant, et cherchant d'un visage égaré son pasteur pour lui souffler le reste, quand il vit que, de quelque côté qu'il allongeât la vue, son pasteur ne paraissait point, un si effroyable tremblement le saisit, qu'à force de claquer, la moitié de ses dents en tombèrent, et les deux tiers de la gamme sous lesquels il était gisant s'écartèrent en papillottes. Il se retourna pourtant vers moi, et d'un regard ni doux ni rude, où je voyais son esprit flotter pour résoudre lequel serait le plus à propos de s'irriter ou de s'adoucir :

— Ho bien, dit-il, *Satanus Diabolas,* par le sangué, je te conjure, au nom de Dieu et de Monsieur Saint-Jean, de me laisser faire ; car si tu grouilles ni pied ni patte, Diable emporte, je t'étriperai.

Je tiraillais contre lui la bride de mon cheval ; mais les éclats de rire qui me suffoquaient m'ôtèrent toute force : ajoutez à cela qu'une cinquantaine de villageois sortirent de derrière une haie, marchant sur leurs genoux, et s'égosillant à chanter *Kyrie Eleison.*

Quand ils furent assez proche, quatre des plus robustes, après avoir trempé leurs mains dans un bénitier, que tenait tout exprès le serviteur du presbytère, me prirent au collet.

J'étais à peine arrêté, que je vis paraître messire Jean, lequel tira dévotement son étole, dont il me garrotta ; et ensuite une cohue de femmes et d'enfants qui, malgré toute ma résistance, me cousirent dans une grande nappe : au reste j'en fus si bien entortillé qu'on ne me voyait que la tête.

En cet équipage ils me portèrent à Toulouse comme s'ils m'eussent porté au monument. Tantôt l'un s'écriait que sans cela il y aurait eu famine, parce que, lorsqu'ils m'avaient rencontré, j'allais assurément jeter le sort sur les blés ; et puis j'en entendais un autre qui se plaignait que le claveau n'avait commencé, dans sa bergerie, que d'un dimanche, qu'au sortir de vêpres je lui avais frappé sur l'épaule.

Mais ce qui, malgré tous mes désastres, me chatouilla de quelque émotion pour rire, fut le cri plein d'effroi d'une jeune paysanne après son fiancé, autrement le fantôme qui m'avait pris mon cheval ; car vous saurez que le rustre s'était acalifourchonné dessus, et déjà comme sien le talonnait de bonne guerre.

— Misérable, glapissait son amoureuse, es-tu donc borgne ? Ne vois-tu pas que le cheval du magicien est plus noir que charbon, et que c'est le Diable en personne qui t'emporte au sabbat.

Notre pitaut d'épouvante en culbuta par-dessus la croupe ; ainsi mon cheval eut la clef des champs.

Ils consultèrent s'ils se saisiraient du mulet, et délibérèrent qu'oui ; mais ayant décousu le paquet, et au premier volume qu'ils ouvrirent s'étant rencontré la physique de M. Descartes, quand ils aperçurent tous les cercles par lesquels ce philosophe a distingué le mouvement de chaque planète, tous hurlèrent d'une voix que c'étaient les cercles que je traçais pour appeler Belzébut. Celui qui le tenait le laissa choir d'appréhension, et, par malheur, en tombant il s'ouvrit dans une page où sont expliquées les vertus de l'aimant : je dis par malheur, parce qu'à l'endroit dont je parle, il y a une figure de cette pierre métallique, où les petits corps, qui se déprennent de sa masse pour accrocher le fer, sont représentés comme des bras. A peine un de ces marauds l'aperçut, que je l'entendis s'égosiller que c'était là le crapaud qu'on avait trouvé dans l'auge de l'écurie de son cousin Fiacre, quand ses chevaux moururent.

A ce mot, ceux qui avaient paru les plus échauffés, rengaînèrent leurs mains dans leur sein, ou se regantèrent de leurs pochettes. Messire Jean, de son côté, criait à gorge déployée qu'on se gardât de toucher à rien ; que tous ces livres-là étaient de francs grimoires et le mulet un Satan. La canaille ainsi épouvantée, laissa partir le mulet en paix. Je vis pourtant Mathurine, la servante de M. le Curé, qui le chassait vers l'étable du presbytère, de peur qu'il n'allât dans le cimetière polluer l'herbe des trépassés.

Il était bien sept heures du soir quand nous arrivâmes à un bourg, où, pour me rafraîchir, on me traîna dans la geôle ; car le lecteur ne me croirait pas, si je disais qu'on m'enterra dans un trou : et cependant il est si vrai, qu'avec une pirouette j'en visitai toute l'étendue. Enfin, il n'y a personne qui, me voyant en ce lieu, ne m'eût pris pour une bougie allumée sous une ventouse.

D'abord que mon geôlier me précipita dans cette caverne :

— Si vous me donnez, lui dis-je, ce vêtement de pierre pour un habit, il est trop large ; mais si c'est pour un tombeau, il est trop étroit. On ne peut ici compter les jours que par nuits ; des cinq sens il ne me reste l'usage que de deux ; l'odorat et le toucher ; l'un, pour me faire sentir les puanteurs de ma prison ; l'autre, pour me la rendre palpable. En vérité, je vous l'avoue, je croirais être damné, si je ne savais qu'il n'entre point d'innocents en enfer.

A ce mot d'innocent, mon geôlier s'éclata de rire :

— Et, par ma foi, dit-il, vous êtes donc de nos gens, car je n'en ai jamais tenu sous ma clef que de ceux-là.

Après d'autres compliments de cette nature, le bonhomme prit la peine de me fouiller, je ne sais pas à quelle intention ; mais, par la diligence qu'il y employa, je conjecture que c'était pour mon bien. Ses recherches étant demeurées inutiles, à cause que durant la bataille de *Diabolas*, j'avais glissé mon or dans mes chausses, quand, au bout d'une très-exacte anatomie, il se trouva les mains aussi vides qu'auparavant, peu s'en fallut que je ne mourusse de crainte, comme il pensa mourir de douleur.

— Ho ! vertubleu, s'écria-t-il, l'écume dans la bouche, je l'ai bien vu d'abord que c'était un sorcier, il est gueux comme le Diable. Va, va, continua-t-il, mon camarade, songe de bonne heure à ta conscience.

Il avait à peine achevé ces paroles, que j'entendis le carillon d'un trousseau de clefs, où il choisissait celle de mon cachot. Il avait le dos tourné ; c'est pourquoi, de peur qu'il ne se vengeât du malheur de sa visite, je tirai dextrement de leur cache trois pistoles, et je lui dis :

— Monsieur le concierge, voilà une pistole ; je vous supplie de me faire apporter un morceau, je n'ai pas mangé depuis onze heures.

Il la reçut fort gracieusement et me protesta que

mon désastre le touchait. Quand je connus son cœur adouci :

— En voilà encore une, continuai-je, pour reconnaître la peine que je suis honteux de vous donner.

Il ouvrit l'oreille, le cœur et la main ; et j'ajoutai, lui en comptant trois, au lieu de deux, que par cette troisième je le suppliais de mettre auprès de moi l'un de ses garçons pour me tenir compagnie, parce que les malheureux doivent craindre la solitude.

Ravi de ma prodigalité, il me promit toutes choses, m'embrassa les genoux, déclama contre la justice, me dit qu'il voyait bien que j'avais des ennemis, mais que j'en viendrais à mon honneur, que j'eusse bon courage, et qu'au reste il s'engageait, avant qu'il fût trois jours, de faire blanchir mes manchettes.

Je le remerciai très-sérieusement de sa courtoisie ; et, après mille accolades, dont il pensa m'étrangler, ce cher ami verrouilla et reverrouilla ma porte.

Je demeurai tout seul et fort mélancolique, le corps arrondi sur un boteau de paille en poudre. Elle n'était pas pourtant si menue, que plus de cinquante rats ne la broyassent encore. La voûte, les murailles et le plancher étaient composés de six pierres de tombe, afin qu'ayant la mort dessus, dessous, et à l'entour de moi, je ne pusse douter de mon enterrement. La froide bave des limaçons et le gluant venin des crapauds me coulaient sur le visage ; les poux y avaient les dents plus longues que le corps. Je me voyais travaillé de la pierre, qui ne me faisait pas moins de mal pour être externe.

Enfin, je pense que pour être Job, il ne me manquait plus qu'une femme et un pot cassé.

Je vainquis là pourtant toute la dureté de deux heures très-difficiles, quand le bruit d'une grosse de clefs, joint à celui des verroux de ma porte, me réveilla de l'attention que je prêtais à mes douleurs. Ensuite du tintamarre, j'aperçus, à la clarté d'une lampe, un puissant rustaud. Il se déchargea d'une terrine entre mes jambes.

— Et, là, là, dit-il, ne vous affligez point, voilà du potage aux choux ; et quand ce serait......, tant y a, c'est de la propre soupe de notre maîtresse ; et si, par ma foi, comme dit l'autre, on n'en a pas ôté une goutte de graisse.

Disant cela, il trempa ses cinq doigts jusqu'au fond, pour m'inviter à en faire autant. Je travaillai après l'original, de peur de le décourager ; et lui, d'un œil de jubilation :

— Morguienne, s'écria-t-il, vous êtes bon frère. On dit que vous avez des envieux ? Jarnigué, sont des traîtres ; hé, qu'ils y viennent donc, pour voir. Oh ! bien, bien, tant y a, toujours va qui danse.

Cette naïveté m'enfla par deux ou trois fois la gorge pour en rire. Je fus pourtant si heureux que de m'en empêcher. Je voyais que la fortune semblait m'offrir en ce maraud une occasion pour ma liberté : c'est pourquoi il m'était très-important de choyer ses bonnes grâces ; car, d'échapper par d'autres voies, l'architecte qui bâtit ma prison, y ayant fait plusieurs entrées, ne s'était pas souvenu d'y faire une sortie.

Toutes ces considérations furent cause que, pour le sonder, je lui parlai ainsi :

— Tu es pauvre, mon grand ami, n'est-il pas vrai ?

— Hélas ! Monsieur, répondit le rustre, quand vous arriveriez de chez le devin vous n'auriez pas mieux frappé au but.

— Tiens donc, continuai-je, prends cette pistole.

Je trouvai sa main si tremblante, lorsque je la mis dedans, qu'à peine la put-il fermer. Ce commencement me sembla de mauvais augure ; toutefois, je connus bientôt, par la ferveur de ses remerciements, qu'il n'avait tremblé que de joie. Cela fut cause que je poursuivis :

— Mais si tu étais homme à vouloir participer à l'accomplissement d'un vœu que j'ai fait, vingt pistoles, outre le salut de mon âme, seraient à toi comme ton chapeau ; car tu sauras qu'il n'y a pas un bon quart d'heure, enfin un moment avant ton arrivée, qu'un ange m'est apparu, et m'a promis de faire connaître la justice de ma cause, pourvu que j'aille demain faire dire une messe à Notre-Dame de ce bourg, au grand autel. J'ai voulu m'excuser sur ce que j'étais enfermé trop étroitement ; mais il m'a répondu qu'il viendrait un homme envoyé du geôlier pour me tenir compagnie, auquel je n'aurais qu'à commander de sa part de me conduire à l'église, et me reconduire en prison ; que je lui recommandasse le secret, et d'obéir sans réplique, sous peine de mourir dans l'an. Et s'il doutait de ma parole, je lui dirais aux enseignes qu'il est Confrère du Scapulaire.

Or, le lecteur saura qu'avant j'avais entrevu, par la fente de sa chemise, un scapulaire qui me suggéra toute la tissure de cette apparition.

— Et oui dea, dit-il, mon bon seigneur, je ferons ce que l'ange nous a commandé. Mais il faut donc que ce soit à neuf heures, parce que notre maître sera pour lors à Toulouse, aux accordailles de son fils avec la fille du maître des hautes-œuvres. Dame, écoutez, le bouriau a un nom aussi bien qu'un ciron. On dit qu'elle aura de son père, en mariage, autant d'écus comme il en faut pour la rançon d'un roi. Enfin, elle est belle et riche ; mais ces morceaux-là n'ont garde d'arriver à un pauvre garçon. Hélas ! mon bon Monsieur, faut que vous sachiez.....

Je ne manquai pas à cet endroit de l'interrompre, car je pressentais, par ce commencement de digression, une longue enchaînure de coq-à-l'âne.

Or, après que nous eûmes bien digéré notre complot, le rustaud prit congé de moi. Il ne manqua pas le lendemain de me venir déterrer justement à l'heure promise ; je laissai mes habits dans la prison, et je m'équipai de mes guenilles ; car, afin de n'être pas reconnu, nous l'avions ainsi concerté la veille. Sitôt que nous fûmes à l'air, je n'oubliai point de lui compter ses vingt pistoles. Il les regarda fort et même avec de grands yeux.

— Elles sont d'or et de poids, lui dis-je, sur ma parole.

— Hé ! Monsieur, me répliqua-t-il, ce n'est pas à cela que je songe, mais je songe que la maison du grand Macé est à vendre avec son clos et sa vigne.

Je l'aurais bien pour deux cents francs : il faut huit jours à bâtir le marché; et je voudrais vous prier, mon bon Monsieur, si c'était votre plaisir, de faire que jusqu'à tant que le grand Macé tienne bien comptées vos pistoles dans ses coffres, elles ne deviennent point feuilles de chêne.

La naïveté de ce coquin me fit rire. Cependant nous continuâmes de marcher vers l'église, où nous arrivâmes. Quelque temps après, on y commença la grand'messe; mais sitôt que je vis mon garde qui se levait à son rang pour aller à l'offrande, j'arpentai la nef de trois sauts, et en autant d'autres je m'égarai prestement dans une ruelle détournée.

De toutes les diverses pensées qui m'agitèrent en cet instant, celle que je suivis fut de gagner Toulouse, dont ce bourg-là n'était distant que d'une demi-lieue, à dessein d'y prendre la poste.

J'arrivai au faubourg d'assez bonne heure, mais je restai si honteux de voir tout le monde qui me regardait, que j'en perdis contenance.

La cause de leur étonnement procédait de mon équipage; car, comme en matière de gueuserie j'étais assez nouveau, j'avais arrangé sur moi mes haillons si bizarrement, qu'avec une démarche qui ne convenait point à l'habit, je paraissais moins un pauvre qu'une mascarade; outre que je passais vite, la vue basse, et sans demander.

A la fin, considérant qu'une attention si universelle me menaçait d'une suite dangereuse, je surmontai ma honte. Aussitôt que j'apercevais quelqu'un me regarder, je lui tendais la main. Je conjurais même la charité de ceux qui ne me regardaient point. Mais admirez comment bien souvent, pour vouloir accompagner de trop de circonspection les desseins où la fortune veut avoir quelque part, nous les ruinons en irritant cette orgueilleuse.

Je fais cette réflexion au sujet de mon aventure ; car, ayant aperçu un homme vêtu en bourgeois médiocre, de qui le dos était tourné vers moi :

— Monsieur, lui dis-je, en le tirant par son manteau, si la compassion peut toucher....

Je n'avais pas entamé le mot qui devait suivre, que cet homme tourna la tête. O Dieu ! que devint-il ? Mais, ô Dieu ! que devins-je moi-même ? Cet homme était mon geôlier.

Nous restâmes tous deux consternés d'admiration, de nous voir où nous nous voyions. J'étais tout dans ses yeux, il employait toute ma vue. Enfin le commun intérêt, quoique bien différent, nous tira l'un et l'autre de l'extase où nous étions plongés.

— Ha ! misérable que je suis, s'écria le geôlier, faut-il donc que je sois attrapé ?

Cette parole à double sens m'inspira aussitôt le stratagème que vous allez entendre.

— Hé ! main forte, Messieurs, main forte à la justice ! criai-je tant que je pus glapir : ce voleur a dérobé les pierreries de la comtesse des Mousseaux ; je le cherche depuis un an. Messieurs, continuai-je, tout échauffé, cent pistoles pour qui l'arrêtera.

J'avais à peine lâché ces mots, qu'une troupe de canaille éboula sur le pauvre ébahi. L'étonnement où mon extraordinaire impudence l'avait jeté, joint à l'imagination qu'il avait que, sans avoir comme un corps glorieux pénétré sans fraction les murailles de mon cachot, je ne pouvais m'être sauvé, le transit tellement, qu'il fut longtemps hors de lui-même. A la fin, toutefois, il se reconnut, et les premières paroles qu'il employa pour détromper le petit peuple furent qu'on se gardât de se méprendre, qu'il était fort homme d'honneur. Indubitablement il allait découvrir tout le mystère ; mais une douzaine de fruitières, de laquais et de porte-chaises, désireux de me servir pour mon argent, lui fermèrent la bouche à coups de poings ; et d'autant qu'ils se figuraient que leur récompense serait mesurée aux outrages dont ils insulteraient à la faiblesse de ce pauvre dupé ; chacun accourait y toucher du pied ou de la main.

— Voyez l'homme d'honneur, clabaudait cette racaille. Il n'a pourtant pas pû s'empêcher de dire, dès qu'il a reconnu Monsieur, qu'il était attrapé.

Le bon de la comédie, c'est que mon geôlier étant en ses habits de fête, il avait honte de s'avouer marguillier du bourreau, et craignait même, se découvrant, d'être encore mieux battu.

Moi, de mon côté, je pris l'essor durant le plus chaud de la bagarre. J'abandonnai mon salut à mes jambes : elles m'eurent bientôt mis en franchise ; mais, pour mon malheur, la vue que tout le monde recommençait à jeter sur moi me rejeta tout de nouveau dans mes premières alarmes. Si le spectacle de cent guenilles qui, comme un branle de petits gueux, dansaient à l'entour de moi, excitait un bayeur à me regarder, je craignais qu'il ne lût sur mon front que j'étais un prisonnier échappé. Si un passant sortait la main de dessous son manteau, je me le figurais un sergent qui allongeait le bras pour m'arrêter. Si j'en remarquais un autre arpentant le pavé sans me rencontrer des yeux, je me persuadais qu'il feignait de ne m'avoir pas vu, afin de me saisir par derrière. Si j'apercevais un marchand entrer dans sa boutique, je disais : il va décrocher sa hallebarde. Si je rencontrais un quartier plus chargé de peuple qu'à l'ordinaire : tant de monde, pensais-je, ne s'est point assemblé là sans dessein. Si un autre était vide : on est ici prêt à me guetter. Un embarras s'opposait à ma fuite : on a barricadé les rues pour m'enclore. Enfin, ma peur subornant ma raison, chaque homme me semblait un archer, chaque parole, *arrêtez*, et chaque bruit, l'insupportable croassement des verroux de ma prison passée.

Ainsi travaillé de cette terreur panique, je résolus de gueuser encore, afin de traverser sans soupçon le reste de la ville jusqu'à la porte ; mais, de peur qu'on me reconnût à la voix, j'ajoutai à l'exercice de Quaisman, l'adresse de contrefaire le muet. Je m'avance donc vers ceux que j'aperçois qui me regardent ; je pointe un doigt dessous le menton, puis dessus la bouche, et je l'ouvre en bâillant avec un cri non articulé, pour faire entendre, par ma grimace, qu'un pauvre muet demande l'aumône. Tantôt par charité on me donnait un compatissement d'épaule ; tantôt je me sentais fourrer une bribe au poing, et tantôt j'entendais des femmes murmurer : que je pourrais bien, en

Turquie, avoir été de cette façon martyrisé pour la foi. Enfin j'appris que la gueuserie est un grand livre qui nous enseigne les mœurs des peuples, à meilleur marché que tous ces grands voyages de Colomb et de Magellan.

Ce stratagème pourtant ne put encore lasser l'opiniâtreté de ma destinée ni gagner son mauvais naturel : mais à quelle autre invention pouvais-je recourir ? Car de traverser une grande ville comme Toulouse, où mon estampe m'avait fait connaître même aux harengères, bariolé de guenilles aussi bourrues que celles d'un arlequin, n'était-il pas vraisemblable que je serais observé et reconnu incontinent? et que le contre charme de ce danger était le personnage de gueux, dont le rôle se joue sous toute sorte de visages? Et puis, quand cette ruse n'aurait pas été projetée avec toutes les circonspections qui la devaient accompagner, je pense que, parmi tant de funestes conjectures, c'était avoir le jugement bien fort de ne pas devenir insensé.

J'avançais donc chemin, quand tout-à-coup je me sentis obligé de rebrousser arrière ; car mon vénérable geôlier et quelques douzaines d'archers de sa connaissance, qui l'avaient tiré des mains de la racaille, s'étant ameutés et patrouillant toute la ville pour me trouver, se rencontrèrent malheureusement sur mes voies.

D'abord qu'ils m'aperçurent avec leurs yeux de lynx, voler de toute leur force, et moi voler de toute la mienne, fut une même chose. J'étais si légèrement poursuivi, que quelquefois ma liberté sentait dessus mon cou l'haleine des tyrans qui la voulaient opprimer : mais il semblait que l'air qu'ils poussaient en courant derrière moi me poussât devant eux. Enfin le ciel ou la peur me donnèrent quatre ou cinq ruelles d'avance. Ce fut pour lors que mes chasseurs perdirent le vent et les traces, moi la vue et le charivari de cette importune vénerie.

Certes, qui n'a franchi, je dis en original, des agonies semblables, peut difficilement mesurer la joie dont je tressaillis quand je me vis échappé.

Toutefois, parce que mon salut me demandait tout entier, je résolus de ménager bien avaricieusement le temps qu'ils consommaient pour m'atteindre. Je me barbouillai le visage, frottai mes cheveux de poussière, dépouillai mon pourpoint, dévalai mon haut-de-chausse, jetai mon chapeau dans un soupirail, puis, ayant étendu mon mouchoir dessus le pavé et disposé aux coins quatre petits cailloux comme les malades de la contagion, je me couchai vis-à-vis, le ventre contre terre, et d'une voix piteuse je me mis à geindre fort langoureusement.

A peine étais-je là, que j'entendis les cris de cette enrouée populace long-temps avant le bruit de leurs pieds; mais j'eus encore assez de jugement pour me tenir en la même posture, dans l'espérance de n'en être point connu, et je ne fus point trompé, car, me prenant tous pour un pestiféré, ils passèrent fort vite en se bouchant le nez, et jetèrent la plupart un double sur mon mouchoir.

L'orage ainsi dissipé, j'entre sous une allée, je reprends mes habits et m'abandonne encore à la fortune ; mais j'avais tant couru, qu'elle s'était lassée de me suivre. Il le faut bien croire ainsi ; car à force de traverser des places et des carrefours, d'enfiler et couper des rues, cette glorieuse déesse n'étant pas accoutumée de marcher si vite, pour mieux dérober ma route, me laissa choir aveuglément aux mains des archers qui me poursuivaient. A ma rencontre ils foudroyèrent une huée si furieuse, que j'en demeurai sourd. Ils crurent n'avoir point assez de bras pour m'arrêter ; ils employèrent les dents, et ne s'assuraient pas encore de me tenir ; l'un me traînait par les cheveux, un autre par le collet, pendant que les moins passionnés me fouillaient. La quête fut plus heureuse que celle de la prison, ils trouvèrent le reste de mon or.

Comme ces charitables médecins s'occupaient à guérir l'hydropisie de ma bourse, un grand bruit s'éleva, toute la place retentit de ces mots : *tue ! tue !* et en même temps je vis briller des épées. Ces Messieurs, qui me traînaient, crièrent que c'étaient les archers du Grand Prévôt qui leur voulaient dérober cette capture.

— Mais prenez garde, me dirent-ils, me tirant plus fort qu'à l'ordinaire, de choir entre leurs mains, car vous seriez condamné en vingt-quatre heures, et le roi ne vous sauverait pas.

A la fin, pourtant, effrayés eux-mêmes du chamaillis qui commençait à les atteindre, ils m'abandonnèrent si universellement, que je demeurai tout seul au milieu de la rue, pendant que les agresseurs faisaient boucherie de tout ce qu'ils rencontraient. Je vous laisse à penser si je pris la fuite, moi qui avais également à craindre l'un et l'autre parti.

En peu de temps je m'éloignai de la bagarre ; mais comme déjà je demandais le chemin de la porte, un torrent de peuple, qui fuyait la mêlée, dégorgea dans ma rue ; ne pouvant résister à la foule, je la suivis ; et me fâchant de courir si longtemps, je gagnai à la fin une petite porte fort sombre, où je me jetai pêle-mêle avec d'autres fuyards ; nous la bâclâmes dessus nous ; puis, quand tout le monde eut repris haleine :

— Camarades, dit un de la troupe, si vous m'en croyez, passons les deux guichets et tenons fort dans le préau.

Ces épouvantables paroles frappèrent mes oreilles d'une douleur si surprenante que je pensai tomber mort sur la place. Hélas ! tout aussitôt, mais trop tard, je m'aperçus qu'au lieu de me sauver dans un asile, comme je croyais, j'étais venu moi-même me jeter en prison, tant il est impossible d'échapper à la vigilance de son étoile. Je considérai cet homme plus attentivement, et je le reconnus pour un des archers qui m'avaient si longtemps couru : la sueur froide m'en monta au front, et je devins pâle prêt à m'évanouir.

Ceux qui me virent si faible, émus de compassion, demandèrent de l'eau ; chacun s'approcha pour me secourir, et, par malheur, ce maudit archer fut des plus hâtés : il n'eut pas jeté les yeux sur moi, qu'aussitôt il me reconnut. Il fit signe à ses compagnons, et en même temps on me salua d'un : *Je vous fais pri-*

sonnier de par le roi : il ne fallut pas aller plus loin pour m'écrouer.

Je demeurai dans la morgue jusqu'au soir, où chaque guichetier, l'un après l'autre, par une exacte dissection des parties de son visage, venait tirer mon tableau sur la toile de sa mémoire.

A sept heures sonnantes, le bruit d'un trousseau de clefs donna le signal de la retraite. On me demanda si je voulais être conduit à la chambre d'une pistole ; je répondis d'un baissement de tête.

— De l'argent donc, me répliqua ce guide.

Je connus bien que j'étais en lieu où il m'en faudrait avaler bien d'autres : c'est pourquoi je le priai, en cas que sa courtoisie ne pût se résoudre à me faire crédit jusqu'au lendemain, qu'il demandât, de ma part, au geôlier de me rendre la monnaie qu'on m'avait prise.

— Ho ! par ma foi, répondit ce maraud, notre maître a bon cœur, il ne rend rien. Est-ce donc que pour votre beau nez..... Hé, allons, allons aux cachots noirs.

En achevant ces paroles, il me montra le chemin par un grand coup de son trousseau de clefs, la pesanteur duquel me fit culbuter et griller du haut en bas d'une montée obscure, jusqu'au pied d'une porte qui m'arrêta ; encore n'aurais-je pas reconnu que c'en était une, sans l'éclat du choc dont je la heurtai, car je n'avais plus mes yeux, ils étaient demeurés au haut de l'escalier, sous la figure d'une chandelle que tenait à quatre-vingts marches au-dessus de moi mon bourreau de conducteur. Enfin, cet homme tigre, *pian piano* descendu, démêla trente grosses serrures, décrocha autant de barres, et le guichet seulement entrebâillé, d'une secousse de genou il m'engouffra dans cette fosse, dont je n'eus pas le temps de remarquer toute l'horreur, tant il retira vite après lui la porte.

Je demeurai dans la bourbe jusqu'au genou. Si je pensais gagner le bord, j'enfonçais jusqu'à la ceinture : le gloussement terrible des crapauds qui pataugeaient dans la vase, me faisait souhaiter d'être sourd ; je sentais des lézards monter le long de mes cuisses, des couleuvres m'entortiller le cou, et j'en entrevis une, à la sombre clarté de ses prunelles étincelantes, qui, de sa gueule toute noire de venin, dardait une langue à trois pointes, dont la brusque agitation paraissait une foudre où ses regards mettaient le feu.

D'exprimer le reste, je ne puis ; il surpasse toute créance, et puis je n'ose tâcher à m'en ressouvenir, tant je crains que la certitude où je pense être d'avoir franchi ma prison, ne soit un songe duquel je me vais éveiller.

L'aiguille avait marqué dix heures au cadran de la grosse tour avant que personne eût frappé à mon tombeau ; mais environ ce temps-là, comme déjà la douleur d'une amère tristesse commençait à me serrer le cœur et désordonner ce juste accord qui fait la vie, j'entendis une voix laquelle m'avertissait de saisir la perche qu'on me présentait. Après avoir, parmi l'obscurité, tâtonné l'air assez longtemps pour la trouver, j'en rencontrai un bout ; je le pris tout ému, et mon geôlier, tirant l'autre à la fois, me pêcha du milieu de ce marécage.

Je me doutai que mes affaires avaient pris une autre face ; car il me fit de profondes civilités, ne me parla que la tête nue, et me dit que cinq ou six personnes de condition attendaient dans la cour pour me voir : il n'est pas jusqu'à cette bête sauvage qui m'avait enfermé dans la cave que je vous ai décrite, lequel eut l'impudence de m'aborder : avec un genou en terre m'ayant baisé les mains, de l'une de ses pattes il m'ôta quantité de limaçons qui s'étaient collés à mes cheveux, et de l'autre il fit choir un gros tas de sangsues dont j'avais le visage masqué. Après cette admirable courtoisie :

— Au moins, me dit-il, mon bon seigneur, vous vous souviendrez de la peine et du soin qu'a pris auprès de vous le gros Nicolas. Pardi, écoutez, quand c'eût été pour le roi, ce n'est pas pour vous le reprocher déa.

Outré de l'effronterie du maraud, je lui fis signe que je m'en souviendrais.

Par mille détours effroyables j'arrivai enfin à la lumière, et puis dans la cour ; aussitôt que je fus entré, deux hommes me saisirent, que d'abord je ne pus connaître, à cause qu'ils s'étaient jetés sur moi en même temps et me tenaient l'un et l'autre la face attachée contre la mienne.

Je fus longtemps sans les deviner, mais les transports de leur amitié prenant un peu de trêve, je reconnus mon cher Colignac et le brave marquis. Colignac avait le bras en écharpe, et Cussan fut le premier qui sortit de son extase.

— Hélas, dit-il, nous n'aurions jamais soupçonné un tel désastre, sans votre coureur et le mulet qui sont arrivés cette nuit aux portes de mon château : leur poitrail, leurs sangles, leur croupière, tout était rompu, et cela nous a fait présager quelque chose de votre malheur. Nous sommes montés aussitôt à cheval, et n'avons pas cheminé deux ou trois lieues vers Colignac, que tout le pays, ému de cet accident, nous en a particularisé les circonstances. Au galop en même temps nous avons donné jusqu'au bourg où vous étiez en prison : mais y ayant appris votre évasion, sur le bruit qui courait que vous aviez tourné du côté de Toulouse, avec ce que nous avions de nos gens nous y sommes venus à toute bride. Le premier à qui nous avons demandé de vos nouvelles nous a dit qu'on vous avait repris. En même temps nous avons poussé nos chevaux vers cette prison, mais d'autres gens nous ont affirmé que vous vous étiez évanoui de la main des sergents; et comme nous avancions toujours chemin, des bourgeois se contaient l'un à l'autre que vous étiez devenu invisible. Enfin, à force de prendre langue, nous avons su qu'après vous avoir pris, perdu et repris, je ne sais combien de fois, on vous menait à la prison de la grosse tour. Nous avons coupé chemin à vos archers, et d'un bonheur plus apparent que véritable nous les avons rencontrés en tête; attaqués, combattus et mis en fuite; mais nous n'avons pu apprendre des blessés mêmes que nous avons pris ce que vous étiez devenu, jusqu'à ce matin qu'on est venu dire que vous étiez aveuglément venu vous-même vous sauver en prison. Colignac est blessé en plusieurs endroits, mais fort légèrement. Du reste, nous venons de mettre ordre que vous fussiez logé dans la plus belle chambre d'ici. Comme vous aimez le grand air, nous avons fait meubler un petit appartement pour vous seul tout au haut de la grosse tour, dont la terrasse vous servira de balcon; vos yeux du moins seront en liberté malgré le corps qui les attache.

— Ha! mon cher Dyrcona, s'écria le comte, prenant alors la parole, nous fûmes bien malheureux de ne pas t'emmener, quand nous partîmes de Colignac. Mon cœur, par une tristesse aveugle dont j'ignorais la cause, me prédisait je ne sais quoi d'épouvantable : mais n'importe, j'ai des amis, tu es innocent, et en tout cas je sais fort bien comment on meurt glorieusement. Une seule chose me désespère : le maraud sur lequel je voulais essayer les premiers coups de ma vengeance, tu conçois bien que je parle de mon curé, n'est plus en état de la ressentir : ce misérable a rendu l'âme. Voici le détail de sa mort. Il courait avec son serviteur pour chasser ton coureur dans son écurie, quand ce cheval, d'une fidélité par qui peut-être les secrètes lumières de son instinct ont redoublé, tout fougueux se mit à ruer, mais avec tant de force et de succès, qu'en trois coups de pied, contre qui la tête de ce buffle échoua, il fit vaquer son bénéfice. Tu ne comprends pas, sans doute, les causes de la haine de cet insensé, mais je te les veux découvrir. Sache donc, pour prendre l'affaire de plus haut, que ce saint homme, Normand de nation, et chicaneur de son métier, qui desservait selon l'argent des pélerins une chapelle abandonnée, jeta un dévolu sur la cure de Colignac; et que, malgré tous mes efforts pour maintenir le possesseur dans son bon droit, le drôle patelina si bien ses juges, qu'à la fin, malgré nous, il fut notre pasteur. Au bout d'un an il me plaida aussi, sur ce qu'il entendait que je payasse la dîme. On eut beau lui représenter que de temps immémorial ma terre était franche, il ne laissa pas d'intenter son procès, qu'il perdit; mais dans les procédures il fit naître tant d'incidents, qu'à force de pulluler, plus de vingt autres procès ont germé de celui-là, qui demeureront au croc, grâce au cheval dont le pied s'est trouvé plus dur que la cervelle de M. Jean : voilà tout ce que je puis conjecturer du vertigo de notre pasteur. Mais admirez avec quelle prévoyance il conduisait sa rage : on me vient d'assurer que s'étant mis en tête le malheureux dessein de ta prison, il avait secrètement permuté la cure de Colignac contre une autre cure en son pays, où il s'attendait de se retirer aussitôt que tu serais pris. Son serviteur a dit, que voyant ton cheval près de son écurie, il lui avait entendu murmurer que c'était de quoi le mener en lieu où on ne l'atteindrait pas.

Ensuite de ce discours, Colignac m'avertit de me défier des offres et des visites que me rendrait peut-être une personne très-puissante qu'il me nomma; que c'était par son crédit que messire Jean avait gagné le procès du dévolu, et que cette personne de qualité avait sollicité l'affaire pour lui, en paiement des services que ce bon prêtre, au temps qu'il était cuistre, avait rendu au collége à son fils.

— Or, continua Colignac, comme il est bien mal aisé de plaider sans aigreur, et sans qu'il reste à l'âme un caractère d'inimitié qui ne s'efface plus, encore qu'on nous ait rapatriés, il a toujours depuis cherché secrètement les occasions de me traverser. Mais, il n'importe, j'ai plus de parents que lui dans la robe, et ai beaucoup d'amis, ou, tout au pis, nous saurons y interposer l'autorité royale.

Après que Colignac eut dit, ils tâchèrent l'un et l'autre de me consoler; mais ce fut par les témoignages d'une douleur si tendre que la mienne s'en augmenta.

Sur ces entrefaites, mon geôlier nous vint retrouver pour nous avertir que la chambre était prête.

— Allons la voir, répondit Cussan.

Il marcha, et nous le suivîmes. Je la trouvai fort ajustée.

— Il ne manque rien, leur dis-je, sinon des livres.

Colignac me promit de m'envoyer dès le lendemain tous ceux dont je lui donnerais la liste.

Quand nous eûmes bien considéré et bien reconnu, par la hauteur de ma tour, par les fossés à fond de cuve qui l'environnaient, et par toutes les dispositions de mon appartement, que de me sauver était une entreprise hors du pouvoir humain, mes amis, se regardant l'un l'autre, et puis jetant les yeux sur moi, se mirent à pleurer. Mais, comme si tout-à-coup notre douleur eût fléchi la colère du ciel, une soudaine joie attira l'espérance, et l'espérance de secrètes lumières, dont ma raison se trouva tellement éblouie, que, d'un emportement contre ma volonté qui me semblait ridicule à moi-même :

— Allez, leur dis-je, allez m'attendre à Colignac, j'y serai dans trois jours, et envoyez-moi tous les instruments de mathématiques dont je travaille ordinairement. Au reste, vous trouverez dans une grande boîte force cristaux taillés de diverses façons, ne les oubliez pas. Toutefois, j'aurai plus tôt fait de spécifier dans un mémoire les choses dont j'ai besoin.

Ils se chargèrent du billet que je leur donnai, sans pouvoir pénétrer mon intention : après quoi je les congédiai.

Depuis leur départ, je ne fis que ruminer à l'exécution des choses que j'avais préméditées, et j'y ruminais encore le lendemain, quand on m'apporta de leur part tout ce que j'avais marqué au catalogue. Un valet de chambre de Colignac me dit qu'on n'avait point vu son maître depuis le jour précédent, et qu'on ne savait ce qu'il était devenu. Cet accident ne me troubla point, parce qu'aussitôt il me vint à la pensée qu'il serait possible allé en cour solliciter ma sortie ; c'est pourquoi, sans m'étonner, je mis la main à l'œuvre. Huit jours durant, je charpentai, je rabotai, je collai, enfin je construisis la machine que je vous vais décrire :

Ce fut une grande boîte, fort légère, et qui fermait fort juste ; elle était haute de six pieds ou environ, et large de trois à quatre ; cette boîte était trouée par le bas ; et par-dessus la voûte, qui l'était aussi, je posai un vaisseau de cristal troué de même, fait en globe, mais fort ample, dont le goulot aboutissait justement et s'enchâssait dans le pertuis que j'avais pratiqué au chapiteau.

Le vase était construit exprès à plusieurs angles et en forme d'icosaèdre, afin que chaque facette étant convexe et concave, ma boule produisît l'effet d'un miroir ardent.

Le geôlier ni ses guichetiers ne montaient jamais à ma chambre, qu'ils ne me rencontrassent occupé à ce travail; mais ils ne s'en étonnaient point, à cause de toutes les gentillesses de mécanique qu'ils voyaient dans ma chambre, dont je me disais l'inventeur. Il y avait entre autres une horloge à vent, un œil artificiel avec lequel on voit la nuit, une sphère où les astres suivent le mouvement qu'ils ont dans le ciel : tout cela leur persuadait que la machine où je travaillais était une curiosité semblable; et puis l'argent, dont Colignac leur graissait les mains, les faisait marcher doux en beaucoup de pas difficiles.

Or, il était neuf heures du matin, mon geôlier était descendu et le ciel était obscurci, quand j'exposai cette machine au sommet de la tour, c'est-à-dire au lieu le plus découvert de ma terrasse. Elle fermait si close, qu'un seul grain d'air, hormis par les deux ouvertures, ne s'y pouvait glisser; et j'avais emboîté par dedans un petit ais fort léger qui servait à m'asseoir.

Tout cela disposé de la sorte, je m'enfermai dedans et j'y demeurai près d'une heure, attendant ce qu'il plairait à la fortune d'ordonner de moi.

Quand le Soleil, débarrassé de nuages, commença d'éclairer ma machine, cet icosaèdre transparent, qui recevait à travers ses facettes les trésors du Soleil, en répandait par le bocal la lumière dans ma cellule, et comme cette splendeur s'affaiblissait à cause des rayons qui ne poûvaient se replier jusqu'à moi sans se rompre beaucoup de fois, cette vigueur de clarté tempérée convertissait ma châsse en un petit ciel de pourpre émaillé d'or.

J'admirais avec extase la beauté d'un coloris si mélangé, et voici que, tout-à-coup, je sens mes entrailles émues, de la même façon que les sentirait tressaillir quelqu'un enlevé par une poulie.

J'allais ouvrir mon guichet, pour connaître la cause de cette émotion ; mais, comme j'avançais la main, j'aperçus, par les trous du plancher de ma boîte, ma tour déjà fort basse au-dessous de moi ; et mon petit château en l'air, poussant mes pieds contre-mont, me fit voir en un tournemain Toulouse qui s'enfonçait en terre. Ce prodige m'étonna, non point à cause d'un essor si subtil, mais à cause de cet épouvantable emportement de la raison humaine, au succès d'un dessein qui m'avait même effrayé en l'imaginant.

Le reste ne me surprit pas ; car j'avais bien pourvu que le vide qui surviendrait dans l'icosaèdre, à cause des rayons unis du Soleil par les verres concaves, attirerait pour le remplir une furieuse abondance d'air, dont ma boîte serait enlevée, et qu'à mesure que je monterais, l'horrible vent qui s'engouffrerait par le trou ne pourrait s'élever jusqu'à la voûte ;

qu'en pénétrant cette machine avec furie il ne la poussât en haut.

Quoique mon dessein fut digéré avec beaucoup de précaution, une circonstance, toutefois, me trompa, pour n'avoir pas assez espéré de la vertu de mes miroirs. J'avais disposé autour de ma boîte une petite voile facile à contourner avec une ficelle, dont je tenais le bout qui passait par le bocal du vase; car je m'étais imaginé qu'ainsi quand je serais en l'air, je pourrais prendre autant de vent qu'il m'en faudrait pour arriver à Colignac; mais, en un clin-d'œil, le Soleil, qui battait à plomb et obliquement sur les miroirs ardents de l'icosaèdre, me guinda si haut, que je perdis Toulouse de vue. Cela me fit abandonner ma ficelle, et, fort peu de temps après, j'aperçus, par une des vitres que j'avais pratiquées aux quatre côtés de la machine, ma petite voile arrachée qui s'envolait au gré d'un tourbillon entonné dedans.

Je me souviens qu'en moins d'une heure je me trouvai au-dessus de la moyenne région; je m'en aperçus bientôt, parce que je voyais grêler et pleuvoir plus bas que moi. On me demandera peut-être d'où venait alors ce vent, sans lequel ma boîte ne pouvait monter dans un étage du ciel exempt de météores; mais, pourvu qu'on m'écoute, je satisferai à cette objection.

Je vous ai dit que le Soleil, qui battait vigoureusement sur mes miroirs concaves, unissant les rayons dans le milieu du vase, chassait avec son ardeur, par le tuyau d'en haut, l'air dont il était plein; et qu'ainsi le vase demeurant vide, la nature qui faisait rehumer par l'ouverture basse d'autre air pour se remplir, s'il en perdait beaucoup il en recouvrait autant; et de cette sorte on ne doit pas s'étonner que, dans une région au-dessus de la moyenne où sont les vents, je continuasse de monter, parce que l'éther devenait vent, par la furieuse vitesse avec laquelle il s'engouffrait pour empêcher le vide, et devait, par conséquent, pousser sans cesse ma machine.

Je ne fus pas quasi travaillé de la faim, hormis lorsque je traversai cette moyenne région; car véritablement la froideur du climat me la fit voir de loin; je dis de loin, à cause qu'une bouteille d'essence que je portais toujours, dont j'avalai quelques gorgées, lui défendit d'approcher.

Pendant tout le reste de mon voyage, je n'en sentis aucune atteinte; au contraire, plus j'avançais vers ce monde enflammé, plus je me trouvais robuste. Je sentais mon visage un peu chaud et plus gai qu'à l'ordinaire, mes mains paraissaient plus colorées d'un vermeil agréable, et je ne sais quelle joie coulait parmi mon sang, qui me faisait être au-delà de moi.

Il me souvient que, réfléchissant sur cette aventure, je raisonnai une fois ainsi : la faim, sans doute, ne me saurait atteindre, à cause que cette douleur n'étant qu'un instinct de nature avec lequel elle oblige les animaux à réparer par l'aliment ce qui se perd de leur substance, aujourd'hui qu'elle sent que le Soleil, par sa pure, continuelle et voisine irradiation, me fait plus réparer de chaleur radicale que je n'en perds, elle ne me donne plus cette envie qui me serait inutile. J'objectais pourtant à ces raisons, que puisque le tempérament qui fait la vie consistait non-seulement en chaleur naturelle, mais en humide radical, où ce feu se doit attacher comme la flamme à l'huile d'une lampe, les rayons seuls de ce brasier vital ne pouvaient faire l'âme, à moins de rencontrer quelque matière onctueuse qui les fixât; mais tout aussitôt je vainquis cette difficulté après avoir pris garde que dans nos corps l'humide radical et la chaleur naturelle ne sont rien qu'une même chose; car ce que l'on appelle humide, soit dans les animaux, soit dans le Soleil, cette grande âme du monde, n'est qu'une fluxion d'étincelles plus continues, à cause de leur mobilité, et ce que l'on nomme chaleur est une bruine d'atomes de feu qui paraissent moins déliés à cause de leur interruption; mais quand l'humide et la chaleur radicale seraient deux choses distinctes, il est constant que l'humide ne serait pas nécessaire pour vivre si proche du Soleil; car, puisque cet humide ne sert dans les vivants que pour arrêter la chaleur qui s'exhalait trop vite, et ne serait pas réparée assez tôt, je n'avais garde d'en manquer dans une région où de ces petits corps de flammes qui font la vie il s'en réunissait davantage à mon être qu'il ne s'en détachait.

Une autre chose peut causer de l'étonnement, à savoir : pourquoi les approches de ce globe ardent ne me consumaient pas, puisque j'avais presque atteint la pleine activité de sa sphère ; mais en voici la raison : ce n'est point, à proprement parler, le feu même qui brûle, mais une matière plus grosse, que le feu pousse çà et là par les élans de sa nature mobile; et cette poudre de bluettes, que je nomme feu, par elle-même mouvante, tient possible toute son action de la rondeur de ses atomes; car ils chatouillent, échauffent ou brûlent, selon la figure des corps qu'ils traînent avec eux. Ainsi, la paille ne jette pas une flamme si ardente que le bois, le bois brûle avec moins de violence que le fer, et cela procède de ce que le feu de fer, de bois et de paille, quoique en soi le même feu, agit toujours diversement selon la diversité des corps qu'il remue : c'est pourquoi, dans la paille, le feu, — cette poussière quasi spirituelle, — n'étant embarrassé qu'avec un corps mou, il est moins corrosif; dans le bois, dont la substance est plus compacte, il entre plus durement; et dans le fer, dont la masse est presque tout-à-fait solide et liée de parties angulaires, il pénètre et consume ce qu'on y jette en un tournemain.

Toutes ces observations étant si familières, on ne s'étonnera point que j'approchasse du Soleil sans être brûlé, puisque ce qui brûle n'est pas feu, mais la matière où il est attaché, et que le feu du Soleil ne peut-être mêlé d'aucune matière.

N'expérimentons-nous pas même que la joie, qui est un feu, parce qu'il ne remue qu'un sang aérien, dont les particules fort déliées glissent doucement contre les membranes de notre chair, chatouille et fait naître je ne sais quelle aveugle volupté; et que cette volupté ou, pour mieux dire, ce premier progrès de douleur, n'arrivant pas jusqu'à menacer l'animal de mort, mais jusqu'à lui faire sentir que l'envie cause un mouvement à nos esprits, que nous appelons joie.

Ce n'est pas que la fièvre, encore qu'elle ait des accidents tout contraires, ne soit un feu aussi bien que la joie, mais c'est un feu enveloppé dans un corps, dont les grains sont cornus, tel qu'est la bile âtre, ou la mélancolie, qui, venant à darder ses pointes crochues partout où sa nature mobile le promène, perce, coupe, écorche, et produit, par cette agition, ce qu'on appelle ardeur de fièvre.

Mais cette enchaînure de preuves est fort inutile; les expériences les plus vulgaires suffisent pour convaincre les aheurtés. Je n'ai pas de temps à perdre, il faut penser à moi : je suis, à l'exemple de Phaéton, au milieu d'une carrière où je ne saurais rebrousser, et dans laquelle, si je fais un faux pas, toute la nature ensemble n'est pas capable de me secourir.

Je connus très distinctement, comme autrefois j'avais soupçonné en montant à la Lune, qu'en effet c'est la Terre qui tourne d'orient en occident à l'entour du Soleil, et non pas le Soleil autour d'elle; car je voyais ensuite de la France le pied de la botte d'Italie, puis la mer Méditéranée, puis la Grèce, puis le Bosphore, le Pont-Euxin, la Perse, les Indes, la Chine et enfin le Japon, passer successivement vis-à-vis du trou de ma loge; et, quelques heures après mon élévation, toute la mer du Sud ayant tourné, laissa mettre à sa place le continent de l'Amérique.

Je distinguai clairement toutes ces révolutions, et je me souviens même que, longtemps après, je vis encore l'Europe remonter une fois sur la scène, mais je n'y pouvais plus remarquer séparément les Etats à cause de mon exaltation qui devint trop haute. Je laissai sur ma route, tantôt à gauche, tantôt à droite, plusieurs terres comme la nôtre, ou pour peu que j'atteignisse les sphères de leur activité, je me sentais fléchir : toutefois la rapide vigueur de mon essor surmontait celle de ces attractions.

Je cotoyai la Lune, qui pour lors se trouvait entre le Soleil et la Terre, et je laissai Vénus à main droite. Mais, à propos de cette étoile, la vieille astronomie a tant prêché que les planètes sont des astres qui tournent à l'entour de la Terre, que la moderne n'oserait en douter ; et je remarquai toutefois, que durant tout le temps que Vénus parut au-deçà du Soleil, à l'entour duquel elle tourne, je la vis toujours en croissant; mais achevant son tour, j'observai qu'à mesure qu'elle passa derrière, ses cornes se rapprochèrent et son ventre noir se redora. Or, cette vicissitude de lumières et de ténèbres montre bien évidemment que les planètes sont comme la Lune et la Terre, des globes sans clarté qui ne sont capables que de réfléchir celle qu'ils empruntent.

En effet, à force de monter, je fis encore la même observation de Mercure. Je remarquai de plus que tous ces mondes ont encore d'autres petits mondes qui se meuvent à l'entour d'eux.

Rêvant depuis aux causes de la construction du grand univers, je me suis imaginé qu'au débrouillement du cahos, après que Dieu eût créé la matière, les corps semblables se joignirent par ce principe d'amour inconnu, avec lequel nous expérimentons que toute chose cherche son pareil. Des particules formées de certaine façon s'assemblèrent, et cela fit l'air : d'autres, à qui la figure donna possible un mouvement circulaire, composèrent en se liant les globes qu'on appelle astres, qui, non-seulement à cause de certaine inclination de pirouetter sur leurs pôles, à laquelle leur figure les nécessite, ont dû s'amasser en rond, comme nous le voyons, mais ont dû même, s'évaporant de la masse et cheminant dans leur suite d'une allure semblable, faire tourner les orbes moindres qui se rencontraient dans la sphère de leur activité ; c'est pourquoi Mercure, Vénus, la Terre, Mars, Jupiter et Saturne, ont été contraints de pirouetter et rouler tout ensemble à l'entour du Soleil.

Ce n'est pas qu'on se puisse imaginer qu'autrefois tous ces autres globes n'aient été des soleils, puisqu'il reste encore à la Terre, malgré son extinction présente, assez de chaleur pour faire tourner la Lune autour d'elle, par le mouvement circulaire des corps qui se déprennent de sa masse, et qu'il en reste assez à Jupiter pour en faire tourner quatre.

Mais ces soleils, à la longueur du temps, ont fait une perte de lumière et de feu si considérable, par l'émission continuelle des petits corps qui font l'ardeur et la clarté, qu'ils sont demeurés un marc froid, ténébreux et presque impuissant. Nous découvrons même que ces taches qui sont au Soleil, dont les anciens ne s'étaient point aperçus, croissent de jour en jour ; or, que sait-on si ce n'est point une croûte qui se forme en sa superficie, sa masse qui s'éteint à mesure que la lumière s'en déprend ; et s'il ne deviendra point, quand tous ces corps mobiles l'auront abandonné, un globe opaque comme la Terre ?

Il y a des siècles fort éloignés, au-delà desquels il ne paraît aucun vestige du genre humain. Peut-être qu'auparavant la Terre était un Soleil peuplé d'animaux proportionnés au climat qui les avait produits : et peut-être que ces animaux-là étaient les démons de qui l'antiquité raconte tant d'exemples. Pourquoi non ? Ne se peut-il pas faire que ces animaux, depuis l'extinction de la terre, y ont encore habité quelque temps et que l'altération de leur globe n'en avait pas détruit encore toute la race ? En effet, leur vie a duré jusqu'à celle d'Auguste, au témoignage de Plutarque. Il semble même que le Testament prophétique et sacré de nos premiers patriarches nous ait voulu conduire à cette vérité par la main ; car on lit, auparavant qu'il soit parlé de l'homme, la révolte des anges. Cette suite de temps, que l'Ecriture observe, n'est-elle pas comme une demi-preuve que les anges ont habité la terre avant nous ? et que ces orgueilleux qui avaient habité notre monde, du temps qu'il était Soleil, dédaignant peut-être, depuis qu'il fut éteint, d'y continuer leur demeure, et sachant que Dieu avait posé son trône dans le Soleil, osèrent entreprendre de l'occuper ? Mais Dieu, qui voulut punir leur audace, les chassa même de la Terre, et créa l'homme moins parfait, mais par conséquent moins superbe, pour occuper leurs places vides.

Environ au bout de quatre mois de voyage, du moins autant qu'on saurait supputer, quand il n'arrive point de nuit pour distinguer le jour, j'abordai une de ces petites terres qui voltigent à l'entour du Soleil, que les mathématiciens appellent des macules, où, à cause des nuages interposés, mes miroirs ne réunissant plus tant de chaleur, et l'air, par conséquent, ne poussant plus ma cabane avec tant de vigueur, ce qui resta de vent ne fut capable que de soutenir ma chute et me descendre sur la pointe d'une fort haute montagne où je me baissai doucement.

Je vous laisse à penser la joie que je sentis de voir mes pieds sur un plancher solide, après avoir si longtemps joué le personnage d'oiseau. En vérité, des paroles sont faibles pour exprimer l'épanouissement dont je tressaillis, lorsqu'enfin j'aperçus ma tête couronnée de la clarté des cieux. Cet extase pourtant ne me transporta pas si fort que je ne songeasse, au sortir de ma boîte, à couvrir son chapiteau avec ma chemise avant de m'éloigner, parce que j'appréhendais, si l'air devenant serein, le Soleil eût rallumé mes miroirs, comme il était vraisemblable, de ne plus trouver ma maison.

Par des crevasses, que des ruines d'eau témoignaient avoir creusées, je dévalai dans la plaine, où, pour l'épaisseur du limon dont la terre était grasse, je ne pouvais quasi marcher; toutefois, au bout de quelque espace de chemin, j'arrivai dans une fondrière où je rencontrai un petit homme tout nu, assis sur une pierre, qui se reposait. Je ne me souviens pas si je lui parlai le premier, ou si ce fut lui qui m'interrogea ; mais j'ai la mémoire toute fraîche, comme si je l'écoutais encore, qu'il me discourut pendant trois grosses heures en une langue que je sais bien n'avoir jamais ouïe, et qui n'a aucun rapport avec pas une de ce monde-ci, laquelle toutefois je compris plus vite et plus intelligiblement que celle de ma nourrice.

Il m'expliqua, quand je me fus enquis d'une chose si merveilleuse, que dans les sciences il y avait un vrai, hors lequel on était toujours éloigné du facile ; que plus un idiome s'éloignait de ce vrai, plus il se rencontrait au-dessous de la conception et de moins facile intelligence :

— De même, continua-t-il, dans la musique ce vrai ne se rencontre jamais, que l'âme aussitôt soulevée ne s'y porte aveuglément. Nous ne le voyons pas, mais nous sentons que la nature le voit ; et sans pouvoir comprendre en quelle sorte nous en sommes absorbés, il ne laisse pas de nous ravir, et si nous ne saurions remarquer où il est. Il en va des langues tout de même : qui rencontre cette vérité de lettres, de mots, et de suite, ne peut jamais en s'exprimant tomber au-dessous de sa conception, il parle toujours égal à sa pensée ; et c'est pour n'avoir pas eu la connaissance de ce parfait idiome, que vous demeurez court, ne connaissant pas l'ordre ni les paroles qui puissent expliquer ce que vous imaginez.

Je lui dis que le premier homme de notre monde s'était indubitablement servi de cette langue, parce que chaque nom qu'il avait imposé à chaque chose déclarait son essence.

Il m'interrompit et continua.

— Elle n'est pas simplement nécessaire pour exprimer tout ce que l'esprit conçoit, mais, sans elle, on ne peut pas être entendu de tous. Comme cet idiome est l'instinct ou la voix de la nature, il doit être intelligible à tout ce qui vit sous le ressort de la nature : c'est pourquoi, si vous en aviez l'intelligence, vous pourriez communiquer et discourir de toutes vos pensées aux bêtes, et les bêtes à vous de toutes les leurs, à cause que c'est le langage même de la nature, par qui elle se fait entendre à tous les animaux. Que la facilité donc avec laquelle vous entendez le sens d'une langue qui ne sonna jamais à votre ouïe, ne vous étonne plus. Quand je parle, votre âme rencontre, dans chacun de mes mots, ce vrai qu'elle cherche à tâtons, et quoique sa raison ne l'entende pas, elle a chez soi nature qui ne saurait manquer de l'entendre.

— Ha ! c'est sans doute, m'écriai-je, par l'entremise de cet énergique idiome, qu'autrefois notre premier père conversait avec les animaux et qu'il était entendu d'eux ; car comme la domination sur toutes les espèces lui avait été donnée, elles lui obéissaient, parce qu'il les faisait obéir en une langue qui leur était connue ; et c'est aussi pour cela, cette langue matrice étant perdue, qu'elles ne viennent point aujourd'hui comme jadis, quand nous les appelons, à cause qu'elles ne nous entendent plus.

Le petit homme ne fit pas semblant de me vouloir répondre, mais, reprenant le fil de son discours, il allait continuer, si je ne l'eusse interrompu encore une fois. Je lui demandai donc en quel monde nous respirions, s'il était beaucoup habité, et quelle sorte de gouvernement maintenait leur police.

— Je vais, répliqua-t-il, vous étaler des secrets qui ne sont point connus en votre climat. Regardez bien la terre où nous marchons ; elle était, il n'y a guère, une masse indigeste et brouillée, un cahos de matière confuse, une crasse noire et gluante, dont le Soleil s'était purgé. Or, après que, par la vigueur des rayons qu'il dardait contre, il a eu mêlé, pressé et rendu compactes ces nombreux nuages d'atomes ; après, dis-je, que, par une longue et puissante coction, il a eu séparé dans cette boule les corps les plus contraires et réuni les plus semblables, cette masse, outrée de chaleur, a tellement sué, qu'elle a fait un déluge qui l'a couverte plus de quarante jours ; car il fallait bien à tant d'eau cet espace de temps pour s'écouler aux régions les plus penchantes et les plus basses de notre globe. De ces torrents d'humeur assemblée, il s'est formé la mer, qui témoigne encore, par son sel, que ce doit être un amas de sueur, toute sueur étant salée. Ensuite de la retraite des eaux, il est demeuré sur la terre une bourbe grasse et féconde, où, quand le Soleil eut rayonné, il s'éleva comme une ampoule qui ne put, à cause du froid, pousser son germe dehors. Elle reçut donc une autre coction, et cette coction la rectifiant encore et la perfectionnant par un mélange plus exact, elle rendit ce germe, qui n'était en puissance que de végéter, capable de sentir ; mais, parce que les eaux, qui avaient si longtemps croupi sur le limon, l'avaient morfondu, la bube ne se creva point; de sorte que le Soleil la recuisit encore une fois; et, après une troisième digestion, cette matière étant si fort échauffée que le froid n'apportait plus d'obstacle à son accouchement, elle s'ouvrit et enfanta un homme, lequel a retenu dans le foie, qui est le siége de l'âme végétative et l'endroit de la première coction, la puissance de croître; dans le cœur, qui est le siége de l'activité et la place de la seconde coction, la puissance vitale, et dans le cerveau, qui est le siége de l'intellectuelle et le lieu de la troisième coction, la puissance de raisonner. Sans cela, pourquoi serions-nous plus longtemps dans le ventre de nos mères que tout le reste des animaux, si ce n'était qu'il faut que notre embryon reçoive trois coctions distinctes, pour former les trois facultés différentes de notre âme, et les bêtes seulement deux, pour former les deux puissances ? Je sais bien que le cheval ne s'achève qu'en dix, douze ou quatorze mois au ventre de la jument. Comme il est d'un tempérament si contraire à celui qui nous fait hommes, que jamais il n'a vie qu'aux mois, remarquez, tout-à-fait antipathiques à la nôtre, quand nous restons dans la matrice outre le cours naturel, ce n'est pas merveille que ce période de temps, dont nature a besoin pour délivrer une jument, soit autre que celui qui fait accoucher une femme. Oui; mais enfin, dira quelqu'un, le cheval demeure plus de temps que nous au ventre de sa mère, et, par conséquent, il y reçoit des coctions ou plus parfaites ou plus nombreuses. Je réponds qu'il ne s'en suit pas; car, sans m'appuyer des observations que tant de doctes ont fait sur l'énergie des nombres, quand ils prouvent que toute matière étant en mouvement, certains êtres s'achèvent dans une certaine révolution de jours qui se détruisent dans un autre; ni sans me faire fort des preuves qu'ils tirent, après avoir expliqué la cause de tous ces mouvements, que le nombre de neuf est le plus parfait, je me contenterai de répondre, que le germe de l'homme étant plus chaud, le Soleil y travaille et finit plus d'organes en neuf mois qu'il n'en ébauche en un an dans celui du poulain. Or, qu'un cheval ne soit beaucoup plus froid qu'un homme, on n'en saurait douter, puisque cette bête ne meurt que d'enflure de rate, ou d'autres maux qui procèdent de mélancolie. Cependant, me direz-vous, on ne voit point dans notre monde aucun homme engendré debout, et produit de cette façon. Je le crois bien, votre monde est aujourd'hui trop échauffé; car sitôt que le Soleil attire un germe de la terre, ne rencontrant point ce froid humide, ou pour mieux dire ce période certain d'un mouvement achevé qui le contraigne à plusieurs coctions, il en forme aussitôt un végétant; ou s'il se fait deux coctions, comme la seconde n'a pas le loisir de s'achever parfaitement, elle n'engendre qu'un insecte. Aussi j'ai remarqué que le singe, qui porte comme nous ses petits près de neuf mois, nous ressemble par tant de côtés, que beaucoup de naturalistes ne nous ont point distingués d'espèce; et la raison c'est que leur semence, à peu près tempérée comme la nôtre, pendant ce temps a presque eu le loisir d'achever les trois digestions. — Vous me demanderez indubitablement de qui je tiens l'histoire que je vous ai contée ; vous me direz que je ne saurais l'avoir apprise de ceux qui n'y étaient pas. Il est vrai que je suis le seul qui s'y soit rencontré, et que, par conséquent, je n'en puis rendre témoignage, à cause qu'elle était arrivée avant que je naquisse : cela est encore vrai ; mais apprenez aussi que dans une région voisine du Soleil comme la nôtre, les âmes pleines de feu sont plus claires, plus subtiles et plus pénétrantes que celle des autres animaux aux sphères plus éloignées. Or, puisque dans votre monde même il s'est jadis rencontré des prophètes de qui l'esprit, échauffé par un vigoureux enthousiasme ont eu pressentiment du futur, il n'est pas impossible que dans celui-ci, beaucoup plus proche du Soleil et, par conséquent, beaucoup plus lumineux que le vôtre, il ne vienne à un fort génie quelque odeur du passé ; que sa raison mobile ne se remue aussi bien en arrière qu'en avant, et qu'elle ne soit capable d'atteindre la cause par les effets, vu qu'elle peut arriver aux effets par la cause.

Il acheva son récit de cette sorte ; mais après une conférence encore plus particulière de secrets fort cachés qu'il me révéla, dont je veux taire une partie et dont l'autre m'est échappée de la mémoire, il me dit qu'il n'y avait pas encore trois semaines qu'une motte de terre, engrossée par le Soleil, avait accouché de lui.

— Regardez bien cette tumeur.

Alors il me fit remarquer sur de la bourbe je ne sais quoi d'enflé comme une taupinière.

— C'est, dit-il, un apostume, ou, pour mieux parler, une matrice qui recèle depuis neuf mois l'embryon d'un de mes frères. J'attends ici à dessein de lui servir de sage-femme.

Il aurait continué, s'il n'eût aperçu, à l'entour du gazon d'argile, le terrain qui palpitait. Cela lui fit juger, avec la grosseur du bubon, que la terre était en travail, et que cette secousse était déjà l'effort des tranchées de l'accouchement. Il me quitta aussitôt pour y courir ; et moi j'allai rechercher ma cabane.

Je regrimpai donc sur la montagne que j'avais descendue, au sommet de laquelle je parvins avec beaucoup de lassitude. Vous pouvez croire combien je fus en peine, quand je ne trouvai plus ma machine où je l'avais laissée. J'en soupirai déjà la perte, quand je l'aperçus fort loin qui voltigeait. Autant que mes jambes purent fournir, j'y courus à perte d'haleine, et certes c'était un passe-temps agréable, de contempler cette nouvelle façon d'aller à la chasse ; car quelquefois que j'avais presque la main dessus, il survenait dans la boule de verre une légère augmentation de chaleur, qui, tirant l'air avec plus de force, et cet air, devenu plus raide, enlevant ma boîte au-dessus de moi, me faisait sauter après comme un chat au croc où il voit pendre un lièvre. Sans que ma chemise était demeurée sur le chapiteau pour s'opposer à la force des miroirs, elle eût fait le voyage toute seule.

Mais à quoi bon me rafraîchir la mémoire d'une aventure dont je ne saurais me souvenir qu'avec la même douleur que je ressentis alors ? Il suffira de savoir qu'elle bondit, courut, et vola tant, que je sautai, je marchai, et j'arpentai tant, qu'enfin je la vis tomber au pied d'une fort haute montagne.

Elle m'eût mené possible encore plus loin, si de cette orgueilleuse enflure de la terre, les ombres qui noircissaient le ciel bien avant sur la plaine, n'eussent répandu tout autour une nuit de demi-lieue ; car, se rencontrant parmi ces ténèbres, son verre n'en eut pas plus tôt senti la fraîcheur, qu'il ne s'y engendra plus de vide, plus de vent par le trou, et conséquemment plus d'impulsion qui la soutint ; de sorte qu'elle tomba, et se fût brisée en mille éclats, si par bonheur une mare où elle tomba n'eut plié sous le faix.

Je la tirai de l'eau, remis en état ce qui était froissé, puis, après l'avoir embrassée de toute ma force, je la portai sur le sommet d'un coteau qui se rencontra tout proche. Là je développai ma chemise d'alentour du vase, mais je ne la pus vêtir, parce que mes miroirs commençant leur effet, j'aperçus ma cabane qui frétillait déjà pour voler. Je n'eus le loisir que d'entrer vite dedans, où je m'enfermai comme la première fois.

La sphère de notre monde ne me paraissait plus qu'un astre à peu près de la grandeur que nous paraît la Lune ; encore il s'étrécissait, à mesure que je montais, jusqu'à devenir une étoile, puis une bluette, et puis rien, d'autant que ce point lumineux s'éguisa si fort pour s'égaler à celui qui termine le dernier rayon de ma vue, qu'enfin elle le laissa s'unir à la couleur des cieux.

Quelqu'un peut-être s'étonnera que, pendant un si long voyage, le sommeil ne m'ait point accablé ; mais, comme le sommeil n'est produit que par la douce exhalaison des viandes qui s'évaporent de l'estomac au cerveau, ou par un besoin que sent nature de lier notre âme pour réparer pendant le repos autant d'esprits que le travail en a consumé, je n'avais garde de dormir, vu que je ne mangeais pas, et que le Soleil me restituait beaucoup plus de chaleur radicale que je n'en dissipais. Cependant mon élévation continuait, et à mesure qu'elle m'approchait de ce monde enflammé, je sentais couler dans mon sang une certaine joie qui le rectifiait, et passait jusqu'à l'âme.

De temps en temps je regardais en haut, pour admirer la vivacité des nuances qui rayonnait dans mon petit dôme de cristal ; et j'ai la mémoire encore présente que je pointais alors mes yeux dans le bocal du vase, comme voici que tout en sursaut je sens je ne sais quoi de lourd qui s'envole de toutes les parties de mon corps. Un tourbillon de fumée fort épaisse et quasi palpable, suffoqua mon verre de ténèbres ; et quand je voulus me mettre debout pour contempler ce noir dont j'étais aveuglé, je ne vis plus ni vase, ni miroirs-verrière, ni couverture à ma cabane ; je baissai donc la vue à dessein de regarder ce qui faisait ainsi tomber mon chef-d'œuvre en ruine ; mais je ne trouvais à sa place et à celle des quatre côtés et du plancher que le ciel tout autour de moi. Encore ce qui m'effraya davantage ce fut de sentir, comme si le vague de l'air se fût pétrifié, je ne sais quel obstacle invisible qui repoussait mes bras quand je les pensais étendre.

Il me vint alors dans l'imagination qu'à force de monter j'étais sans doute arrivé dans le firmament, que certains philosophes et quelques astronomes ont dit être solide. Je commençais à craindre d'y demeurer enchâssé ; mais l'horreur dont me consterna la bizarrerie de cet accident, s'accrut bien davantage par ceux qui succédèrent ; car ma vue, qui voguait çà et là, étant par hasard tombée sur ma poitrine, au lieu de s'arrêter à la superficie de mon corps, passa tout à travers ; puis un moment ensuite je m'avisai que je regardais par derrière et presque sans aucun intervalle, comme si mon corps n'eût plus été qu'un organe de voir ; je sentis ma chair qui, s'étant décrassée de son opacité, transférait les objets à mes yeux et mes yeux aux objets par chez elle.

Enfin, après avoir heurté mille fois, sans la voir, la voûte, le plancher et les murs de ma chaise, je connus que, par une secrète nécessité de la lumière dans sa source, nous étions ma cabane et moi devenus transparents. Ce n'est pas que je ne la dusse apercevoir, quoique diaphane, puisqu'on aperçoit bien le verre, le cristal et les diamants qui le sont ; mais je me figure que le Soleil, dans une région si proche de lui, purge bien plus parfaitement les corps de leur opacité, en arrangeant plus droits les trous imperceptibles de la matière, que dans notre monde, où sa force, presque usée par un si long chemin, est à peine capable de transpirer son éclat aux pierres précieuses ; toutefois, à cause de l'interne égalité de leurs superficies, il leur fait rejaillir à travers de leurs glaces, comme par de petits yeux, où le vert des émeraudes, ou l'écarlate des rubis, ou le violet des améthystes, selon que les différents pores de la pierre, ou plus droits, ou plus sinueux, éteignent, rallument, par la quantité des réflexions, cette lumière affaiblie.

Une difficulté peut embarrasser le lecteur, à savoir comment je pouvais me voir, et ne point voir ma loge, puisque j'étais devenu diaphane aussi bien qu'elle. Je réponds à cela, que sans doute le Soleil agit autrement sur les corps qui vivent que sur les inanimés, puisque aucun endroit, ni de ma chair, ni de mes os, ni de mes entrailles, quoique transparents, n'avait perdu sa couleur naturelle ; au contraire, mes poumons conservaient encore sous un rouge incarnat leur molle délicatesse, mon cœur toujours vermeil balançait aisément entre la systole et la diastole ; mon foie semblait brûler dans un pourpre de feu, et, cuisant l'air que je respirais, continuait la circulation du sang ; enfin, je me voyais, me touchais, me sentais le même, et si pourtant je ne l'étais plus.

Pendant que je considérais cette métamorphose, mon voyage s'accourcissait toujours, mais pour lors avec beaucoup de lenteur, à cause de la sérénité de l'éther qui se raréfiait à proportion que je m'approchais de la source du jour ; car, comme la matière en cet étage est fort déliée pour le grand vide dont elle est pleine, et que cette matière est par conséquent fort paresseuse à cause du vide qui n'a point d'action, cet air ne pouvait produire, en passant par le trou de ma boîte, qu'un petit vent à peine capable de la soutenir.

Je ne réfléchis jamais au malicieux caprice de la fortune, qui toujours s'opposait au succès de mon entreprise avec tant d'opiniâtreté, que je ne m'étonne comment le cerveau ne me tourna point. Mais écoutez un miracle que les siècles futurs auront de la peine à croire.

Enfermé dans une boîte à jour que je venais de perdre de vue, et mon essor tellement appesanti que je faisais beaucoup de ne pas tomber, enfin, dans un état où tout ce que renferme la machine entière du monde était impuissant à me secourir, je me trouvais réduit au période d'une extrême infortune ; toutefois, comme alors que nous expirons nous sommes intérieurement poussés à vouloir embrasser ceux qui nous ont donné l'être, j'élevai mes yeux au Soleil, notre père commun. Cette ardeur de ma volonté non-seulement soutint mon corps, mais elle le lança vers la chose qu'il aspirait d'embrasser. Mon corps poussa ma boîte, et de cette façon je continuai mon voyage. Sitôt que je m'en aperçus, je raidis avec plus d'attention que jamais toutes les facultés de mon âme, pour les attacher d'imagination à ce qui m'attirait, mais ma tête chargée de ma cabane, contre le chapiteau de laquelle les efforts de ma volonté me guindaient malgré moi, m'incommoda de telle sorte, qu'à la fin cette pesanteur me contraignit de chercher à tâtons l'endroit de sa porte invisible.

Par bonheur je la rencontrai, je l'ouvris, et me jetai dehors; mais cette naturelle appréhension de choir qu'ont tous les animaux quand ils se surprennent soutenus de rien, me fit pour m'accrocher brusquement étendre le bras : je n'étais guidé que de la nature qui ne sait pas raisonner ; et c'est pourquoi la fortune son ennemie poussa malicieusement ma main sur le chapiteau de cristal. Hélas ! quel coup de tonnerre fut à mes oreilles le son de l'icosaèdre que j'entendis se casser en morceaux ! un tel désordre, un tel malheur, une telle épouvante, sont au-delà de toute expression. Les miroirs n'attiraient plus d'air, car il ne se faisait plus de vide ; l'air ne devint plus vent, par la hâte de le remplir ; le vent cessa de pousser ma boîte en haut ; bref, aussitôt après ces débris je la vis choir fort longtemps à travers ces vastes campagnes du monde ; elle rencontra dans la même région l'opaque ténébreux qu'elle avait exhalé. D'autant que l'énergique vertu de la lumière cessant en cet endroit, elle se rejoignit avidement à l'obscure épaisseur qui lui était comme essentielle ; de la même façon qu'il s'est vu des âmes longtemps après la séparation venir chercher leurs corps, et, pour tâcher de s'y rejoindre, errer cent ans durant à l'entour de leurs sépultures ; je me doute qu'elle perdit ainsi sa diaphanéité, car je l'ai vue depuis en Pologne au même état qu'elle était quand j'y entrai la première fois. Or, j'ai su qu'elle tomba sous la ligne équinoxiale au royaume de Bornéo ; qu'un marchand portugais l'avait achetée de l'insulaire qui la trouva ; et que de main en main elle était venue en la puissance de cet ingénieur polonais qui s'en sert maintenant à voler.

Ainsi donc suspendu dans le vague des cieux, et déjà consterné de la mort que j'attendais par ma chute, je tournai, comme je vous ai dit, mes tristes yeux au Soleil ; ma vue y porta ma pensée, et mes regards, fixement attachés à son globe, marquèrent une voie dont ma volonté suivit les traces pour y enlever mon corps.

Ce vigoureux élan de mon âme ne sera pas incompréhensible à qui considèrera les plus simples effets de notre volonté ; car on sait bien, par exemple, que quand je veux sauter, ma volonté soulevée par ma fantaisie ayant suscité tout le microcosme, elle tâche de le transporter jusqu'au but qu'elle s'est proposée : si elle n'y arrive pas toujours, c'est à cause que les principes dans la nature qui sont universels prévalent aux particuliers, et que la puissance de vouloir étant particulière aux choses sensibles, et celle de choir au centre étant généralement répandue par toute la matière, mon saut est contraint de cesser dès que la masse, après avoir vaincu l'insolence de la volonté qui l'a surprise, se rapproche du point où elle tend.

Je tairai tout ce qui survint au reste de mon voyage, de peur d'être aussi long à le conter qu'à le faire. Il suffit qu'au bout de vingt-deux mois j'abordai enfin très-heureusement les grandes plaines du jour.

Cette terre est semblable à des flocons de neige embrasée, tant elle est lumineuse ; cependant c'est une chose assez incroyable, que je n'ai jamais su comprendre, depuis que ma boîte tomba, si je montai ou si je descendis au Soleil.

Il me souvient seulement, quand j'y fus arrivé, que je marchais légèrement dessus ; je ne touchais le plancher que d'un point, et je roulais souvent comme une boule, sans que je me trouvasse incommodé de cheminer avec la tête non plus qu'avec les pieds.

Encore que j'eusse quelquefois les jambes vers le ciel et les épaules contre terre, je me sentais, dans cette posture, aussi naturellement situé que si j'eusse eu les jambes contre terre et les épaules vers le ciel. Sur quelque endroit de mon corps que je me plantasse, sur le ventre, sur le dos, sur un coude, sur une oreille, je m'y trouvais debout. Je connus par là que le Soleil est un monde qui n'a point de centre et que, comme j'étais bien loin hors de la sphère active du nôtre et de tous ceux que j'avais rencontrés, il était par conséquent impossible que je pesasse encore, puisque la pesanteur n'est qu'une attraction du centre dans la sphère de son activité.

Le respect avec lequel j'imprimais de mes pas cette lumineuse campagne, suspendit pour un temps l'ardeur dont je pétillais d'avancer mon voyage. Je me sentais tout honteux de marcher sur le jour. Mon corps même étonné se voulant appuyer de mes yeux, et cette terre transparente qu'ils pénétraient ne les pouvant soutenir, mon instinct, malgré moi devenu maître de ma pensée, l'entraînait au plus creux d'une lumière sans fond. Ma raison pourtant peu à peu désabusa mon instinct. J'appuyai sur la plaine des vestiges assurés et non tremblants, et je comptai mes pas si fièrement, que si les hommes avaient pu m'apercevoir de leur monde, ils m'auraient pris pour ce grand Dieu qui marche sur les nues.

Après avoir, comme je crois, cheminé durant quinze jours, je parvins en une contrée du Soleil moins resplendissante que celle dont je sortais. Je me sentis tout ému de joie, et je m'imaginai qu'indubitablement cette joie procédait d'une secrète sympathie que mon être gardait encore pour son opacité. La connaissance que j'en eus ne me fit point pourtant désister de mon entreprise; car alors je ressemblais à ces vieillards endormis, lesquels, encore qu'ils sachent que le sommeil leur est préjudiciable et qu'ils aient commandé à leurs domestiques de les en arracher, sont pourtant bien fâchés dans ce temps-là quand on les réveille.

Ainsi, quoique mon corps s'obscurcissant à mesure que j'atteignais des provinces plus ténébreuses, il recontracta les faiblesses qu'apporte cette infirmité de la matière; je devins las et le sommeil me saisit. Ces mignardes langueurs, dont les approches du sommeil nous chatouillent, coulaient dans mes sens tant de plaisir, que mes sens, gagnés par la volupté, forcèrent mon âme de savoir bon gré au tyran qui enchaînait ses domestiques; car le sommeil, cet ancien tyran de la moitié de nos jours, qui, à cause de sa vieillesse, ne pouvant supporter la lumière, ni la regarder sans s'évanouir, avait été contraint de m'abandonner à l'entrée des brillants climats du Soleil, et était venu m'attendre sur les confins de la région ténébreuse dont je parle, où, m'ayant rattrapé, il m'arrêta prisonnier, enferma mes yeux ses ennemis déclarés sous la voûte de mes paupières, et, de peur que mes autres sens, le trahissant comme ils m'avaient trahi, ne l'inquiétassent dans la paisible possession de sa conquête, il les garrotta chacun contre leur lit. Tout cela veut dire, en deux mots, que je me couchai sur le sable fort assoupi.

C'était une rase campagne tellement découverte que ma vue, de sa plus longue portée, n'y rencontrait pas seulement un buisson; et cependant, à mon reveil, je me trouvai sous un arbre en comparaison de qui les plus hauts cèdres ne paraissaient que de l'herbe. Son tronc était d'or massif, ses rameaux d'argent et ses feuilles d'émeraudes, qui, dessus l'éclatante verdeur de leur précieuse superficie, se représentaient, comme dans un miroir, les images du fruit qui pendait à l'entour. Mais jugez si le fruit devait rien aux feuilles : l'écarlate enflammée d'une grosse escarboucle composait la moitié de chacun, et l'autre était en suspens si elle tenait sa matière d'une chrysolithe ou d'un morceau d'ambre doré. Les fleurs épanouies étaient des roses de diamant fort larges, et les boutons de grosses perles en poire.

Un rossignol, que son plumage uni rendait beau par excellence, perché tout au coupeau, semblait avec sa mélodie vouloir contraindre les yeux de confesser aux oreilles qu'il n'était pas indigne du trône où il était assis.

Je restai longtemps interdit à la vue de ce riche spectacle, et je ne pouvais m'assouvir de le regarder : mais comme j'occupais toute ma pensée à contempler, entre les autres fruits, une pomme de grenade extraordinairement belle, dont la chair était un essaim de plusieurs gros rubis en masse, j'aperçus remuer cette petite couronne qui lui tient lieu de tête, laquelle s'allongea autant qu'il le fallait pour former un col.

Je vis ensuite bouillonner au-dessus je ne sais quoi de blanc qui, à force de s'épaissir, de croître, d'avancer et de reculer la matière en certains endroits, parut enfin le visage d'un petit buste de chair.

Ce petit buste se terminait en rond vers la ceinture, c'est-à-dire qu'il gardait encore par en bas sa figure de pomme. Il s'étendit pourtant peu à peu, et sa queue s'étant convertie en deux jambes, chacune de ses jambes se partagea en cinq orteils. Humanisée que fut la grenade, elle se détacha de sa tige, et d'une légère culbute tomba justement à mes pieds.

Certes je l'avoue, quand j'aperçus marcher fièrement devant moi cette pomme raisonnable, ce petit bout de nain, pas plus grand que le pouce, et cependant assez fort pour se créer lui-même, je demeurai saisi de vénération.

— Animal humain, me dit-il, en cette langue matrice dont je vous ai autrefois discouru, après t'avoir longtemps considéré du haut de la branche où je pendais, j'ai cru lire dans ton visage que tu n'étais pas originaire de ce monde; c'est à cause de cela que je suis descendu pour en être éclairci au vrai.

Quand j'eus satisfait sa curiosité à propos de toutes les matières dont il me questionna :

— Mais vous, lui dis-je, découvrez-moi qui vous êtes; car ce que je viens de voir est si fort étonnant que je désespère d'en connaître jamais la cause, si vous ne me l'apprenez. Quoi! un grand arbre tout de pur or, dont les feuilles sont d'émeraudes, les fleurs de diamants, les boutons de perles, et parmi tout cela des fruits qui se font hommes en un clin-d'œil ! Pour moi j'avoue que la compréhension d'un tel miracle surpasse ma capacité.

Ensuite de cette exclamation, comme j'attendais la réponse :

— Vous ne trouverez pas mauvais, me dit-il, étant le roi de tout le peuple qui compose cet arbre, que je l'appelle pour me suivre.

Quand il eut ainsi parlé, je pris garde qu'il se recueillit en lui-même. Je ne sais si bandant les ressorts intérieurs de sa volonté, il excita hors de soi quelque mouvement qui fit arriver ce que vous allez entendre ; mais tant y a qu'aussitôt après, tous les fruits, toutes les fleurs, toutes les feuilles, toutes les branches, enfin tout l'arbre tomba par pièces en petits hommes, voyant, sentant et marchant, lesquels, comme pour célébrer le jour de leur naissance au moment de leur naissance même, se mirent à danser à l'entour de moi.

Le rossignol, entre tous, resta dans sa figure et ne fut point métamorphosé ; il se vint jucher sur l'épaule de notre petit monarque, où il chanta un air si mélancolique et si amoureux que toute l'assemblée et le prince même, attendris par les douces langueurs de sa voix mourante, en laissa couler quelques larmes.

La curiosité d'apprendre d'où venait cet oiseau me saisit pour lors d'une démangeaison de langue si extraordinaire que je ne la pus contenir.

— Seigneur, dis-je, m'adressant au roi, si je ne

craignais d'importuner votre majesté, je lui demanderais pourquoi, parmi tant de métamorphoses, le rossignol tout seul a gardé son être.

Ce petit prince m'écouta avec une complaisance qui marquait bien sa bonté naturelle, et, connaissant ma curiosité :

— Le rossignol, me répliqua-t-il, n'a point comme nous changé de forme, parce qu'il ne l'a pu : c'est un véritable oiseau qui n'est que ce qu'il vous paraît. Mais marchons vers les régions opaques, et je vous conterai, en chemin faisant, qui je suis, avec l'histoire du rossignol.

A peine lui eus-je témoigné la satisfaction que je recevais de son offre, qu'il sauta légèrement sur l'une de mes épaules. Il se haussa sur ses petits ergots pour atteindre de sa bouche à mon oreille, et tantôt s'y donnant l'estrapade :

— Ma foi, me dit-il, excuse une personne qui se sent déjà hors d'haleine : comme dans un corps étroit j'ai les poumons serrés, et la voix par conséquent si déliée que je suis contraint de me peiner beaucoup pour me faire ouïr, le rossignol trouvera bon de parler lui-même de soi-même : qu'il chante donc, si bon lui semble ; au moins nous aurons le plaisir d'écouter son histoire en musique.

Je lui répliquai que je n'avais point encore assez d'habitude au langage d'oiseau ; que véritablement un certain philosophe, que j'avais rencontré en montant au Soleil, m'avait bien donné quelques principes généraux pour entendre celui des brutes, mais qu'ils ne suffisaient pas pour entendre généralement tous les mots, ni pour être touché de toutes les délicatesses qui se rencontrent dans une aventure telle que devait être celle-là.

— Hé bien, dit-il, puisque tu le veux, tes oreilles ne seront pas simplement sevrées des belles chansons du rossignol, mais de quasi toute son aventure, de laquelle je ne te puis raconter que ce qui est venu à ma connaissance ; toutefois tu te contenteras de cet échantillon : aussi bien, quand je la saurais toute entière, la brièveté de notre voyage en son pays où je le vais reconduire, ne me permettrait pas de prendre le récit de plus loin.

Ayant ainsi parlé, il sauta de dessus mon épaule à terre. Ensuite il donna la main à tout son petit peuple et se mit à danser avec eux d'une sorte de mouvement que je ne saurais représenter, parce qu'il ne s'en est jamais vu de semblable.

Mais écoutez, peuples de la terre, ce que je ne vous oblige pas de croire, puisque au monde, où vos miracles ne sont que des effets naturels, celui-ci a passé pour un miracle.

Aussitôt que ces petits hommes se furent mis à danser, il me sembla sentir leur agitation dans moi, et mon agitation dans eux. Je ne pouvais regarder cette danse que je ne fusse entraîné sensiblement de ma place, comme par un vortice qui remuait de son même branle, et de l'agitation particulière d'un chacun, toutes les parties de mon corps, et je sentais épanouir sur mon visage la même joie qu'un mouvement pareil avait étendu sur le leur.

A mesure que la danse se serra, les danseurs se

brouillèrent d'un trépignement beaucoup plus prompt et plus imperceptible. Il semblait que le dessein du ballet fût de représenter un énorme géant ; car, à force de s'approcher et de redoubler la vitesse de leurs mouvements, ils se mêlèrent de si près, que je ne discernai plus qu'un grand colosse à jour et quasi transparent : mes yeux toutefois les virent entrer l'un dans l'autre.

Ce fut en ce temps-là que je commençai à ne pouvoir davantage distinguer la diversité des mouvements de chacun, à cause de leur extrême volubilité, et parce aussi que cette volubilité s'étrécissant toujours à mesure qu'elle s'approchait du centre, chaque vortice occupa enfin si peu d'espace qu'il échappait à ma vue. Je crois pourtant que les parties s'approchèrent encore, car cette masse humaine, auparavant démesurée, se réduisit peu à peu à former un jeune homme de taille médiocre, dont tous les membres étaient proportionnés avec une symétrie où la perfection dans sa plus forte idée n'a jamais pu voler.

Il était beau au-delà de ce que tous les peintres ont élevé leur fantaisie ; mais ce que je trouvais de bien merveilleux, c'est que la liaison de toutes les parties qui achevèrent ce parfait microcosme se fit en un clin-d'œil. Tels d'entre les plus agiles de nos petits danseurs s'élancèrent par une cabriole à la hauteur et dans la posture essentielle à former une tête, tels plus chauds et moins déliés formèrent le cœur ; et tels beaucoup plus pesants ne fournirent que les os, la chair et l'embonpoint.

Quand ce beau grand jeune-homme fut entièrement

fini, quoique sa prompte construction ne m'eût quasi pas laissé de temps pour remarquer aucun intervalle dans son progrès, je vis entrer par la bouche le roi de tous les peuples dont il était un cahos ; encore il me semble qu'il fut attiré dans ce corps par la respiration du corps même.

Tout cet amas de petits hommes n'avait point encore avant cela donné aucune marque de vie ; mais sitôt qu'il eut avalé son petit roi il ne se sentit plus être qu'un.

Il demeura quelque temps à me considérer, et, s'étant comme apprivoisé par ses regards, il s'approcha de moi, me caressa, et, me donnant la main :

— C'est maintenant que, sans endommager la délicatesse de mes poumons, je pourrai t'entretenir des choses que tu passionnais de savoir, me dit-il : Mais il est bien raisonnable de te découvrir avant les secrets cachés de notre origine. Sache donc que nous sommes des animaux natifs du Soleil dans les régions éclairées. La plus ordinaire, comme la plus utile de nos occupations, c'est de voyager par les vastes contrées de ce grand monde. Nous remarquons curieusement les mœurs des peuples, le génie des climats, et la nature de toutes les choses qui peuvent mériter notre attention, par le moyen de quoi nous nous formons une science certaine de ce qui est. Or, tu sauras que mes vassaux voyageaient sous ma conduite, et qu'afin d'avoir le loisir d'observer les choses plus curieusement, nous n'avions pas gardé cette conformation particulière à notre corps, qui ne peut tomber sous tes sens, dont la subtilité nous eût fait cheminer trop vite ; mais nous nous étions faits oiseaux ; tous mes sujets par mon ordre étaient devenus aigles ; et, quant à moi, de peur qu'ils ne s'ennuyassent, je m'étais métamorphosé en rossignol pour adoucir leur travail par les charmes de la musique. Je suivais sans voler la rapide volée de mon peuple, car je m'étais perché sur la tête d'un de mes vassaux, et nous suivions toujours notre chemin, quand un rossignol, habitant d'une province du pays opaque, que nous traversions alors, étonné de me voir en la puissance d'un aigle — car il ne pouvait nous prendre que pour tels qu'il nous voyait), — se mit à plaindre mon malheur. Je fis faire halte à mes gens, et nous descendîmes au sommet de quelques arbres où soupirait ce charitable oiseau. Je pris tant de plaisir à la douceur de ses tristes chansons, qu'afin d'en jouir plus longtemps et plus à mon aise, je ne le voulus pas détromper. Je feignis sur le champ une histoire, dans laquelle je lui contai les malheurs imaginaires qui m'avaient fait tomber aux mains de cet aigle. J'y mêlai des aventures si surprenantes, où les passions étaient si adroitement soulevées, et le chant si bien choisi pour la lettre, que le rossignol en était tout hors de lui-même. Nous gazouillions l'un après l'autre réciproquement l'histoire en musique de nos mutuelles amours. Je chantais dans mes airs que non seulement je me consolais, mais que je me réjouissais encore de mon désastre, puisqu'il m'avait procuré la gloire d'être plaint par de si belles chansons ; et ce petit inconsolable me répondait dans les siens, qu'il accepterait avec joie toute l'estime que je ferais de lui, s'il savait qu'elle lui pût faire l'honneur de mourir à ma place ; mais que la fortune n'ayant pas réservé tant de gloire à un malheureux comme lui, il accepterait de cette estime seulement ce qu'il en fallait pour m'empêcher de rougir de mon amitié. Je lui répondais encore à mon tour avec tous les transports, toutes les tendresses, et toutes les mignardises d'une passion si touchante, que je l'aperçus deux ou trois fois sur la branche prêt à mourir d'amour. A la vérité, je mêlais tant d'adresse à la douceur de ma voix, et je surprenais son oreille par des traits si savants, et des routes si peu fréquentées à ceux de son espèce, que j'emportais sa belle âme à toutes les passions dont je la voulais maîtriser. Nous occupâmes en cet exercice l'espace de vingt-quatre heures ; et je crois que jamais nous ne nous fussions lassés de faire l'amour, si nos gorges ne nous eussent refusé de la voix. Ce fut l'obstacle seul qui nous empêcha de passer outre ; car, sentant que le travail commençait à me déchirer la gorge, et que je ne pouvais plus continuer sans choir en pâmoison, je lui fis signe de s'approcher de moi. Le péril où il crut que j'étais au milieu de tant d'aigles, lui persuada que je l'appelais à mon aide : Il vola aussitôt à mon secours, et, me voulant donner un glorieux témoignage qu'il savait pour un ami braver la mort jusque dans son trône, il se vint asseoir fièrement sur le grand bec crochu de l'aigle où j'étais perché. Certes, un courage si fort dans un si faible animal me toucha de quelque vénération ; car, encore que je l'eusse réclamé comme il se le figurait, et qu'entre les animaux de semblable espèce, aider au malheureux soit une loi, l'instinct pourtant de sa timide nature le devait faire balancer ; et, toutefois, il ne balança point ; au contraire, il partit avec tant de hâte, que je ne sais qui vola le premier, du signal ou du rossignol. Glorieux de voir sous ses pieds la tête de son tyran, et ravi de songer qu'il allait être pour l'amour de moi sacrifié presque entre mes ailes, et que de son sang peut-être quelques gouttes bienheureuses rejailliraient sur mes plumes, il tourna doucement la vue de mon côté, et m'ayant comme dit adieu d'un regard par lequel il semblait me demander permission de mourir, il précipita si brusquement son petit bec dedans les yeux de l'aigle, que je les vis plus tôt crevés que frappés. Quand mon oiseau se sentit aveugle, il se forma derechef une vue toute neuve ; je réprimandai doucement le rossignol de son action précipitée ; et jugeant qu'il serait dangereux de lui cacher plus longtemps notre véritable être, je me découvris à lui, je lui contai qui nous étions ; mais le pauvre petit, prévenu que ces barbares, dont j'étais prisonnier, me contraignaient à feindre cette fable, n'ajouta nulle foi à tout ce que je lui pus dire. Quand je connus que toutes les raisons par lesquelles je prétendais le convaincre, s'en allaient au vent, je donnai tout bas quelques ordres à dix ou douze mille de mes sujets, et incontinent le rossignol aperçut à ses pieds une rivière couler sous un bateau, et le bateau flotter dessus ; il n'était grand que ce qu'il devait l'être pour me contenir deux fois. Au premier signal que je leur fis paraître, mes aigles s'envolèrent et je me jetai dans l'esquif, d'où je criai au rossignol, que s'il ne pouvait encore se résoudre à m'abandonner sitôt, qu'il s'embarquât avec moi. Dès qu'il fut entré dans le bateau, je commandai à la rivière de prendre son flux vers la région où mon peuple volait ; mais la fluidité de l'onde étant moindre que celle de l'air, et par conséquent la rapidité de leur vol plus grande que celle de notre navigation, nous demeurâmes un peu derrière. Durant tout le chemin, je m'efforçai de détromper mon petit hôte ; je lui remontrai qu'il ne devait attendre aucun fruit de sa passion, puisque nous n'étions pas de même espèce ; qu'il pouvait bien l'avoir reconnu, quand l'aigle, à qui il avait crevé les yeux, s'en était forgé de nouveaux en sa présence, et lorsque par mon commandement douze mille de mes vassaux s'étaient métamorphosés en cette rivière et ce bateau sur lequel nous voguions. Mes remontrances n'eurent point de succès : il me répondait que pour l'aigle que je voulais faire accroire qui s'était forgé des yeux, n'en avait pas eu besoin, n'ayant point été aveugle, à cause qu'il n'avait pas bien adressé du bec dans ses prunelles ; et pour la rivière et le bateau, que je disais n'avoir été engendrés que d'une métamorphose de mon peuple, ils étaient dans le bois dès la création du monde, mais qu'on n'y avait pas pris garde. Le voyant si fort ingénieux à se tromper, je convins avec lui que mes vassaux et moi nous nous métamorphoserions à sa vue en ce qu'il voudrait, à la charge qu'après cela il s'en retournerait en sa patrie. Tantôt il demanda que ce fût en arbre, tantôt il souhaita que ce fût en fleur, tantôt en fruit, tantôt en métal, tantôt en pierre. Enfin, pour satisfaire tout à la fois à toute son envie, quand nous eûmes atteint ma cour au lieu où je lui avais commandé de m'attendre, nous nous métamorphosâmes aux yeux du rossignol en ce précieux arbre que tu as rencontré sur ton chemin, duquel nous venons d'abandonner la forme. Au reste, maintenant que je vois ce petit oiseau résolu de s'en retourner en son pays, nous allons mes sujets et moi reprendre notre figure et la route de notre voie. Mais il est raisonnable de te découvrir auparavant que nous sommes des animaux natifs et originaires du Soleil dans la partie éclairée; car il y a une différence bien remarquable entre les peuples que produit la région lumineuse et les peuples du pays opaque. C'est nous qu'au monde de la terre vous appelez des Esprits, et votre présomptueuse stupidité nous a donné ce nom, à cause que n'imaginant point d'animaux plus parfaits que l'homme, et voyant faire à de certaines créatures des choses au-dessus du pouvoir humain, vous avez cru ces animaux-là des Esprits ; vous vous trompez toutefois, nous sommes des animaux comme vous ; car encore que, quand il nous plaît, nous donnions à notre matière, comme tu viens de voir, la figure et la forme essentielle des choses auxquelles nous voulons nous métamorphoser, cela ne conclut pas que nous soyons des Esprits. Mais écoute, et je te découvrirai comment toutes ces métamorphoses, qui te semblent autant de miracles, ne sont rien que de purs effets naturels. Il faut que tu saches qu'étant nés habitants de la partie claire de ce grand monde, où le principe de la matière est d'être en action, nous devons avoir l'imagination beaucoup plus active que ceux des régions opaques, et la substance du corps aussi beaucoup plus déliée. Or, cela supposé, il est infaillible que notre imagination ne rencontrant aucun obstacle dans la matière qui nous compose, elle l'arrange comme elle veut, et devenue maîtresse de toute notre masse, elle la fait passer, en remuant toutes ses particules, dans l'ordre nécessaire à constituer en grand cette chose qu'elle avait formée en petit. Ainsi, chacun de nous s'étant imaginé l'endroit et la partie de ce précieux arbre auquel il se voulait changer, et ayant, par cet effort d'imagination, excité notre matière aux mouvements nécessaires à les produire, nous nous y sommes métamorphosés. Ainsi, mon aigle, ayant les yeux crevés, n'a eu pour se les rétablir qu'à s'imaginer un aigle clairvoyant, car toutes nos transformations arrivent par le mouvement; c'est pourquoi quand de fleurs, de feuilles, de fruits que nous étions, nous avons été transmués en hommes, tu nous as vus danser encore quelque temps après, parce que nous n'étions pas encore remis du branle qu'il avait fallu donner à notre matière pour nous faire hommes ; à l'exemple des cloches qui, quoiqu'elles soient arrêtées, bruissent encore quelque temps après et suivent sourdement le même son que le batail causait en les frappant. Aussi est-ce pourquoi tu nous as vus danser avant de faire ce grand homme, parce qu'il a fallu pour le produire nous donner tous les mouvements généraux et particuliers qui sont nécessaires à le constituer, afin que cette agitation, serrant nos corps peu à peu et les absorbant en un chacun de nous par son mouvement, créât en chaque partie le mouvement spécifique qu'elle doit avoir. Vous autres hommes ne pouvez pas les mêmes choses, à cause de la pesanteur de votre masse et de la froideur de votre imagination.

Il continua sa preuve et l'appuya d'exemples si familiers et si palpables, qu'enfin je me désabusai d'un grand nombre d'opinions mal prouvées, dont nos docteurs aheurtés préviennent l'entendement des faibles.

Alors, je commençai de comprendre qu'en effet l'imagination de ces peuples solaires, — laquelle à cause du climat doit être plus chaude, leurs corps, pour la même raison, plus légers et leurs individus plus mobiles, n'y ayant point en ce monde-là comme au nôtre d'activité de centre qui puisse détourner la matière du mouvement que cette imagination lui imprime, — je conçus, dis-je, que cette imagination pouvait produire sans miracle tous les miracles qu'elle venait de faire.

Mille exemples d'évènements quasi pareils, dont les peuples de notre globe font foi, achevèrent de me persuader : Cippus, roi d'Italie, qui, pour avoir assisté à un combat de taureaux et avoir eu toute la nuit son imagination occupée à des cornes, trouva son front cornu le lendemain; Gallus Vitius, qui banda son âme et l'excita si vigoureusement à concevoir l'essence de la folie, qu'ayant donné à sa matière par un effort d'imagination les mêmes mouvements que cette matière doit avoir pour constituer la folie, devint fou; le roi Codrus, pulmonique, qui, fichant les yeux et sa pensée sur la fraîcheur d'un jeune visage, et cette florissante allégresse qui regorgeait jusqu'à lui à l'adolescence du garçon prenant dans son corps le mouvement par lequel il se figurait la santé d'un jeune homme, se remit en convalescence;

enfin plusieurs femmes grosses qui ont fait monstres leurs enfants déjà formés dans la matrice, parce que leur imagination qui n'était pas assez forte pour se donner à elles-mêmes la figure des monstres qu'elles concevaient, l'était assez pour arranger la matière du fœtus, beaucoup plus chaude et plus mobile que la leur, dans l'ordre essentiel à la production de ces monstres. Je me persuadai même que si quand ce fameux hypocondre de l'antiquité s'imaginait être cruche, sa matière trop compacte et trop pesante avait pu suivre l'émotion de sa fantaisie, elle aurait formé de tout son corps une cruche parfaite, et il aurait paru à tout le monde véritablement cruche comme il se le paraissait à lui seul.

Tant d'autres exemples, dont je me satisfis, me convainquirent en telle sorte, que je ne doutai plus d'aucune des merveilles que l'homme-esprit m'avait racontées.

Il me demanda si je ne souhaitais plus rien de lui ; je le remerciai de tout mon cœur. Et ensuite il eut encore la bonté de me conseiller que, puisque j'étais habitant de la Terre, je suivisse le rossignol aux régions opaques du Soleil, parce qu'elles étaient plus conformes aux plaisirs qu'apprête la nature humaine.

A peine eut-il achevé ce discours, qu'ayant ouvert la bouche fort grande, je vis sortir du fond de son gosier le roi de ces petits animaux en forme de rossignol. Le grand homme tomba aussitôt, et, en même temps, tous ses membres par morceaux s'envolèrent sous la figure d'aigles.

Ce rossignol, créateur de soi-même, se percha sur la tête du plus beau d'entre eux, d'où il entonna un air admirable, avec lequel je pense qu'il me disait adieu.

Le véritable rossignol prit aussi sa volée, mais non pas de leur côté, ni ne monta pas si haut; aussi je ne le perdis point de vue : nous marchions à peu près de même force; car, comme je n'avais pas dessein d'aborder plutôt une terre que l'autre, je fus bien aise de l'accompagner; outre que les régions opaques des oiseaux étant plus conformes à mon tempérament, j'espérais y rencontrer aussi des aventures plus correspondantes à mon humeur.

Je voyageai sur cette espérance pour le moins trois semaines avec toute sorte de contentement, si je n'eusse eu que mes oreilles à satisfaire, car le rossignol ne me laissait point manquer de musique. Quand il était las, il venait se reposer sur mon épaule; et quand je m'arrêtais, il m'attendait. A la fin, j'arrivai dans une contrée du royaume de ce petit chantre, qui alors ne se soucia plus de m'accompagner. L'ayant perdu de vue, je le cherchai, je l'appelai, mais enfin je restai si las d'avoir couru après lui, que je résolus de me reposer.

Pour cet effet, je m'étendis sur un gazon d'herbe molle qui tapissait les racines d'un superbe rocher. Ce rocher était couvert de plusieurs arbres, dont la gaillarde et verte fraîcheur exprimait la jeunesse; mais comme déjà, tout amolli par les charmes du lieu, je commençais de m'endormir à l'ombre, lorsque j'aperçus en l'air un oiseau merveilleux qui planait sur ma tête ; il se soutenait d'un mouvement si léger et si imperceptible que je doutai plusieurs fois si ce n'était point encore un petit univers balancé par son propre centre.

Il descendit pourtant peu à peu, et arriva enfin si proche de moi que mes yeux soulagés furent tout pleins de son image.

Sa queue paraissait verte, son estomac d'azur émaillé, ses ailes incarnates, et sa tête de pourpre faisait briller, en s'agitant, une couronne d'or dont les rayons jaillissaient de ses yeux.

Il fut longtemps à voler dans la nue ; et je me tenais tellement à tout ce qu'il devenait, que mon âme s'étant repliée et comme raccourcie à la seule opération de voir, elle n'atteignit presque pas jusqu'à celle d'ouïr, pour me faire entendre que l'oiseau parlait en chantant.

Ainsi, peu à peu débandé de mon extase, je remarquai distinctement les syllabes, les mots et le discours qu'il articula.

Voici donc, au mieux qu'il me souvient, les termes dont il arrangea le tissu de sa chanson.

— Vous êtes étranger, siffla l'oiseau fort agréablement, et naquîtes dans un monde d'où je suis originaire. Or, cette propension secrète dont nous sommes émus pour nos compatriotes est l'instinct qui me pousse à vouloir que vous sachiez ma vie. Je vois votre esprit tendu à comprendre comme il est possible que je m'explique à vous d'un discours suivi, vu qu'encore que les oiseaux contrefassent votre parole, ils ne la conçoivent pas ; mais aussi quand vous contrefaites l'aboi d'un chien ou le chant d'un rossignol, vous ne concevez pas non plus ce que le chien ou le rossignol ont voulu dire. Tirez donc conséquence de là que ni les oiseaux ni les hommes ne sont pas pour cela moins raisonnables. Cependant, de même qu'entre vous autres il s'en est trouvé de si éclairés qu'ils ont entendu et parlé notre langue, comme Apollonius Tyaneus, Anaximander, Esope et plusieurs dont je vous tais les noms, parce qu'ils ne sont jamais venus à votre connaissance ; de même parmi nous il s'en trouve qui entendent et parlent la vôtre. Quelques-uns, à la vérité, ne savent que celle d'une nation ; mais tout ainsi qu'il se rencontre des oiseaux qui ne disent mot, quelques-uns qui gazouillent, d'autres qui parlent, il s'en rencontre encore de plus parfaits qui savent user de toute sorte d'idiomes. Quant à moi, j'ai l'honneur d'être de ce petit nombre. Au reste, vous saurez qu'en quelque monde que ce soit, nature a imprimé aux oiseaux une secrète envie de voler jusqu'ici ; et peut-être que cette émotion de notre volonté est ce qui nous a fait croître des ailes, comme les femmes grosses produisent sur leurs enfants la figure des choses qu'elles ont désirées, ou plutôt comme ceux qui passionnant de savoir nager, ont été vus tout endormis se plonger au courant des fleuves et franchir, avec plus d'adresse qu'un expérimenté nageur, des hasards qu'étant éveillés ils n'eussent osé seulement regarder ; ou comme ce fils du roi Crésus, à qui un véhément désir de parler pour garantir son père enseigna tout d'un coup une langue ; ou, bref, comme cet ancien qui, pressé de son ennemi et surpris sans armes, sentit croître sur son front des cornes de taureaux, par le désir qu'une fureur semblable à celle de cet animal lui en inspira. Quand donc les oiseaux sont arrivés au Soleil, ils vont joindre la république de leur espèce. Je vois bien que vous êtes gros d'apprendre qui je suis : c'est moi que parmi vous on appelle Phénix. Dans chaque monde, il n'y en a qu'un à la fois, lequel y habite durant l'espace de cent ans; car, au bout d'un siècle, quand sur quelque montagne d'Arabie il s'est déchargé d'un gros œuf au milieu des charbons de son bûcher, dont il a trié la matière de rameaux d'aloès, de cannelle et d'encens, il prend son essor et dresse sa volée au Soleil comme la patrie où son cœur a longtemps aspiré. Il a bien fait auparavant tous ses efforts pour ce voyage ; mais la pesanteur de son œuf, dont les coques sont si épaisses qu'il faut un siècle à le couver, retardait toujours l'entreprise. Je me doute bien que vous aurez de la peine à concevoir cette miraculeuse production ; c'est pourquoi je veux vous l'expliquer. Le Phénix est hermaphrodite ; mais, entre les hermaphrodites, c'est encore un autre Phénix tout extraordinaire ; car....

Il resta un demi-quart d'heure sans parler, et puis il ajouta :

— Je vois bien que vous soupçonnez de fausseté ce que je vous viens d'apprendre ; mais, si je ne dis vrai, je veux jamais n'aborder votre globe, qu'un aigle ne fonde sur moi.

Il demeura encore quelque temps à se balancer dans le ciel, et puis il s'envola.

L'admiration qu'il m'avait causée par son récit me donna la curiosité de le suivre, et parce qu'il fendait le vague des cieux d'un essor non précipité, je le conduisis de la vue et du marcher assez facilement.

Environ au bout de cinquante lieues, je me trouvai dans un pays si plein d'oiseaux que leur nombre égalait presque celui des feuilles qui les couvraient.

Ce qui me surprit davantage fut que ces oiseaux, au lieu de s'effaroucher à ma rencontre, voltigeaient à l'entour de moi : l'un sifflait à mes oreilles, l'autre faisait la roue sur ma tête. Bref, après que leurs petites gambades eurent occupé mon attention fort longtemps, tout-à-coup je sentis mes bras chargés de plus d'un million de toutes sortes d'espèces qui pesaient dessus si lourdement que je ne les pouvais remuer.

Ils me tinrent en cet état jusqu'à ce que je vis arriver quatre grands aigles, dont les uns m'ayant de leurs serres accolé par les jambes, les deux autres par les bras, m'enlevèrent fort haut.

Je remarquai, parmi la foule, une pie qui, tantôt deçà, tantôt delà, volait et revolait avec beaucoup d'empressement, et j'entendis qu'elle me cria que je ne me défendisse point, à cause que ses compagnons tenaient déjà conseil de me crever les yeux.

Cet avertissement empêcha toute la résistance que j'aurais pu faire, de sorte que ces aigles m'emportèrent à plus de mille lieues de là dans un grand bois qui était, à ce que dit ma pie, la ville où leur roi faisait sa résidence.

La première chose qu'ils firent fut de me jeter en prison dans le tronc creusé d'un grand chêne, et quantité des plus robustes se perchèrent sur les branches où ils exercèrent les fonctions d'une compagnie de soldats sous les armes.

Environ au bout de vingt-quatre heures, il en entra d'autres en garde qui relevèrent ceux-ci. Pendant que j'attendais avec beaucoup de mélancolie ce qu'il plairait à la fortune d'ordonner de mes désastres, ma charitable pie m'apprenait tout ce qui se passait.

Entre autres choses, il me souvient qu'elle m'avertit que la populace des oiseaux avait fort crié de ce qu'on me gardait si longtemps sans me dévorer, qu'ils avaient remontré que j'amaigrirais tellement qu'on ne trouverait plus sur moi que des os à ronger.

La rumeur pensa s'échauffer en sédition; car ma pie, s'étant émancipée de représenter que c'était un procédé barbare de faire ainsi mourir sans connaissance de cause un animal qui approchait, en quelque sorte, de leur raisonnement, ils la pensèrent mettre en pièces, alléguant que cela serait bien ridicule de croire qu'un animal tout nu, que la nature même, en mettant au jour, ne s'était pas souciée de fournir des choses nécessaires à le conserver, fût, comme eux, capable de raison.

— Encore, ajoutaient-ils, si c'était un animal qui approchât un peu davantage de notre figure, mais justement le plus dissemblable et le plus affreux;

enfin, une bête chauve, un oiseau plumé, une chimère, amassée de toutes sortes de natures, et qui fait peur à toutes, l'homme, dis-je, si sot et si vain qu'il se persuade que nous n'avons été faits que pour lui; l'homme qui, avec son âme si clairvoyante, ne saurait distinguer le sucre d'avec l'arsenic, et qui avalera de la ciguë que son beau jugement lui aurait fait prendre pour du persil; l'homme qui soutient qu'on ne raisonne que par le rapport des sens, et qui cependant a les sens les plus faibles, les plus tardifs et les plus faux d'entre toutes les créatures; l'homme enfin que la nature, pour faire de tout, a créé comme les monstres, mais en qui pourtant elle a infus l'ambition de commander à tous les animaux et à les exterminer.

Voilà ce que disaient les plus sages; pour la commune, elle criait que cela était horrible de croire qu'une bête qui n'avait pas le visage fait comme eux eût de la raison.

— Hé quoi! murmuraient-ils l'un à l'autre, il n'a ni bec, ni plumes, ni griffes, et son âme serait spirituelle? O Dieu! quelle impertinence!

La compassion qu'eurent de moi les plus généreux n'empêcha point qu'on n'instruisît mon procès criminel; on en dressa toutes les écritures dessus l'écorce d'un cyprès, et puis, au bout de quelques jours, je fus porté au tribunal des oiseaux.

Il n'y avait pour avocats, pour conseillers et pour juges, à la séance, que des pies, des geais et des étournaux, encore n'avait-on choisi que ceux qui entendaient ma langue. Au lieu de m'interroger sur la sellette, on me mit à califourchon sur un chicot de bois pourri, d'où celui qui présidait à l'auditoire, après avoir claqué du bec deux ou trois coups et secoué majestueusement ses plumes, me demanda d'où j'étais, de quelle nation et de quelle espèce.

Ma charitable pie m'avait donné auparavant quelques instructions qui me furent très-salutaires, et entre autres que je me gardasse bien d'avouer que je fusse homme.

Je répondis donc que j'étais de ce petit monde qu'on appelait la Terre, dont le Phénix, et quelques autres que je voyais dans l'assemblée, pouvaient leur avoir parlé ; que le climat qui m'avait vu naître était assis sous la zone tempérée du pôle arctique, dans une extrémité de l'Europe, qu'on nommait la France. Et quant à ce qui concernait mon espèce, que je n'étais point homme comme ils se le figuraient, mais singe que des hommes avaient enlevé au berceau fort jeune et nourri parmi eux ; que leur mauvaise éducation m'avait ainsi rendu la peau délicate, qu'ils m'avaient fait oublier ma langue naturelle, et instruit à la leur ; que, pour complaire à ces animaux farouches, je m'étais accoutumé à ne marcher que sur deux pieds, et qu'enfin, comme on tombe plus facilement qu'on ne monte, d'espèce, l'opinion, la coutume et la nourriture de ces bêtes immondes avaient tant de pouvoir sur moi, qu'à peine mes parents, qui sont singes d'honneur, me pourraient eux-mêmes reconnaître. J'ajoutai pour ma justification qu'ils me fissent visiter par des experts, et qu'en cas que je fusse trouvé homme, je me soumettais à être anéanti comme un monstre.

— Messieurs, s'écria une hirondelle de l'assemblée dès que j'eus cessé de parler, je le tiens convaincu. Vous n'avez pas oublié qu'il vient de dire que le pays qui l'avait vu naître était la France ; mais vous savez qu'en France les singes n'engendrent point. Après cela, jugez s'il est ce qu'il se vante d'être.

Je répondis à mon accusatrice que j'avais été enlevé si jeune du sein de mes parents, et transporté en France, qu'à bon droit je pouvais appeler mon pays natal celui duquel je me souvenais le plus loin.

Cette raison, quoique spécieuse, n'était pas suffisante, mais la plupart, ravis d'entendre que je n'étais pas homme, furent bien aises de le croire ; car ceux qui n'en avaient jamais vu, ne pouvaient se persuader qu'un homme ne fût bien plus horrible que je ne leur paraissais ; et les plus sensés ajoutaient que l'homme était quelque chose de si abominable, qu'il était utile qu'on crût que ce n'était qu'un être imaginaire.

De ravissement tout l'auditoire en battit des ailes, et sur l'heure on me mit pour m'examiner au pouvoir des syndics; à la charge de me représenter le lendemain, et d'en faire à l'ouverture des chambres le rapport à la compagnie. Ils s'en chargèrent donc, et me portèrent dans un bocage reculé.

Là, pendant qu'ils me tinrent, ils ne s'occupèrent qu'à gesticuler autour de moi cent sortes de culbutes, à faire la procession, des coques de noix sur la tête. Tantôt ils battaient des pieds l'un contre l'autre, tantôt ils creusaient de petites fosses pour les remplir, et puis j'étais tout étonné que je ne voyais personne.

Le jour et la nuit se passèrent à ces bagatelles, jusqu'au lendemain, que l'heure prescrite étant venue, on me reporta derechef comparaître devant mes juges, où les syndics interpellés de dire la vérité, répondirent que pour la décharge de leur conscience, ils se sentaient tenus d'avertir la cour qu'assurément je n'étais pas singe comme je me vantais.

— Car, disaient-ils, nous avons eu beau sauter, marcher, pirouetter et inventer en sa présence cent tours de passe-passe, par lesquels nous prétendions l'émouvoir à faire de même, selon la coutume des singes. Or, quoiqu'il eût été nourri parmi les hommes, comme le singe est toujours singe, nous soutenons qu'il n'eût pas été en sa puissance de s'abstenir de contrefaire nos singeries. Voilà, Messieurs, notre rapport.

Les juges alors s'approchèrent pour venir aux opinions ; mais on s'aperçut que le ciel se couvrait et paraissait chargé ; cela fit lever l'assemblée.

Je m'imaginais que l'apparence du mauvais temps les y avait conviés, quand l'avocat général me vint dire, par ordre de la cour, qu'on ne me jugerait point ce jour-là ; que jamais on ne vidait un procès criminel, lorsque le ciel n'était pas serein, parce qu'ils craignaient que la mauvaise température de l'air n'altérât quelque chose à la bonne constitution de l'esprit des juges ; que le chagrin, dont l'humeur des oiseaux se charge durant la pluie, ne dégorgeât sur la cause ; ou qu'enfin la cour ne se vengeât de sa tristesse sur l'accusé ; c'est pourquoi mon jugement fut remis à un plus beau temps.

On me ramena donc en prison, et je me souviens que, pendant le chemin, ma charitable pie ne m'abandonna guère, et elle vola toujours à mes côtés ; et je crois qu'elle ne m'eût point quitté, si ses compagnons ne se fussent approchés de nous.

Enfin, j'arrivai au lieu de ma prison, où, pendant ma captivité, je ne fus nourri que du pain du roi ; c'était ainsi qu'ils appelaient une cinquantaine de vers et autant de guillots qu'ils m'apportaient à manger de sept heures en sept heures.

Je pensais recomparaître dès le lendemain, et tout le monde le croyait ainsi ; mais un de mes gardes me conta au bout de cinq ou six jours que tout ce temps-là avait été employé à rendre justice à une communauté de chardonnerets qui l'avaient implorée contre un de leurs compagnons. Je demandai à ce garde de quel crime ce malheureux était accusé.

— Du crime, répliqua le garde, le plus énorme dont un oiseau puisse être noirci. On l'accuse... le pourrez-vous bien croire ? on l'accuse... mais, bons dieux ! d'y penser seulement, les plumes m'en dressent à la tête ; enfin, on l'accuse de n'avoir pas encore, depuis six ans, mérité un ami ; c'est pourquoi il a été condamné à être roi, et roi d'un peuple différent de son espèce. Si ses sujets eussent été de sa nature, il aurait pu tremper au moins des yeux et du désir dans leurs voluptés. Mais comme les plaisirs d'une espèce n'ont point du tout de relation avec les plaisirs d'une autre espèce, il supportera toutes les fatigues, et boira toutes les amertumes de la royauté sans pouvoir en goûter aucune des douceurs. On l'a fait partir ce matin environné de beaucoup de médecins, pour veiller à ce qu'il ne s'empoisonne dans le voyage.

Quoique mon garde fût grand causeur de sa nature, il ne m'osa pas entretenir seul plus longtemps, de peur d'être soupçonné d'intelligence. Environ sur la fin de la semaine, je fus encore ramené devant mes juges.

On me nicha sur le fourchon d'un petit arbre sans feuilles. Les oiseaux de longue robe, tant avocats, conseillers, que présidents, se juchèrent tous par étage, chacun selon sa dignité, au coupeau d'un grand cèdre. Pour les autres, qui n'assistaient à l'assemblée que par curiosité, ils se placèrent pêle-mêle, tant que les siéges furent remplis, c'est-à-dire tant que les branches du cèdre furent couvertes de pattes.

Cette pie que j'avais toujours remarquée pleine de compassion pour moi, se vint percher sur mon arbre, où, feignant de se divertir à becqueter la mousse :

— En vérité, me dit-elle, vous ne sauriez croire combien votre malheur m'est sensible; car encore que je n'ignore pas qu'un homme parmi les vivants est une peste dont on devrait purger tout État bien policé, quand je me souviens d'avoir été toutefois dès le berceau élevée parmi eux, d'avoir appris leur langue si parfaitement, que j'en ai presque oublié la mienne, et d'avoir mangé de leurs mains des fromages mous si excellents, je ne saurais y songer, sans que l'eau m'en vienne aux yeux et à la bouche ; je sens pour vous des tendresses qui m'empêchent d'incliner au plus juste parti.

Elle achevait ceci quand nous fûmes interrompus par l'arrivée d'un aigle qui se vint asseoir entre les rameaux d'un arbre assez proche du mien. Je voulus me lever pour me mettre à genoux devant lui, croyant que ce fût le roi, si ma pie de sa patte ne m'eût contenu en mon assiette.

— Pensiez-vous donc, me dit-elle, que ce grand aigle fût notre souverain ? C'est une imagination de vous autres hommes qui, à cause que vous laissez commander aux plus grands, aux plus forts et aux plus cruels de vos compagnons, avez sottement crû, jugeant de toutes choses par vous, que l'aigle nous devait commander. Mais notre politique est bien autre ; car nous ne choisissons pour nos rois que les plus faibles, les plus doux et les plus pacifiques, encore les changeons-nous tous les six mois : et nous les prenons faibles, afin que le moindre à qui ils auraient fait quelque tort, se pût venger de lui. Nous le choisissons doux, afin qu'il ne haïsse ni ne se fasse haïr de personne ; et nous voulons qu'il soit d'une humeur pacifique, pour éviter la guerre, le canal de toutes les injustices. Chaque semaine il tient les États, où tout le monde est reçu à se plaindre de lui. S'il se rencontre seulement trois oiseaux mal satisfaits de son gouvernement, il est dépossédé, et l'on procède à une nouvelle élection. Pendant la journée que durent les États, notre roi est monté au sommet d'un grand if, sur le bord d'un étang, les pieds et les ailes liés. Tous les oiseaux, l'un après l'autre, passent devant lui ; et si quelqu'un d'eux le sait coupable du dernier supplice, il le peut jeter à l'eau ; mais il faut que sur-le-champ il justifie la raison qu'il en a eu, autrement il est condamné à la mort triste.

Je ne pus m'empêcher de l'interrompre pour lui demander ce qu'elle entendait par la mort triste, et voici ce qu'elle me répliqua :

— Quand le crime d'un coupable est jugé si énorme, que la mort est trop peu de chose pour l'expier, on tâche d'en choisir une qui contienne la douleur de plusieurs, et l'on y procède de cette façon. Ceux d'entre nous qui ont la voix la plus mélancolique et la plus funèbre, sont délégués vers le coupable qu'on porte sur un funeste cyprès. Là, ces tristes musiciens s'amassent tout autour, et lui remplissent l'âme par l'oreille de chansons si lugubres et si tragiques, que l'amertume de son chagrin désordonnant l'économie de ses organes, et lui pressant le cœur, il se consume à vue d'œil, et meurt suffoqué de tristesse. Toutefois, un tel spectacle n'arrive guère; car comme nos rois sont fort doux, ils n'obligent jamais personne à vouloir pour se venger encourir une mort si cruelle. Celui qui règne à présent est une colombe, dont l'humeur est si pacifique, que l'autre jour qu'il fallait accorder deux moineaux, on eut toutes les peines du monde à lui faire comprendre ce que c'était qu'inimitié.

Ma pie ne put continuer un si long discours, sans que quelques-uns des assistants y prissent garde; et parce qu'on la soupçonnait déjà de quelque intelligence, les principaux de l'assemblée lui firent mettre la main sur le collet par un aigle de la garde, qui se saisit de sa personne. Le roi colombe arriva sur ces entrefaites; chacun se tut, et la première chose qui rompit le silence fut la plainte que le grand censeur des oiseaux dressa contre la pie.

Le roi, pleinement informé du scandale dont elle était cause, lui demanda son nom, et comment elle me connaissait.

— Sire, répondit-elle fort étonnée, je me nomme Margot; il y a ici force oiseaux de qualité qui répondront de moi. J'appris un jour au monde de la terre d'où je suis native, par Guillery l'enrhumé que voilà, — qui, m'ayant entendu crier en cage, me vint visiter à la fenêtre où j'étais pendue, — que mon père était Courte-Queue, et ma mère Croque-Noix. Je ne l'aurais pas su sans lui, car j'avais été enlevée de dessous l'aile de mes parents au berceau, fort jeune; ma mère, quelque temps après, en mourut de déplaisir, et mon père désormais hors d'âge de faire d'autres enfants, désespéré de se voir sans héritiers, s'en alla à la guerre des geais, où il fut tué d'un coup de bec dans la cervelle. Ceux qui me ravirent furent certains animaux sauvages, qu'on appelait porchers, qui me portèrent vendre à un château, où je vis cet homme à qui vous faites maintenant le procès. Je ne sais s'il conçut quelque bonne volonté pour moi, mais il se donnait la peine d'avertir les serviteurs de me hâcher de la mangeaille. Il avait quelquefois la bonté de me l'apprêter lui-même. Si en hiver j'étais morfondue, il me portait auprès du feu, calfeutrait ma cage, ou commandait au jardinier de me réchauffer dans sa chemise. Les domestiques n'osaient m'agacer en sa présence, et je me souviens qu'un jour il me sauva de la gueule du chat, qui me tenait entre les griffes, où le petit laquais de Madame m'avait exposé. Mais il ne sera pas mal à propos de vous apprendre la cause de cette barbarie. Pour complaire à Verdelet, — c'est le nom du petit laquais, — je répétais un jour les sottises qu'il m'avait enseignées. Or, il arriva par malheur, quoique je récitasse toujours mes quolibets de suite, que je vins à dire en son ordre, justement comme il entrait pour faire un faux message : taisez-vous, fils de putain, vous avez menti. Cet homme accusé que voilà, qui, connaissant le naturel menteur du fripon, s'imagina que je pourrais bien avoir parlé par prophétie, envoya sur les lieux s'enquérir si Verdelet y avait été. Verdelet fut convaincu de fourbe, Verdelet fut fouetté, et Verdelet, pour se venger, m'eût fait manger au matou sans lui.

Le roi, d'un baissement de tête, témoigna qu'il était content de la pitié qu'elle avait eue de mon désastre ; il lui défendit toutefois de me plus parler en secret. Ensuite il demanda à l'avocat de ma partie si son plaidoyer était prêt. Il fit signe de la patte qu'il allait parler ; et voici, ce me semble, les mêmes points dont il insista contre moi.

MESSIEURS,

« La partie de ce criminel est Guillemette-la-Charnue, perdrix de son extraction, nouvellement arrivée du monde de la Terre, la gorge encore ouverte d'une balle de plomb que lui ont tirée les hommes, demanderesse à l'encontre du genre humain, et par conséquent à l'encontre d'un animal que je prétends être un membre de ce grand corps. Il ne nous serait pas malaisé d'empêcher par sa mort les violences qu'il peut faire ; toutefois, comme le salut ou la perte de tout ce qui vit importe à la république des vivants, il me semble que nous mériterions d'être nés hommes, c'est-à-dire dégradés de la raison et de l'immortalité que nous avons par-dessus eux, si nous leur avions ressemblé par quelqu'une de leurs injustices.

» Examinons donc, Messieurs, les difficultés de ce procès, avec toute la contention de laquelle nos divins esprits sont capables.

» Le nœud de l'affaire consiste à savoir si cet animal est homme; et puis, en cas que nous avérions qu'il le soit, si pour cela il mérite la mort.

» Pour moi je ne fais point de difficulté qu'il ne le soit; premièrement, par un sentiment d'horreur dont nous nous sommes tous sentis saisis à sa vue sans en pouvoir dire la cause ; secondement, en ce qu'il rit comme un fol ; troisièment, en ce qu'il pleure comme un sot; quatrièmement, en ce qu'il se mouche comme un vilain; cinquièmement, en ce qu'il est plumé comme un galeux ; sixièmement, en ce qu'il porte là..... devant; septièmement, en ce qu'il a toujours une quantité de petits grès carrés dans la bouche qu'il n'a pas l'esprit de cracher ni d'avaler; huitièmement, et pour conclusion, en ce qu'il lève en haut tous les matins ses yeux, son nez et son large bec, colle ses mains ouvertes la pointe au ciel plat contre plat, et n'en fait qu'une attachée, comme s'il s'ennuyait d'en avoir deux libres, se casse les jambes par la moitié, en sorte qu'il tombe sur ses gigots; puis, avec des paroles magiques qu'il bourdonne, j'ai pris garde que ses jambes rompues se rattachent, et qu'il se relève après aussi gai qu'auparavant. Or, vous savez, Messieurs, que de tous les animaux il n'y a que l'homme seul dont l'âme soit assez noire pour s'adonner à la magie, et par conséquent celui-ci est homme. Il faut maintenant examiner si pour être homme il mérite la mort.

» Je pense, Messieurs, qu'on n'a jamais révoqué en doute que toutes les créatures sont produites, par notre commune mère, pour vivre en société. Or, si je prouve que l'homme semble n'être né que pour la rompre, ne prouverai-je pas qu'allant contre la fin de sa création il mérite que la nature se repente de son ouvrage?

» La première et la plus fondamentale loi pour la manutention d'une république, c'est l'égalité; mais l'homme ne la saurait endurer éternellement: il se rue sur nous pour nous manger; il se fait accroire que nous n'avons été faits que pour lui; il prend pour argument de sa supériorité prétendue la barbarie avec laquelle il nous massacre, et le peu de résistance qu'il trouve à forcer notre faiblesse, et ne veut pas cependant avouer pour ses maîtres, les aigles, les condors et les griffons, par qui les plus robustes d'entre eux sont surmontés.

» Mais pourquoi cette grandeur et disposition de membres marquerait-elle diversité d'espèce, puisque entre eux-mêmes il se rencontre des nains et des géants?

» Encore est-ce un droit imaginaire que cet empire dont ils se flattent; ils sont, au contraire, si enclins à la servitude que, de peur de manquer de servir, ils se vendent les uns aux autres leur liberté. C'est ainsi que les jeunes sont esclaves des vieux, les pauvres des riches, les paysans des gentilshommes, les princes des monarques, et les monarques mêmes des lois qu'ils ont établies.

» Mais avec tout cela ces pauvres serfs ont si peur de manquer de maîtres, que, comme s'ils appréhendaient que la liberté ne leur vînt de quelque endroit non attendu, ils se forgent des dieux de toutes parts, dans l'eau, dans l'air, dans le feu, sous la terre ; ils en feront plutôt de bois qu'ils n'en aient. Et je crois même qu'ils se châtouillent des fausses espérances de l'immortalité, moins par l'horreur dont le non-être les effraie que par la crainte qu'ils ont de n'avoir pas qui leur commande après la mort. Voilà le bel effet de cette fantastique monarchie, et de cet empire si naturel de l'homme sur les animaux et sur nous-mêmes ; car son insolence a été jusque-là.

» Cependant, en conséquence de cette principauté ridicule, il s'attribue tout joliment sur nous le droit de vie et de mort ; il nous dresse des embuscades, il nous enchaîne, il nous jette en prison, il nous égorge, il nous mange, et de la puissance de tuer ceux qui sont demeurés libres il fait un prix à la noblesse. Il pense que le Soleil s'est allumé pour l'éclairer à nous faire la guerre ; que nature nous a permis d'étendre nos promenades dans le ciel, afin seulement que de notre vol il puisse tirer de malheureux ou favorables auspices ; et quand Dieu mit des entrailles dedans notre corps, qu'il n'eut intention que de faire un grand livre où l'homme pût apprendre la science des choses futures.

» Hé bien, ne voilà-t-il pas un orgueil tout-à-fait

insupportable? Celui qui l'a conçu pouvait-il mériter un moindre châtiment que de naître homme? Ce n'est pas toutefois sur quoi je vous presse de condamner celui-ci. La pauvre bête n'ayant pas comme nous l'usage de la raison, j'excuse ses erreurs, quant à celles que produit son défaut d'entendement; mais pour celles qui ne sont filles que de la volonté, j'en demande justice : par exemple, de ce qu'il nous tue, sans être attaqué par nous; de ce qu'il nous mange, pouvant repaître sa faim de nourriture plus convenable; et ce que j'estime beaucoup plus lâche, de ce qu'il débauche le bon naturel de quelques-uns des nôtres, comme des laniers, des faucons et des vautours, pour les instruire au massacre des leurs, à faire gorge-chaude de leur semblable ou nous livrer entre ses mains.

» Cette seule considération est si pressante, que je demande à la cour qu'il soit exterminé de la mort triste. »

Tout le barreau frémit de l'horreur d'un si grand supplice; c'est pourquoi, afin d'avoir lieu de le modérer, le roi fit signe à mon avocat de répondre.

C'était un étourneau, grand jurisconsulte, lequel, après avoir frappé trois fois de sa patte contre la branche qui le soutenait, parla ainsi à l'assemblée :

« Il est vrai, Messieurs, qu'ému de pitié j'avais entrepris la cause de cette malheureuse bête; mais, sur le point de la plaider, il m'est venu un remords de conscience, et comme une voix secrète qui m'a défendu d'accomplir une action si détestable. Ainsi, Messieurs, je vous déclare, et à toute la cour, que, pour faire le salut de mon âme, je ne veux contribuer en façon quelconque à la durée d'un monstre tel que l'homme. »

Toute la populace claqua du bec en signe de réjouissance et pour approuver la sincérité d'un si oiseau de bien.

Ma pie se présenta pour plaider à sa place, mais il lui fut impossible d'avoir audience, à cause qu'ayant été nourrie parmi les hommes et peut-être infectée de leur morale, il était à craindre qu'elle n'apportât à ma cause un esprit prévenu ; car la cour des oiseaux ne souffre point que l'avocat qui s'intéresse davantage pour un client que pour l'autre, soit ouï, à moins qu'il ne puisse justifier que cette inclination procède du bon droit de la partie.

Quand mes juges virent que personne ne se présentait pour me défendre, ils étendirent leurs ailes qu'ils secouèrent, et volèrent incontinent aux opinions.

La plus grande partie, comme j'ai su depuis, insista fort que je fusse exterminé de la mort triste ; mais, toutefois, quand on aperçut que le roi penchait à la douceur, chacun revint à son opinion.

Ainsi, mes juges se modérèrent, et, au lieu de la mort triste dont ils me firent grâce, ils trouvèrent à propos, pour faire sympathiser mon châtiment à quelqu'un de mes crimes, et m'anéantir par un supplice qui servît à me détromper, en bravant ce prétendu empire de l'homme sur les oiseaux, que je fusse abandonné à la colère des plus faibles d'entre eux, cela veut dire qu'ils me condamnèrent à être mangé des mouches.

En même temps, l'assemblée se leva, et j'entendis murmurer qu'on ne s'était pas davantage étendu à particulariser les circonstances de ma tragédie, à cause de l'accident arrivé à un oiseau de la troupe, qui venait de tomber en pâmoison comme il voulait parler au roi. On crut qu'elle était causée par l'horreur qu'il avait eue de regarder trop fièrement un homme ; c'est pourquoi on donna ordre de m'emporter.

Mon arrêt me fut prononcé auparavant, et aussitôt que l'orfraie qui servait de greffier criminel eut achevé de me le lire, j'aperçus à l'entour de moi le ciel tout noir de mouches, de bourdons, d'abeilles, de guiblets, de cousins et de puces, qui bruissaient d'impatience.

J'attendais encore que mes aigles m'enlevassent comme à l'ordinaire ; mais je vis à leur place une grande autruche noire qui me mit honteusement à califourchon sur son dos ; car cette posture est entre eux la plus ignominieuse où l'on puisse appliquer un criminel, et jamais oiseau, pour quelque offense qu'il ait commise, n'y peut être condamné.

Les archers qui me conduisirent au supplice étaient une cinquantaine de condors, et autant de griffons. Devant et derrière ceux-ci volait fort lentement une procession de corbeaux qui croassaient je ne sais quoi de lugubre, et il me semblait ouïr comme de plus loin des chouettes qui leur répondaient.

Au partir du lieu où mon jugement m'avait été rendu, deux oiseaux de paradis, à qui on avait donné charge de m'assister à la mort, se vinrent asseoir sur mes épaules.

Quoique mon âme fût alors fort troublée à cause de

l'horreur du pas que j'allais franchir, je me suis pourtant souvenu de quasi tous les raisonnements par lesquels ils tâchèrent de me consoler.

— La mort, me dirent-ils, en me mettant le bec à l'oreille, n'est pas sans doute un grand mal, puisque nature, notre bonne mère, y assujettit tous ses enfants ; et ce ne doit pas être une affaire de grande conséquence, puisqu'elle arrive à tout moment et pour si peu de chose ; car si la vie était si excellente, il ne serait pas en notre pouvoir de ne la point donner ; ou si la mort traînait après soi des suites de l'importance que tu te fais accroire, il ne serait pas en notre pouvoir de la donner. Il y a beaucoup d'apparence au contraire, puisque l'animal commence par jeu, qu'il finit de même. Je parle à toi ainsi, à cause que ton âme n'étant pas immortelle comme la nôtre, tu peux bien juger quand tu meurs que tout meurt avec toi. Ne t'afflige donc point de faire plus tôt ce que quelques-uns de tes compagnons feront plus tard ; leur condition est plus déplorable que la tienne ; car si la mort est un mal, elle n'est mal qu'à ceux qui ont à mourir ; et ils seront au prix de toi, qui n'as plus qu'une heure entre ci et là, cinquante ou soixante ans en état de pouvoir mourir ; et puis, dis-moi, celui qui n'est pas né n'est pas malheureux. Or, tu vas être comme celui qui n'est pas né ; un clin-d'œil après la vie, tu seras ce que tu étais un clin-d'œil devant ; et ce clin-d'œil passé, tu seras mort d'aussi longtemps que celui qui mourut il y a mille siècles. Mais, en tout cas, supposé que la vie soit un bien, le même rencontre qui, parmi l'infinité du temps, a pu faire que tu sois, ne peut-il pas faire quelque jour que tu sois encore un autre coup? La matière qui a forcé de se mêler est enfin arrivée à ce nombre : cette disposition et cet ordre nécessaire à la construction de ton être ne peut-il pas, en se remêlant, arriver à une disposition requise pour faire que tu te sentes être encore une autre fois? Oui, me diras-tu, je ne me souviendrai pas d'avoir été. Hé! mon cher frère, que t'importe pourvu que tu te sentes être? Et puis, ne se peut-il pas faire que pour te consoler de la perte de ta vie, tu imagineras les mêmes raisons que je te représente maintenant? Voilà des considérations assez fortes pour t'obliger à boire cette absinthe en patience; il m'en reste toutefois d'autres encore plus pressantes qui t'inviteront sans doute à la souhaiter. Il faut, mon cher frère, te persuader que comme toi et les autres brutes êtes matériels, et comme la mort, au lieu d'anéantir la matière, elle n'en fait que troubler l'économie, tu dois, dis-je, croire avec certitude que, cessant d'être ce que tu étais, tu commenceras d'être quelqu'autre chose. Je veux donc que tu ne deviennes qu'une motte de terre ou un caillou; encore seras-tu quelque chose de moins méchant que l'homme. Mais j'ai un secret à te découvrir, que je ne voudrais pas qu'aucun de mes compagnons eût entendu de ma bouche, c'est qu'étant mangé, comme tu vas être, de nos petits oiseaux, tu passeras en leur substance. Oui, tu auras l'honneur de contribuer, quoique aveuglément, aux opérations intellectuelles de nos mouches, et de participer à la gloire, si tu ne raisonnes toi-même, de les faire au moins raisonner.

Environ à cet endroit de l'exhortation, nous arrivâmes au lieu destiné pour mon supplice.

Il y avait quatre arbres fort proches l'un de l'autre et quasi en même distance, sur chacun desquels, à hauteur pareille, un grand héron s'était perché.

On me descendit de dessus l'autruche noire, et quantité de cormorans m'élevèrent où les quatre hérons m'attendaient. Ces oiseaux, vis-à-vis l'un de l'autre, appuyés fermement chacun sur son arbre, avec leur col de longueur prodigieuse, m'entortillèrent comme avec une corde, les uns par les bras, les autres par les jambes, et me lièrent si serré, qu'encore que chacun de mes membres ne fût garrotté que du col d'un seul, il n'était pas en ma puissance de me remuer le moins du monde.

Ils devaient demeurer longtemps en cette posture, car j'entendis qu'on donna charge à ces cormorans qui m'avaient élevé, d'aller à la pêche pour les hérons, et de leur couler la mangeaille dans le bec.

On attendait encore les mouches à cause qu'elles n'avaient pas fendu l'air d'un vol si puissant que nous; toutefois on ne resta guère sans les ouïr.

Pour la première fois qu'ils exploitèrent, d'abord ils s'entredépartirent mon corps; et cette distribution fut faite si malicieusement qu'on assigna mes yeux aux abeilles, afin de me les crever en les mangeant; mes oreilles aux bourdons, afin de me les étourdir et me les dévorer tout ensemble; mes épaules aux puces, afin de les entamer d'une morsure qui me démangeât, et ainsi du reste. A peine leur avais-je entendu disposer de leurs ordres, qu'incontinent après je les vis approcher. Il semblait que tous les atomes dont l'air est composé se fussent convertis en mouches; car je n'étais presque pas visité de deux ou trois faibles rayons de lumière qui semblaient se dérober pour venir jusqu'à moi, tant ces bataillons étaient serrés et voisins de ma chair.

Mais comme chacun d'entre eux choisissait déjà du désir la place qu'il devait mordre, tout-à-coup je les vis brusquement reculer, et parmi la confusion d'un nombre infini d'éclats qui retentissaient jusqu'aux nues, je distinguai plusieurs fois ce mot de grâce! grâce! grâce!

Ensuite deux tourterelles s'approchèrent de moi; à leur venue tous les funestes appareils de ma mort se dissipèrent; je sentis mes hérons relâcher les cercles de ces longs cous qui m'entortillaient, et mon corps, étendu en sautoir, tomber du faîte des quatre arbres jusqu'aux pieds de leurs racines.

Je n'attendais de ma chute que de briser à terre contre quelques rochers; mais au bout de ma peur je fus bien étonné de me trouver à mon séant sur une autruche blanche qui se mit au galop dès qu'elle me sentit sur son dos.

On me fit faire un autre chemin que celui par où j'étais venu, car il me souvient que je traversai un grand bois de myrtes et un autre de térébinthes, aboutissant à une vaste forêt d'oliviers, où m'attendait le roi colombe, au milieu de toute sa cour.

Sitôt qu'il m'aperçut, il fit signe qu'on m'aidât à descendre. Aussitôt deux aigles de la garde me tendirent les pattes et me portèrent à leur prince.

Je voulus par respect embrasser et baiser les petits ergots de Sa Majesté, mais elle se retira.

— Je vous demande, dit-elle auparavant, si vous connaissez cet oiseau.

A ces paroles on me montra un perroquet qui se mit à rouer et à battre des ailes, comme il aperçut que je le considérais.

— Il me semble, criai-je au roi, que je l'ai vu quelque part, mais la peur et la joie ont chez moi tellement brouillé les espèces que je ne puis encore marquer bien clairement où ç'a été.

Le perroquet, à ces mots, me vint de ses deux ailes accoler le visage et me dit :

— Quoi! vous ne connaissez plus César, le perroquet de votre cousine, à l'occasion de qui vous avez tant de fois soutenu que les oiseaux raisonnent? C'est moi qui tantôt pendant votre procès ai voulu déclarer à l'assemblée les obligations que je vous ai ; mais la douleur de vous voir en un si grand péril m'a fait tomber en pâmoison.

Son discours acheva de me dessiller la vue ; l'ayant donc reconnu, je l'embrassai et le baisai ; il m'embrassa et me baisa.

— Donc, lui dis-je, est-ce toi, mon pauvre César, à qui j'ouvris la cage pour te rendre la liberté que la tyrannique coutume de notre monde t'avait ôtée ?

Le roi interrompit nos caresses, et me parla de la sorte :

— Homme, parmi nous une bonne action n'est jamais perdue. C'est pourquoi, encore qu'étant homme tu mérites de mourir seulement à cause que tu es né, le Sénat te donne la vie. Il peut bien accompagner de cette reconnaissance les lumières dont nature éclaira ton instinct, quand elle te fit pressentir en nous la raison que tu n'étais pas capable de connaître. Va donc en paix, et vis joyeux.

Il donna tout bas quelques ordres, et mon autruche blanche, conduite par les deux tourterelles, m'emporta de l'assemblée.

Après m'avoir galopé environ un demi jour, elle me laissa proche d'une forêt, où je m'enfonçai dès qu'elle fut partie. Là, je commençai à goûter le plaisir de la liberté, et celui de manger le miel qui coulait le long de l'écorce des arbres.

Je pense que je n'eusse jamais fini ma promenade, car l'agréable diversité du lieu me faisait toujours découvrir quelque chose de plus beau, si mon corps eût pu résister au travail; mais, comme enfin je me trouvai tout-à-fait amolli de lassitude, je me laissai couler sur l'herbe.

Ainsi étendu à l'ombre de ces arbres, je me sentais inviter au sommeil par la douce fraîcheur et le silence de la solitude, quand un bruit incertain de voix confuses, qu'il me semblait entendre voltiger autour de moi, me réveilla en sursaut.

Le terrain paraissait fort uni et n'était hérissé d'aucun buisson qui pût rompre la vue; c'est pourquoi la mienne s'allongeait fort avant entre les arbres de la forêt. Cependant le murmure qui venait à mon oreille ne pouvait partir que de fort proche de moi, de sorte que m'y étant rendu encore plus attentif, j'entendis fort distinctement une suite de paroles grecques, et, parmi beaucoup de personnes qui s'entretenaient, j'en démêlai une qui s'exprimait ainsi :

— Monsieur le médecin, un de mes alliés, l'orme à trois têtes, me vient d'envoyer un pinson par lequel il me mande qu'il est malade d'une fièvre étique et d'un grand mal de mousse, dont il est couvert depuis la tête jusqu'aux pieds. Je vous supplie, par l'amitié que vous me portez, de lui ordonner quelque chose.

Je demeurai quelque temps sans rien ouïr ; mais, au bout d'un petit espace, il me semble qu'on répliqua ainsi :

— Quand l'orme à trois têtes ne serait point votre allié, et quand, au lieu de vous, qui êtes mon ami, le plus étrange de notre espèce me ferait cette prière, ma profession m'oblige de secourir tout le monde. Vous ferez donc dire à l'orme à trois têtes que, pour la guérison de son mal, il a besoin de sucer le plus d'humide et le moins de sec qu'il pourra ; que, pour cet effet, il doit conduire les petits filets de ses racines vers l'endroit le plus moite de son lit, ne s'entretenir que de choses gaies et se faire, tous les jours, donner la musique par quelques rossignols excellents. Après il vous fera savoir comment il se sera trouvé de ce régime de vivre, et puis, selon le progrès de son mal, quand nous aurons préparé ses humeurs, quelque cigogne de mes amies lui donnera, de ma part, un clystère qui le remettra tout-à-fait en convalescence.

Ces paroles achevées, je n'entendis plus le moindre bruit, sinon qu'un quart d'heure après une voix, que je n'avais point encore, ce me semble, remarquée, parvint à mon oreille, et voici comment elle parlait :

— Holà, Fourchu, dormez-vous ?

J'ouïs qu'une autre voix répliquait ainsi :

— Non, Fraîche Ecorce, pourquoi ?

— C'est, reprit celle qui, la première, avait rompu le silence, que je me sens émue de la même façon que nous avons accoutumé de l'être, quand ces animaux qu'on appelle hommes nous approchent, et je voudrais vous demander si vous sentez la même chose.

Il se passa quelque temps avant que l'autre répondit, comme s'il eût voulu appliquer à cette découverte ses sens les plus secrets. Puis il s'écria :

— Mon Dieu, vous avez raison, et je vous jure que je trouve mes organes tellement pleins des espèces d'un homme, que je suis le plus trompé du monde s'il n'y en a quelqu'un fort proche d'ici.

Alors plusieurs voix se mêlèrent qui disaient qu'assurément elles sentaient un homme.

J'avais beau distribuer ma vue de tous côtés, je ne découvrais point d'où pouvait provenir cette parole ; enfin, après m'être un peu remis de l'horreur dont cet évènement m'avait consterné, je répondis à celle qu'il me sembla remarquer que c'était elle qui demandait s'il y avait là un homme, qu'il y en avait un.

— Mais je vous supplie, continuai-je aussitôt, qui que vous soyez qui parlez à moi, de me dire où vous êtes.

Un moment après, j'écoutai ces mots :

— Nous sommes en ta présence, tes yeux nous regardent, et tu ne nous vois pas. Envisage les chênes où nous sentons que tu tiens ta vue attachée ; c'est nous qui te parlions une langue usitée au monde d'où tu viens ; sache que nos premiers pères en sont originaires ; ils demeuraient en Epire, dans la forêt de Dodone, où leur bonté naturelle les convia de rendre des oracles aux affligés qui les consultaient. Ils avaient, pour cet effet, appris la langue grecque, la plus universelle qui fût alors, afin d'être entendus, et, parce que nous descendons d'eux de père en fils, le don de prophétie a coulé jusqu'à nous. Or, tu sauras qu'un grand aigle à qui nos pères de Dodone donnaient retraite, ne pouvant aller à la chasse à cause d'une main qu'il s'était rompue, se repaissait du gland que leurs rameaux lui fournissaient, quand un jour, ennuyé de vivre dans un monde où il souffrait tant, il prit son vol au Soleil, et continua son voyage si heureusement qu'enfin il aborda le globe lumineux où nous sommes ; mais, à son arrivée, la chaleur du climat le fit vomir ; il se déchargea de force gland non encore digéré ; ce gland germa, il en crut des chênes qui furent nos aïeux. Voilà comment nous changeâmes d'habitation. Cependant, encore que vous nous entendiez parler une langue humaine, ce n'est pas à dire que les autres arbres s'expliquent de même. Il n'y a rien que nous autres chênes, issus de la forêt de Dodone, qui parlions comme vous ; car, pour les autres végétants, voici leur façon de s'exprimer. N'avez-vous point pris garde à ce vent doux et subtil qui ne manque jamais de respirer à l'orée des bois? C'est l'haleine de leur parole, et ce petit murmure ou ce bruit délicat dont ils rompent le sacré silence de leur solitude, c'est proprement leur langage; mais encore que le bruit des forêts semble toujours le même, il est toutefois si différent que chaque espèce de végétaux garde le sien particulier; en sorte que le bouleau ne parle pas comme l'érable, ni le hêtre comme le cérisier. Si le sot peuple de votre monde m'avait entendu parler comme je sais, il croirait que ce serait un Diable enfermé sous mon écorce; car, bien loin de croire que nous puissions raisonner, il ne s'imagine pas même que nous ayons l'âme sensitive, encore que tous les jours il voie, qu'au premier coup dont le bûcheron assaut un arbre, la coignée entre dans la chair quatre fois plus avant qu'au second, et qu'ils doivent conjecturer qu'assurément le premier coup l'a surpris et frappé au dépourvu, puisque aussitôt qu'il a été averti par la douleur, il s'est ramassé en soi-même, a réuni ses forces pour combattre et s'est comme pétrifié pour résister à la dureté des armes de son ennemi. Mais mon dessein n'est pas de faire comprendre la lumière aux aveugles : un particulier m'est toute l'espèce, et toute l'espèce ne m'est qu'un particulier, quand le particulier n'est point infecté des erreurs de l'espèce. C'est pourquoi soyez attentif; car je crois parler, en vous parlant, à tout le genre humain. Vous saurez donc, en premier lieu, que presque tous les concerts dont les oiseaux font musique sont composés à la louange des arbres ; mais aussi, en récompense du soin qu'ils prennent de célébrer nos belles actions, nous nous donnons celui de cacher leurs amours ; car ne vous imaginez pas, quand vous avez tant de peine à découvrir un de leurs nids, que cela provienne de la prudence avec laquelle ils l'ont caché, c'est l'arbre qui lui-même a plié ses rameaux tout autour du nid pour garantir des cruautés de l'homme la famille de son hôte : et qu'ainsi ne soit, considérez l'aire de ceux, ou qui sont nés à la destruction des oiseaux, leurs concitoyens, comme des éperviers, des hobereaux, des milans, des faucons, etc. ; ou qui ne parlent que pour quereller, comme les geais et les pies ; ou qui prennent plaisir à nous faire peur, comme des hiboux et des chats-huants, vous remarquerez que l'aire de ceux-là est abandonnée à la vue de tout le monde, parce que l'arbre en a éloigné ses branches, afin de la donner en proie. Mais il n'est pas besoin de particulariser tant de choses pour prouver que les arbres exercent, soit du corps, soit de l'âme, toutes vos fonctions. Y a-t-il quelqu'un parmi vous qui n'ait remarqué qu'au printemps, quand le Soleil a réjoui notre écorce d'une sève féconde, nous allongeons nos rameaux et les étendons chargés de fruits sur le sein de la terre dont nous sommes amoureux ? La terre, de son côté, s'entr'ouvre et s'échauffe d'une même ardeur, et comme si chacun de nos rameaux était un..... elle s'en approche pour s'y joindre, et nos rameaux, transportés de plaisir, se déchargent dans son giron de la semence qu'elle brûle de concevoir. Elle est pourtant neuf mois à former cet embryon avant que de le mettre au jour; mais l'arbre, son mari, qui craint que la froideur de l'hiver ne nuise à sa grossesse, dépouille sa robe verte pour la couvrir, se contentant, pour cacher quelque chose de sa nudité, d'un vieux manteau de feuilles mortes. Hé bien, vous autres hommes, vous regardez éternellement ces choses et ne les contemplez jamais; il s'en est passé à vos yeux de plus convaincantes encore qui n'ont pas seulement ébranlé les aheurtés.

J'avais l'attention fort bandée aux discours dont cette voix arborique m'entretenait, et j'attendais la suite, quand tout-à-coup elle cessa d'un ton semblable à celui d'une personne que la courte haleine empêcherait de parler.

Comme je la vis tout-à-fait obstinée au silence, je la conjurai, par toutes les choses que je crus qui la pouvaient davantage émouvoir, qu'elle daignât instruire une personne qui n'avait risqué les périls d'un si grand voyage que pour apprendre. J'ouïs dans ce temps-là deux ou trois voix qui lui faisaient, pour l'amour de moi, les mêmes prières, et j'en distinguai une qui lui dit, comme si elle eût été fâchée :

— Or bien, puisque vous plaignez tant vos poumons, reposez-vous, je lui vais conter l'histoire des arbres amants.

— O qui que vous soyez, m'écriai-je en me jetant à genoux, le plus sage de tous les chênes de Dodone, qui daignez prendre la peine de m'instruire, sachez que vous ne ferez pas leçon à un ingrat, car je fais vœu, si jamais je retourne à mon globe natal, de publier les merveilles dont vous me faites l'honneur de pouvoir être témoin.

J'achevais cette protestation, lorsque j'entendis la même voix continuer ainsi :

— Regardez, petit homme, à douze ou quinze pas de votre main droite, vous verrez d'autres arbres jumeaux de médiocre taille, qui, confondant leurs branches et leurs racines, s'efforcent par mille sortes de moyens de ne devenir qu'un.

Je tournai les yeux vers ces plantes d'amour, et j'observai que les feuilles de toutes les deux, légèrement agitées d'une émotion quasi volontaire, excitaient en frémissant un murmure si délicat, qu'à peine effleurait-il l'oreille, avec lequel pourtant on eût dit qu'elles tâchaient de s'interroger et de se répondre.

Après qu'il se fut passé environ le temps nécessaire à remarquer ce double végétant, mon bon ami le chêne reprit ainsi le fil de son discours :

— Vous ne sauriez avoir tant vécu sans que la fameuse amitié de Pylade et d'Oreste soit venue à votre connaissance. Je vous décrirais toutes les joies d'une douce passion, et je vous conterais tous les miracles dont ces amants ont étonné leur siècle, si je ne craignais que tant de lumière n'offensât les yeux de votre raison ; c'est pourquoi je peindrai ces deux jeunes soleils seulement dans leur éclipse. Il vous suffira donc de savoir qu'un jour le brave Oreste, engagé dans une bataille, cherchait son cher Pylade pour goûter le plaisir de vaincre ou de mourir en sa présence. Quand il l'aperçut au milieu de cent bras de fer élevés sur sa tête, hélas! que devint-il? Désespéré, il se lança à travers une forêt de piques, il cria, il hurla, il écuma; mais que j'exprime mal l'horreur des mouvements de cet inconsolable : il s'arracha les cheveux, il mangea ses mains, il déchira ses plaies. Encore au bout de cette description suis-je obligé de dire que le moyen d'exprimer sa douleur mourut avec lui. Quand avec son épée il se croyait faire un chemin pour aller secourir Pylade, une montagne d'hommes s'opposait à son passage. Il les pénétra pourtant, et après avoir longtemps marché sur les sanglants trophées de sa victoire, il s'approcha peu à peu de Pylade; mais Pylade lui sembla si proche du trépas, qu'il n'osa presque plus parer aux ennemis de peur de survivre à la chose pour laquelle il vivait. On eût dit même, à voir ses yeux tout pleins des ombres de la mort, qu'il tâchait avec ses regards d'empoisonner les meurtriers de son ami. Enfin Pylade tomba sans vie; et l'amoureux Oreste, qui sentait pareillement la sienne sur le bord de ses lèvres, la retint toujours, jusqu'à ce que d'une vue égarée ayant cherché parmi les morts et retrouvé Pylade, il sembla collant sa bouche vouloir jeter son âme dedans le corps de son ami. Le plus jeune de ces héros expira de douleur sur le cadavre de son ami, et vous saurez que de la pourriture de leur tronc, qui sans doute avait engrossé la terre, on vit germer, entre les os déjà blancs de leurs squelettes, deux jeunes arbrisseaux, dont la tige et les branches se joignant pêle-mêle semblaient ne se hâter de croître qu'afin de s'entortiller davantage. On connut bien qu'ils avaient changé d'être, sans oublier ce qu'ils avaient été; car leurs boutons parfumés se penchaient l'un sur l'autre, et s'entrechauffaient de leur haleine, comme pour se faire éclore plus vite. Mais que dirai-je de l'amoureux partage qui maintenait leur société? Jamais le suc, où réside l'aliment, ne s'offrait à leur souche, qu'ils ne le partageassent avec cérémonie; jamais l'un n'était mal nourri, que l'autre ne fût malade d'inanition; ils tiraient tous deux par dedans les mamelles de leur nourrice comme vous autres les tétez par dehors. Enfin, ces amants bienheureux produisirent des pommes, mais des pommes miraculeuses qui firent encore plus de miracles que leurs pères. On n'avait pas sitôt mangé des pommes de l'un, qu'on devenait éperdument passionné pour quiconque avait mangé du fruit de l'autre, et cet accident arrivait quasi tous les jours, parce que tous les jets de Pylade environnaient ou se trouvaient environnés de ceux d'Oreste; et leurs fruits presque jumeaux ne se pouvaient résoudre à s'éloigner. La nature pourtant avait distingué l'énergie de leur double essence avec tant de précaution, que quand le fruit de l'un des arbres était mangé par un homme, et le fruit de l'autre arbre par un autre homme, cela engendrait l'amitié réciproque; et quand la même chose arrivait entre deux personnes de sexe différent, elle engendrait l'amour, mais un amour vigoureux qui gardait toujours le caractère de sa cause; car encore que ce fruit proportionnât son effet à la puissance, amollissant sa vertu dans une femme, il conservait pourtant toujours je ne sais quoi de mâle. Il faut encore remarquer que celui des deux qui en avait mangé le plus était le plus aimé. Ce fruit n'avait garde qu'il ne fût et fort doux et fort beau, n'y ayant rien de si beau ni de si doux que l'amitié ; aussi fut-ce ces deux qualités de beau et de bon, qui ne se rencontrent guère en un même sujet, qui le mirent en vogue. O combien de fois, par sa miraculeuse vertu, multiplia-t-il les exemples de Pylade et d'Oreste! On vit depuis ce temps-là des Hercules et des Thésées, des Achilles et des Patrocles, des Nisus et des Euriales ; bref, un nombre innombrable de ceux qui, par des amitiés plus qu'humaines, ont conservé leur mémoire au temple de l'éternité : on en porta des rejetons au Péloponèse, et le parc des exercices où les Thébains dressaient la jeunesse en fut orné. Ces arbres jumeaux étaient plantés à la ligne, et dans la saison que le fruit pendait aux branches, les jeunes gens, qui tous les jours allaient au parc, tentés par sa beauté, ne s'abstinrent pas d'en manger ; leur courage selon l'ordinaire en sentit incontinent l'effet. On les vit pêle-mêle s'entredonner leurs âmes, chacun d'eux devenir la moitié d'un autre, vivre moins en soi qu'en son ami, et le plus lâche entreprendre pour le sien des choses téméraires. Cette céleste maladie échauffa leur sang d'une si noble ardeur, que par l'avis des plus sages on enrôla pour la guerre cette troupe d'amants dans une même compagnie. On la nomma depuis, à cause des actions héroïques qu'elle exécutait, la bande sacrée. Ses exploits allèrent beaucoup au-dessus de ce que Thèbes s'en était promis ; car chacun de ces braves, au combat, pour garantir son amant, ou pour mériter d'en être aimé, hasardait des efforts si incroyables, que l'antiquité n'a rien vu de pareil. Aussi, tant que subsista cette amoureuse compagnie, les Thébains, qui passaient auparavant pour les pires soldats d'entre les Grecs, battirent et surmontèrent toujours depuis les Lacédémoniens mêmes, les plus belliqueux peuples de la terre. Mais en un nombre infini de louables actions dont ces pommes furent cause, ces mêmes pommes en produisirent innocemment de bien honteuses. Myrrha, jeune demoiselle de qualité, en mangea avec Cinyre son père; malheureusement l'une était de Pylade et l'autre d'Oreste. L'amour aussitôt absorba la nature, et la confondit en telle sorte, que Cinyre pouvait jurer, je suis mon gendre ; et Myrrha, je suis ma marâtre. Enfin, je crois que c'est assez vous apprendre tout ce crime, d'ajouter qu'au bout de neuf mois le père devint aïeul de ceux qu'il engendra, et que la fille enfanta ses frères. Encore le hasard ne se contenta pas de ce crime; il voulut qu'un taureau, étant entré dans les jardins du roi Minos, trouvât malheureusement sous un arbre d'Oreste quelques pommes qu'il engloutit; je dis malheureusement, parce que la reine Pasiphaé tous les jours mangeait de ce fruit. Les voilà donc furieux d'amour l'un pour l'autre. Je n'en expliquerai point toutefois l'énorme jouissance, il suffira de dire que Pasiphaé se plongea dans un crime qui n'avait point encore eu d'exemple. Le fameux sculpteur Pygmalion, précisément dans ce temps-là, taillait au palais une Vénus de marbre. La reine qui aimait les bons ouvriers, par régale lui fit présent d'une couple de ces pommes : il en mangea la plus belle ; et parce que l'eau, qui comme vous savez est nécessaire à l'incision du marbre, vint par hasard à lui manquer, il humecta sa statue de l'autre. Le marbre, en même temps pénétré de ce suc, s'amollit peu à peu, et l'énergique vertu de cette pomme conduisant son labeur selon le dessein de l'ouvrier, suivit au-dedans de l'image les traits qu'elle avait rencontrés à la superficie ; car elle dilata, échauffa et colora à proportion de la nature des lieux qui se rencontrèrent dans son passage. Enfin le marbre devenu vivant, et touché de la passion de la pomme, embrasa Pygmalion de toutes les forces de son cœur ; et Pygmalion transporté d'un amour réciproque, la reçut pour sa femme. Dans cette même province, la jeune Iphis avait mangé de ce fruit avec la belle Ianthé sa compagne, dans toutes les circonstances requises pour causer une amitié réciproque : leur repas fut suivi de son effet accoutumé ; mais parce qu'Iphis l'avait trouvé d'un goût fort savoureux, elle en mangea tant, que son amitié, qui croissait avec le nombre de pommes dont elle ne se pouvait rassasier, usurpa toutes les fonctions de l'amour, et cet amour, à force d'augmenter peu à peu, devint plus mâle et plus vigoureux : car, comme tout son corps imbu de ce fruit brûlait de former des mouvements qui répondissent aux enthousiasmes de sa volonté, il remua chez soi la matière si puissamment, qu'il se construisit des organes beaucoup plus forts, capables de suivre sa pensée et de contenter pleinement son amour dans sa plus virile étendue ;

c'est-à-dire qu'Iphis devint ce qu'il faut être pour épouser une femme. J'appellerais cette aventure-là un miracle, s'il me restait un nom pour intituler l'évènement qui suit. Un jeune homme fort accompli, qui s'appelait Narcisse, avait mérité par son amour l'affection d'une fille fort belle, que les poètes ont célébrée sous le nom d'Echo : mais comme vous savez que les femmes, plus que ceux de notre sexe, ne sont jamais assez chéries, ayant ouï vanter la vertu des pommes d'Oreste, elle fit tant qu'elle en recouvra de plusieurs endroits ; et parce qu'elle appréhendait l'amour, étant toujours craintive que celles d'un arbre n'eussent moins de force que de l'autre, elle voulut qu'il goûtât de toutes les deux : mais à peine les eut-il mangées, que l'image d'Echo s'effaça de sa mémoire ; tout son amour se tourna vers celui qui avait digéré le fruit, il fut l'amant et l'aimé ; car la substance tirée de la pomme de Pylade embrasa dedans lui celle de la pomme d'Oreste. Ce fruit jumeau répandu par toute la masse du sang excita toutes les parties de son corps à se caresser ; son cœur où s'écoulait leur double vertu rayonna ses flammes en dedans ; tous ses membres, animés de sa passion, voulurent se pénétrer l'un l'autre : il n'est pas jusqu'à son image qui, brûlant encore parmi la froideur des fontaines, n'attirât son corps pour s'y joindre ; enfin le pauvre Narcisse devint éperdument amoureux de lui-même. Je ne serai point ennuyeux à vous raconter sa déplorable catastrophe ; les vieux siècles en ont assez parlé : aussi bien il me reste deux aventures à vous réciter qui consumeront mieux ce temps-là. Vous saurez donc que la belle Salmacis fréquentait le berger Hermaphrodite, mais sans autre privauté que celle que le voisinage de leur maison pouvait souffrir, quand la fortune, qui se plaît à troubler les vies les plus tranquilles, permit que dans une assemblée de jeux, où le prix de la beauté et celui de la course étaient deux de ces pommes, Hermaphrodite eut celle de la course, et Salmacis celle de la beauté. Elles avaient été cueillies, quoique ensemble, à divers rameaux, parce que ces fruits amoureux se mêlaient avec tant de ruse qu'un de Pylade se rencontrait toujours avec un d'Oreste; et cela était cause que paraissant jumeaux, on en détachait ordinairement une couple. La belle Salmacis mangea sa pomme, et le gentil Hermaphrodite serra la sienne dedans sa panetière, Salmacis inspirée des enthousiasmes de sa pomme, et de la pomme du berger qui commençait à s'échauffer dans sa panetière, se sentit attirée vers lui par le flux et le reflux sympathique de la sienne avec l'autre. Les parents du berger, qui s'aperçurent des amours de la nymphe, tâchèrent, à cause de l'avantage qu'ils trouvaient en cette alliance, de l'entretenir et de l'accroître : c'est pourquoi, ayant ouï vanter les pommes jumelles pour un fruit dont le suc inclinait les esprits à l'amour, ils en distillèrent, et de la quintessence la plus rectifiée ils trouvèrent moyen d'en faire boire à leur fils et à son amante. Son énergie, qu'ils avaient sublimée au plus haut degré qu'elle pouvait monter, alluma dans le cœur de ces amoureux un si véhément désir de se joindre, qu'à la première vue Hermaphrodite s'absorba dans Salmacis, et Salmacis se fondit entre les bras d'Hermaphrodite. Ils passèrent l'un dans l'autre, et de deux personnes de sexe différent, ils en composèrent un double je ne sais quoi qui ne fut ni homme ni femme. Quand Hermaphrodite voulut jouir de Salmacis, il se trouva être la nymphe ; et quand Salmacis voulut qu'Hermaphrodite l'embrassât, elle se sentit être le berger. Ce double je ne sais quoi gardait pourtant son unité ; il engendrait et concevait, sans être ni homme ni femme ; enfin, la nature en lui fit voir une merveille qu'elle n'a jamais su depuis empêcher d'être unique. Hé bien, ces histoires-là ne sont-elles pas étonnantes ? Elles le sont ; car de voir une fille s'accoupler à son père, une jeune princesse assouvir les amours d'un taureau, un homme aspirer à la jouissance d'une pierre, un autre se marier avec soi-même ; celle-ci célébrer fille un mariage qu'elle consomme garçon, cesser d'être homme sans commencer d'être femme, devenir besson hors du ventre de la mère, et jumeau d'une personne qui ne lui est point parent : tout cela est bien éloigné du chemin ordinaire de la nature ; et cependant ce que je vais vous raconter vous surprendra davantage. Parmi la somptueuse diversité de toutes sortes de fruits qu'on avait apportés des plus lointains climats pour le festin des noces de Cambyse, on lui présenta une greffe d'Oresté, qu'il fit enter sur un platane ; et parmi les autres délicatesses du dessert, on lui servit des pommes du même arbre. La friandise du mets le convia d'en manger beaucoup ; et la substance de ce fruit étant convertie après les trois coctions en un germe parfait, il en forma au ventre de la reine l'embryon de son fils Artaxerce ; car toutes les particularités de sa vie ont fait conjecturer à ses médecins qu'il doit avoir été produit de la sorte. Quand le jeune cœur de ce prince fut en âge de mériter la colère d'amour, on ne remarqua point qu'il soupirât pour ses semblables ; il n'aimait que les arbres, les vergers et les bois ; mais par-dessus tous ceux pour lesquels il parut sensible, le beau platane sur lequel son père Cambyse avait déjà fait entrer cette greffe d'Oreste, le consuma d'amour. Son tempérament suivait avec tant de scrupule le progrès du platane, qu'il semblait croître avec les branches de cet arbre ; tous les jours il l'allait embrasser ; dans le sommeil il ne songeait que de lui, et dessous le contour de ses vertes tapisseries il ordonnait de toutes ses affaires. On connut bien que le platane piqué d'une ardeur réciproque était ravi de ses caresses ; car, à tout coup, sans aucune raison apparente, on apercevoit ses feuilles trémousser et comme tressaillir de joie, les rameaux se courber en rond sur sa tête comme pour lui faire une couronne, et descendre près de son visage ; et il était facile à connaître que c'était plutôt pour le baiser, que par inclination naturelle de tendre en bas. On remarquait même que de jalousie il arrangeait et pressait ses feuilles l'une contre l'autre, de peur que les rayons du jour se glissant à travers, ne le baisassent aussi bien que lui. Le roi, de son côté, ne garda plus de bornes dans son amour. Il fit dresser son lit aux pieds du platane, et le platane, qui ne savait comment se revenger de tant d'amitié, lui donnait ce que les arbres ont de plus cher : c'était son miel et sa rosée qu'il distillait tous les matins sur lui. Leurs caresses auraient duré davantage, si la mort, ennemie des belles choses, ne les eût terminées. Artaxerce expira d'amour dans les embrassements de son cher platane ; et tous les Perses, affligés de la perte d'un si bon prince, voulurent, pour lui donner encore quelque satisfaction après sa mort, que son corps fût brûlé avec les branches de cet arbre, sans qu'aucun autre bois fut employé à le consumer. Quand le bûcher fut allumé, on vit sa flamme s'entortiller avec celle de la graisse du corps, et leurs chevelures ardentes, qui se bouclaient l'une à l'autre, s'éfiler en pyramide jusqu'à perte de vue. Ce feu pur et subtil ne se divisa point ; mais quand il fut arrivé au Soleil, où comme vous savez toute matière ignée aboutit, il forma le germe du pommier d'Oreste que vous voyez là à votre main droite. Or, l'engeance de ce fruit s'est perdue en votre monde ; et voici comment ce malheur arriva. Les pères et les mères qui, comme vous savez, au gouvernement de leurs familles ne se laissent conduire que par l'intérêt, fâchés que leurs enfants, aussitôt qu'ils avaient goûté de ces pommes, prodiguaient à leurs amis tout ce qu'ils possédaient, brûlèrent autant de ces plantes qu'ils en purent découvrir. Ainsi, l'espèce étant perdue, c'est pour cela qu'on ne trouve plus aucun ami véritable. A mesure donc que ces arbres furent consumés par le feu, les pluies qui tombèrent dessus en calcinèrent la cendre, si bien que ce suc congelé se pétrifia de la même façon que l'humeur de la fougère brûlée se métamorphose en verre ; de sorte qu'il se forma par tous les climats de la terre, des cendres de ces arbres jumeaux, deux pierres métalliques qu'on appelle aujourd'hui le fer et l'aimant, qui, à cause de la sympathie des fruits de Pylade et d'Oreste, dont ils ont toujours conservé la vertu, aspirent encore tous les jours à s'embrasser ; et remarquez que si le morceau d'aimant est plus gros, il attire le fer ; ou si la pièce de fer excède en quantité, c'est elle qui attire l'aimant : comme il arrivait jadis dans le miraculeux effet des pommes de Pylade et d'Oreste, de l'une desquelles quiconque avait mangé davantage était le plus aimé par celui qui avait mangé de l'autre. Or, le fer se nourrit d'aimant, et l'aimant se nourrit de fer si visiblement, que celui-ci perd sa force, à moins qu'on ne les produise l'un à l'autre pour réparer ce qui se perd de leur substance. N'avez-vous jamais considéré un morceau d'aimant appuyé sur de la limaille de fer ? Vous voyez l'aimant se couvrir en un tournemain de ces atomes métalliques, et l'amoureuse ardeur avec laquelle ils s'accrochent est si subite et si impatiente, qu'après s'être embrassés partout, vous diriez qu'il n'y a pas un grain d'aimant qui ne veuille baiser un grain de fer, et pas un grain de fer qui ne veuille s'unir avec un grain d'aimant ; car le fer ou l'aimant séparés envoient continuellement de leur masse les petits corps les plus mobiles à la quête de ce qu'ils aiment. Mais quand ils l'ont trouvé, n'ayant plus rien à désirer, chacun termine ses voyages, et l'aimant occupe son repos à posséder le fer, comme le fer ramasse tout son être à jouir de l'aimant. C'est donc de la sève de ces deux arbres qu'a découlé l'humeur dont ces deux métaux ont pris naissance. Devant cela ils étaient inconnus ; et si vous voulez savoir de quelle matière on fabrique des armes pour la guerre, Samson s'armait d'une mâchoire d'âne contre les Philistins ; Jupiter, roi de Crète, de feux artificiels, par lesquels il fabriquait la foudre pour subjuguer ses ennemis ; Hercule, enfin, avec une massue, vainquit des tyrans et dompta des monstres. Mais ces deux métaux ont encore une relation bien plus spécifique avec nos deux arbres. Vous savez qu'encore que ce couple d'amoureux sans vie inclinent vers le pôle, ils ne s'y portent jamais qu'en compagnie l'un de l'autre ; et je vous en vais découvrir la raison, après que je vous aurai un peu entretenu des pôles. Les pôles sont les bouches du ciel, par lesquelles il reprend la lumière, la chaleur, et les influences qu'il a répandues sur la terre. Autrement, si tous les trésors du Soleil ne remontaient à leur source, il y aurait longtemps, toute sa clarté n'étant qu'une poussière d'atomes enflammés qui se détachent de son globe, qu'elle serait éteinte, et qu'il ne luirait plus, ou que cette abondance de petits corps ignés qui s'amoncèlent sur la terre pour n'en plus sortir l'auraient déjà consumée. Il faut donc, comme je vous ai dit, qu'il y ait au ciel des soupiraux par où se dégorgent les réplétions de la terre, et d'autres par où le ciel puisse réparer ses pertes, afin que l'éternelle circulation de ces petits corps de vie pénètre successivement tous les globes de ce grand univers. Or, les soupiraux du ciel sont les pôles par où il se repaît des âmes de tout ce qui meurt dans les mondes de chez lui, et tous les astres sont ses bouches, et les pores par où s'exhalent derechef les esprits. Mais pour vous montrer que ceci n'est pas une imagination si nouvelle, quand vos poëtes anciens, à qui la philosophie avait découvert les plus cachés secrets de la nature, parlaient d'un héros dont ils voulaient dire que l'âme était allée habiter avec les dieux, ils s'exprimaient ainsi : il est monté au pôle, il est assis sur le pôle, il a traversé le pôle ; parce qu'ils savaient que les pôles étaient les seules entrées par où le ciel reçoit tout ce qui est sorti de chez lui. Si l'autorité de ces grands hommes ne vous satisfait pleinement, l'expérience de vos modernes qui ont voyagé vers le nord vous contentera peut-être. Ils ont trouvé que plus ils approchaient de l'Ourse, pendant les six mois de nuit, dont on a cru que ce climat était tout noir, une grande lumière éclairait l'horizon, qui ne pouvait partir que du pôle, parce qu'à mesure qu'on s'en approchait, et qu'on s'éloignait par conséquent du Soleil, cette lumière devenait plus grande. Il est donc bien vraisemblable qu'elle procède des rayons du jour et d'un grand monceau d'âmes, lesquelles, comme vous savez, ne sont faites que d'atomes lumineux qui s'en retournent au ciel par leurs portes accoutumées. Il n'est pas difficile après cela de comprendre pourquoi le fer frotté d'aimant, ou l'aimant frotté de fer, se tourne vers le pôle ; car étant un extrait du corps de Pylade et d'Oreste, et ayant toujours conservé les inclinations des deux arbres, comme les deux arbres celle des deux amants, ils doivent aspirer de se rejoindre à leur âme. C'est pourquoi ils se guindent vers le pôle par où ils sentent qu'elle est montée, avec cette retenue pourtant, que le fer ne s'y tourne point s'il n'est frotté d'aimant, ni l'aimant s'il n'est frotté de fer ; à cause que le fer ne veut point abandonner un monde privé de son ami l'aimant, ni l'aimant, privé de son ami le fer, et qu'ils ne peuvent se résoudre à faire ce voyage l'un sans l'autre.

Cette voix allait, je pense, entamer un autre discours ; mais le bruit d'une grande alarme qui survint l'en empêcha ; toute la forêt en rumeur ne retentissait que de ces mots :

— Gare la peste et passe parole.

Je conjurai l'arbre qui m'avait si longtemps entretenu, de m'apprendre d'où procédait un si grand désordre.

— Mon ami, me dit-il, nous ne sommes pas en ces quartiers-ci encore bien informés des particularités du mal ; je vous dirai seulement, en trois mots, que cette peste dont nous sommes menacés, est ce qu'entre les hommes on appelle embrasement ; nous pouvons bien le nommer ainsi, puisque parmi nous il n'y a point de maladie si contagieuse. Le remède que nous y allons apporter, c'est de raidir nos haleines, et de souffler tous ensemble vers l'endroit d'où part l'inflammation, afin de repousser ce mauvais air. Je crois que ce qui nous aura apporté cette fièvre ardente, est une bête à feu qui rode depuis quelques jours à l'entour de nos bois ; car, comme elles ne vont jamais sans feu, et ne s'en peuvent passer, celle-ci sera sans doute venue le mettre à quelqu'un de nos arbres. Nous avions demandé l'animal glaçon pour venir à notre secours ; cependant il n'est pas encore arrivé. Mais adieu, je n'ai pas le temps de vous entretenir, il faut songer au salut commun ; et vous-même prenez la fuite, autrement vous courez risque d'être enveloppé dans notre ruine.

Je suivis son conseil, sans toutefois me beaucoup presser, parce que je connaissais mes jambes. Cependant je savais si peu la carte du pays, que je me trouvai au bout de dix-huit heures de chemin au derrière de la forêt dont je pensais fuir ; et pour surcroît d'appréhension, cent éclats épouvantables de tonnerre m'ébranlaient le cerveau, tandis que la funeste et blême lueur de mille éclairs venaient éteindre mes prunelles.

De moment en moment les coups redoublaient avec tant de furie, qu'on eût dit que les fondements du monde allaient s'écrouler, et malgré tout cela le ciel ne parut jamais plus serein. Comme je me vis au bout de mes raisons, enfin le désir de connaître la cause d'un évènement si extraordinaire m'invita de marcher vers le lieu d'où le bruit semblait s'épandre.

Je marchai environ l'espace de quatre cents stades, à la fin desquels j'aperçus, au milieu d'une fort grande campagne, comme deux boules qui, après avoir en bruissant tourné longtemps à l'entour l'une de l'autre, s'approchaient, et puis se reculaient ; et j'observai que quand le heurt se faisait, c'était alors qu'on entendait ces grands coups ; mais, à force de marcher plus avant, je reconnus que ce qui de loin m'avait paru des boules, étaient deux animaux ; l'un desquels, quoique rond par en bas, formait un triangle par le milieu, et sa tête fort élevée, avec sa rousse chevelure qui flottait contre mont, s'éguisait en pyramide. Son corps était troué comme un crible, et à travers ces pertuis déliés qui lui servaient de pores, on apercevait glisser de petites flammes qui semblaient le couvrir d'un plumage de feu.

En me promenant là autour, je rencontrai un vieillard fort vénérable qui regardait ce fameux combat avec autant de curiosité que moi. Il me fit signe de m'approcher ; j'obéis, et nous nous assîmes l'un auprès de l'autre.

J'avais dessein de lui demander le motif qui l'avait amené en cette contrée ; mais il me ferma la bouche par ces paroles :

— Hé bien ! vous le saurez le motif qui m'amène en cette contrée.

Et là-dessus il me raconta fort au long toutes les particularités de son voyage. Je vous laisse à penser si je demeurai interdit. Cependant, pour accroître ma consternation, comme déjà je brûlais de lui demander quel Démon lui révélait mes pensées :

— Non, non, s'écria-t-il, ce n'est point un Démon qui me révèle vos pensées.....

Ce nouveau tour de devin me le fit observer avec plus d'attention qu'auparavant, et je remarquai qu'il contrefaisait mon port, mes gestes, ma mine, situait tous ses membres et figurait toutes les parties de son visage sur le patron des miennes ; enfin mon ombre en relief ne m'eût pas mieux représenté.

— Je vois, continua-t-il, que vous êtes en peine de savoir pourquoi je vous contrefais, et je veux bien vous l'apprendre. Sachez donc qu'afin de connaître votre intérieur, j'arrange toutes les parties de mon corps dans un ordre semblable au vôtre ; car étant de toutes parts situé comme vous, j'excite en moi par cette disposition de matière, la même pensée que produit en vous cette même disposition de matière. Vous jugerez en effet la chose possible, si autrefois vous avez observé que les gémeaux qui se resemblent ont ordinairement l'esprit, les passions et la volonté semblables : jusque-là qu'il s'est rencontré à Paris deux bessons qui n'ont jamais eu que les mêmes maladies et la même santé, se font maris, sans savoir le dessein l'un de l'autre, à même heure et à même jour, se sont réciproquement écrit des lettres, dont le sens, les mots et la constitution étaient de même, et qui enfin ont composé sur un même sujet, une même sorte de vers avec les mêmes pointes, le même tour et le même ordre. Mais ne voyez-vous pas qu'il était impossible que la composition des organes de leurs corps étant pareille dans toutes ses circonstances, ils n'opérassent d'une façon pareille, puisque deux instruments égaux touchés également doivent rendre une harmonie égale ? Et qu'ainsi, conformant tout-à-fait mon corps au vôtre, et devenant pour ainsi dire votre gémeau, il est impossible qu'un même branle de matière ne nous cause à tous deux un même branle d'esprit.

Après cela il se remit encore à me contrefaire et poursuivit ainsi :

— Vous êtes maintenant fort en peine de l'origine du combat de ces deux monstres, mais je veux vous l'apprendre. Sachez donc que les arbres de la forêt que nous avons à dos, n'ayant pu repousser avec leurs soufflets les violents efforts de la bête à feu, ont eu recours à l'animal glaçon.

— Je n'ai encore, lui dis-je, entendu parler de ces animaux-là qu'à un chêne de cette contrée, mais fort à la hâte, car il ne songeait qu'à se garantir ; c'est pourquoi je vous supplie de m'en instruire.

Voici comment il me parla :

— On verrait en ce globe où nous sommes les bois fort clairsemés, à cause du grand nombre de bêtes à feu qui les désolent, sans les animaux glaçons qui tous les jours, à la prière des forêts leurs amies, viennent guérir les arbres malades ; je dis guérir, car à peine de leur bouche gelée ont-ils soufflé sur les charbons de cette peste, qu'ils l'éteignent. Au monde de la terre d'où vous êtes, et d'où je suis, la bête à feu s'appelle salamandre, et l'animal glaçon y est connu sous le nom de remore. Or vous saurez que les remores habitent vers l'extrémité du pôle, au plus profond de la mer glaciale ; et c'est la froideur évaporée de ces poissons à travers leurs écailles qui fait geler en ces quartiers-là l'eau de la mer, quoique salée. La plupart des pilotes qui ont voyagé pour la découverte du Groenland, ont enfin expérimenté qu'en certaine saison les glaces qui d'autres fois les avaient arrêtés, ne se rencontraient plus ; mais encore que cette mer fût libre dans le temps où l'hiver est le plus âpre, ils n'ont pas laissé d'en attribuer la cause à quelque chaleur secrète qui les avait fondues. Mais il est bien plus vraisemblable que les remores qui ne se nourrissent que de glace les avaient alors absorbées. Or, vous devez savoir que quelques mois après qu'elles se sont repues, cette effroyable digestion leur rend l'estomac si morfondu, que la seule haleine qu'elles respirent reglace derechef toute la mer du pôle. Quand elles sortent sur la terre — car elles vivent dans l'un et dans l'autre élément, — elles ne se rassasient que de ciguë, d'aconit, d'opium et de mandragore. On s'étonne, en notre monde, d'où procèdent ces frileux vents du nord qui traînent toujours la gelée ; mais si nos compatriotes savaient comme nous que les remores habitent en ce climat, ils connaîtraient comme nous qu'ils proviennent du souffle avec lequel elles essaient de repousser la chaleur du Soleil qui les approche. Cette eau stygiade de laquelle on empoisonna le grand Alexandre, et dont la froideur pétrifia les entrailles, était du pissat d'un de ces animaux. Enfin la remore contient si éminemment tous les principes de froidure, que passant par dessous un vaisseau, le vaisseau se trouve saisi de froid, en sorte qu'il en demeure tout engourdi jusqu'à ne pouvoir démarrer de sa place. C'est pour cela que la moitié de ceux qui ont cinglé vers le nord à la découverte du pôle, n'en sont point revenus, parce que c'est un miracle si les remores, dont le nombre est si grand dans cette mer, n'arrêtent leur vaisseau. Voilà pour ce qui est des animaux glaçons. Mais quant aux bêtes à feu, elles logent dans la terre, sous des montagnes de bitume allumé, comme l'Etna, le Vésuve et le Cap-Rouge. Ces boutons que vous voyez à la gorge de celui-ci, qui procèdent de l'inflammation de son foie, ce sont.....

Nous restâmes après cela sans parler pour nous rendre attentifs à ce fameux duel.

La salamandre attaquait avec beaucoup d'ardeur, mais la remore soutenait impénétrablement. Chaque heurt qu'ils se donnaient engendrait un coup de tonnerre, comme il arrive dans les mondes d'ici autour, où la rencontre d'une nue chaude avec une froide excite le même bruit.

Des yeux de la salamandre il sortait, à chaque œillade de colère qu'elle dardait contre son ennemi, une rouge lumière dont l'air paraissait allumé en volant ; elle suait de l'huile bouillante et pissait de l'eau forte.

La remore de son côté, grosse, pesante et carrée, montrait un corps tout écaillé de glaçons. Ses larges yeux paraissaient deux assiettes de cristal, dont les regards portaient une lumière si morfondante que je sentais frissonner l'hiver sur chaque membre de mon corps où elle les attachait. Si je pensais mettre ma main au-devant, ma main en prenait l'onglée ; l'air même autour d'elle, atteint de sa rigueur, s'épaississait en neige, la terre durcissait sous ses pas, et je pouvais compter les traces de la bête, par le nombre des engelures qui m'accueillaient quand je marchais dessus.

Au commencement du combat, la salamandre, à cause de la vigoureuse contention de sa première ardeur, avait fait suer la remore ; mais à la longue cette sueur s'étant refroidie, émailla toute la plaine d'un verglas si glissant que la salamandre ne pouvait joindre la remore sans tomber. Nous connûmes bien, le philosophe et moi, qu'à force de choir et de se relever tant de fois, elle s'était fatiguée ; car ces éclats de tonnerre auparavant si effroyables, qu'enfantait le choc dont elle heurtait son ennemie, n'étaient plus que le bruit sourd de ces petits coups qui marquent la fin d'une tempête; et ce bruit sourd, amorti peu à peu, dégénéra en un frémissement semblable à celui d'un fer rouge plongé dans de l'eau froide.

Quand la remore connut que le combat tirait aux abois, par l'affaiblissement du choc dont elle se sentait à peine ébranlée, elle se dressa sur un angle de son cube, et se laissa tomber de toute sa pesanteur sur l'estomac de la salamandre, avec un tel succès que le cœur de la pauvre salamandre, où tout le reste de son ardeur s'était concentré, en se crevant, fit un éclat si épouvantable que je ne sais rien dans la nature pour le comparer.

Ainsi mourut la bête à feu sous la paresseuse résistance de l'animal glaçon.

Quelque temps après que la remore se fut retirée, nous nous approchâmes du champ de bataille, et le vieillard s'étant enduit ses mains de la terre sur laquelle elle avait marché, comme d'un préservatif contre la brûlure, il empoigna le cadavre de la salamandre.

— Avec le corps de cet animal, me dit-il, je n'ai que faire de feu dans ma cuisine; car pourvu qu'il soit pendu à ma crémaillère, il fera bouillir et rôtir tout ce que j'aurai mis à l'âtre. Quant aux yeux, je les garde soigneusement; s'ils étaient nettoyés des ombres de la mort, vous les prendriez pour deux petits soleils. Les anciens de notre monde les savaient bien mettre en œuvre; c'est ce qu'ils nommaient des lampes ardentes, et l'on ne les appendait qu'aux sépultures pompeuses des personnes illustres. Nos modernes en ont rencontré en fouillant quelques-uns de ces fameux tombeaux; mais leur ignorante curiosité les a crevés, en pensant trouver derrière les membranes rompues ce feu qu'ils y voyaient reluire.

Le vieillard marchait toujours, et moi je le suivais, attentif aux merveilles qu'il me débitait. Or, à propos du combat, il ne faut pas que j'oublie l'entretien que nous eûmes touchant l'animal glaçon.

— Je ne crois pas, me dit-il, que vous ayez jamais vu de remores; car ces poissons ne s'élèvent guère à fleur d'eau, encore n'abandonnent-ils quasi point l'Océan septentrional. Mais, sans doute, vous aurez vu de certains animaux qui en quelque façon se peuvent dire de leur espèce. Je vous ai tantôt dit que cette mer, en tirant vers le pôle, est toute pleine de remores, qui jettent leur frai sur la vase comme les autres poissons. Vous saurez donc que cette semence, extraite de toute leur masse, en contient si éminemment toute la froideur, que si un navire est poussé par-dessus, le navire en contracte un ou plusieurs vers, qui deviennent oiseaux, dont le sang, privé de chaleur, fait qu'on les range, quoiqu'ils aient des ailes, au nombre des poissons; aussi le souverain pontife, lequel connaît leur origine, ne défend pas d'en manger en carême. C'est ce que vous appelez des macreuses.

Je marchais toujours sans autre dessein que de le suivre, mais tellement ravi d'avoir trouvé un homme, que je n'osais détourner les yeux de dessus lui, tant j'avais peur de le perdre.

— Jeune mortel, me dit-il, car je vois bien que vous n'avez pas encore comme moi satisfait au tribut que nous devons à la nature, aussitôt que je vous ai vu, j'ai rencontré sur votre visage ce que je ne sais quoi qui donne envie de connaître les gens. Si je ne me trompe aux circonstances de la conformation de votre corps, vous devez être Français et natif de Paris. Cette ville est le lieu où, après avoir promené mes disgrâces par toute l'Europe, je les ai terminées. Je me nomme Campanella, et suis Calabrais de nation. Depuis ma venue au Soleil, j'ai employé mon temps à visiter les climats de ce grand globe pour en découvrir les merveilles : il est divisé en royaumes, républiques, états et principautés, comme la Terre. Ainsi les quadrupèdes, les volatiles, les plantes, les pierres, chacun y a le sien; et quoique quelques-uns de ceux-là n'en permettent point l'entrée aux animaux d'espèce étrangère, particulièrement aux hommes que les oiseaux par-dessus tout haïssent à la mort, je puis voyager partout sans courir de risque, à cause qu'une âme de philosophe est tissue de parties bien plus déliées que les instruments dont on se servirait à la tourmenter. Je me suis trouvé heureusement dans la province des Arbres, quand les désordres de la salamandre ont commencé; ces grands éclats de tonnerre, que vous devez avoir entendus aussi bien que moi, m'ont conduit à leur champ de bataille où vous êtes venu un moment après. Au reste, je m'en retourne à la province des Philosophes….

— Quoi, lui dis-je, il y a donc aussi des philosophes dans le Soleil?

— S'il y en a, répliqua le bonhomme, oui, certes, et ce sont les principaux habitants du Soleil, et ceux-là mêmes, dont la renommée de votre monde a la bouche si pleine. Vous pouvez bientôt converser avec eux, pourvu que vous ayez le courage de me suivre, car j'espère mettre le pied dans leur ville, avant qu'il soit trois jours. Je ne crois pas que vous puissiez concevoir de quelle façon ces grands génies se sont transportés ici.

— Non, certes, m'écriai-je, car tant d'autres personnes auraient-elles eu jusqu'à présent les yeux bouchés, pour n'en pas trouver le chemin ? Ou bien est-ce qu'après la mort nous tombons entre les mains d'un examinateur des esprits, lequel, selon notre capacité, nous accorde ou nous refuse le droit de bourgeoisie au Soleil ?

— Ce n'est rien de tout cela, répartit le vieillard, les âmes viennent par un principe de ressemblance se joindre à cette masse de lumière ; car ce monde-ci n'est formé d'autre chose que des esprits de tout ce qui meurt dans les orbes d'autour, comme sont Mercure, Vénus, la Terre, Mars, Jupiter et Saturne. Ainsi, dès qu'une plante, une bête ou un homme expirent, les âmes montent sans s'éteindre à sa sphère, de même que vous voyez la flamme d'une chandelle y voler en pointe, malgré le suif qui la tient par les pieds. Or, toutes ces âmes unies qu'elles sont à la source du jour, et purgées de la grosse matière qui les empêchait, elles exercent des fonctions bien plus nobles que celles de croître, de sentir et de raisonner ; car elles sont employées à former le sang et les esprits vitaux du Soleil, ce grand et parfait animal. Et c'est aussi pourquoi vous ne devez point douter que le Soleil n'opère de l'esprit bien plus parfaitement que vous, puisque c'est par la chaleur d'un million de ces âmes rectifiées, dont la sienne est un élixir, qu'il connaît le secret de la vie, qu'il influe à la matière de vos mondes la puissance d'engendrer, qu'il rend des corps capables de se faire sentir, être, et enfin qu'il se fait voir et fait voir toutes choses. Il me reste maintenant à vous expliquer pourquoi les âmes des philosophes ne se joignent pas essentiellement à la masse du Soleil, comme celle des autres hommes. Il y a trois ordres d'esprits dans toutes les planètes, c'est-à-dire dans les petits mondes qui se meuvent à l'entour de celui-ci. Les plus grossiers servent simplement à réparer l'embonpoint du Soleil ; les subtils s'insinuent à la place de ses rayons ; mais ceux des philosophes, sans avoir rien contracté d'impur dans leur exil, arrivent tout entiers à la sphère du jour pour en être habitants. Or, elles ne deviennent pas comme les autres une partie intégrante de sa masse, parce que la matière qui les compose au point de leur génération se mêle si exactement, que rien ne la peut plus déprendre ; semblable à celle qui forme l'or, les diamants et les astres, dont toutes les parties sont mêlées par tant d'enlacements, que le plus fort dissolvant n'en saurait relâcher l'étreinte. Or, ces âmes de philosophes sont tellement à l'égard des autres âmes, ce que l'or, les diamants et les astres sont à l'égard des autres corps, qu'Épicure, dans le

Soleil, est le même Épicure qui vivait jadis sur la terre.

Le plaisir que je recevais en écoutant ce grand homme, m'accourcissait le chemin, et j'entamais souvent tout exprès des matières savantes et curieuses, sur lesquelles je sollicitais sa pensée, afin de m'instruire. Et, certes, je n'ai jamais vu de bonté si grande que la sienne, car, quoiqu'il pût, à cause de l'agilité de sa substance, arriver tout seul, en fort peu de journées, au royaume des Philosophes, il aima mieux s'ennuyer longtemps avec moi, que de m'abandonner parmi ces vastes solitudes.

Cependant, il était pressé ; car je me souviens que, m'étant avisé de lui demander pourquoi il s'en retournait avant d'avoir reconnu toutes les régions de ce grand monde, il me répondit que l'impatience de voir un de ses amis, lequel était nouvellement arrivé, l'obligeait à rompre son voyage. Je reconnus par la suite de son discours que cet ami était ce fameux philosophe de notre temps, M. Descartes, et qu'il ne se hâtait que pour le joindre.

Il me répondit encore sur ce que je lui demandai quelle estime il avait pour sa physique, qu'on ne la devait lire qu'avec le même respect qu'on écoute prononcer des oracles.

— Ce n'est pas, ajouta-t-il, que la science des choses naturelles n'ait besoin, comme les autres sciences, de préoccuper notre jugement d'axiomes qu'elle ne prouve point. Mais les principes de la science sont simples et si naturels, qu'étant supposés, il n'y en a aucune qui satisfasse plus nécessairement à toutes les apparences.

Je ne pus en cet endroit m'empêcher de l'interrompre.

— Mais, lui dis-je, il me semble que ce philosophe a toujours impugné le vide ; et, cependant, quoiqu'il fût épicurien, afin d'avoir l'honneur de donner un principe aux principes d'Épicure, c'est-à-dire aux atomes, il a établi pour commencement des choses un cahos de matière tout-à-fait solide, que Dieu divisa en un nombre innombrable de petits carreaux, à chacun desquels il imprima des mouvements opposés. Or, il veut que ces cubes, en se froissant l'un contre l'autre, se soient égrugés en parcelles de toutes sortes de figures : mais comment peut-il concevoir que ces pièces carrées aient commencé de tourner séparément, sans avouer qu'il s'est fait du vide entre leurs angles ? Ne s'en rencontrait-il pas nécessairement dans les espaces que les angles de ces carreaux étaient contraints d'abandonner pour se mouvoir ? Et puis, ces carreaux qui n'occupaient qu'une certaine étendue avant que de tourner, peuvent-ils s'être mus en cercle, qu'ils n'en aient occupé dans leur circonférence encore une fois autant ? La géométrie nous enseigne que cela ne se peut ; donc la moitié de cet espace a dû nécessairement demeurer vide, puisqu'il n'y avait point encore d'atomes pour la remplir.

Mon philosophe me répondit que M. Descartes nous rendrait raison de cela lui-même, et qu'étant né aussi obligeant que philosophe, il serait assurément ravi de trouver en ce monde un homme mortel pour l'éclaircir des doutes que la surprise de la mort l'avait contraint de laisser à la terre qu'il venait de quitter ; qu'il ne croyait pas qu'il eût grande difficulté à y répondre, suivant ses principes que je n'avais examinés qu'autant que la faiblesse de mon esprit me le pouvait permettre, parce, disait-il, que les ouvrages de ce grand homme sont si pleins et si subtils, qu'il faut une attention pour les entendre qui demande l'âme d'un vrai et consommé philosophe. Ce qui fait qu'il n'y a pas un philosophe dans le Soleil qui n'ait de la vénération pour lui, jusque-là que l'on ne veut pas lui contester le premier rang, si sa modestie ne l'en éloigne.

— Pour tromper la peine que la longueur du chemin pourrait vous apporter, nous en discourrons suivant ses principes, qui sont assurément si clairs et semblent satisfaire à tout par l'admirable lumière de ce grand génie, qu'on dirait qu'il a concouru à la belle et magnifique structure de cet univers. Vous vous souvenez bien qu'il dit que notre entendement est fini. Ainsi, la matière étant divisible à l'infini, il ne faut pas douter que c'est une de ces choses qu'il ne peut comprendre ni imaginer, et qu'il est bien au-dessus de lui d'en rendre raison. Mais, dit-il, quoique cela ne puisse tomber sous les sens, nous ne laissons pas de concevoir que cela se fait par la connaissance que nous avons de la matière, et nous ne devons pas, dit-il, hésiter à déterminer notre jugement sur les choses que nous concevons. En effet, pouvons-nous rien imaginer sur la manière dont l'âme agit sur le corps? Cependant, on ne peut nier cette vérité ni la révoquer en doute; au lieu que c'est une absurdité bien plus grande d'attribuer au vide cette qualité de céder au corps et cet espace, qui sont les dépendances d'une étendue qui ne peut convenir qu'à la substance, vu que l'on confondrait l'idée du rien avec celle de l'être, et que l'on lui donnerait des qualités à lui qui ne peut rien produire, et ne peut être auteur de quoi que ce soit. Mais, dit-il, pauvre mortel, je sens que ces spéculations te fatiguent, parce que, comme dit cet excellent homme, tu n'as jamais pris peine à bien épurer ton esprit d'avec la masse de ton corps, et parce que tu l'as rendu si paresseux, qu'il ne veut plus faire aucune fonction sans le secours des sens.

Je lui allais répartir, lorsqu'il me tira par le bras pour me montrer un vallon de merveilleuse beauté.

— Apercevez-vous, me dit-il, cette enfonçure de terre où nous allons descendre? On dirait que le coupeau des collines qui la bornent se soit exprès couronné d'arbres pour inviter, par la fraîcheur de son ombre, les passants au repos. C'est au pied de l'un de ces coteaux que le lac du Sommeil prend sa source ; il n'est formé que de la liqueur des Cinq Fontaines. Au reste, s'il ne se mêlait aux Trois Fleuves, et par sa pesanteur n'engourdissait leurs eaux, aucun animal de notre monde ne dormirait.

Je ne puis exprimer l'impatience qui me pressait de le questionner sur ces trois fleuves, dont je n'avais point encore ouï parler. Mais je restai content, quand il m'eut promis que je verrais tout.

Nous arrivâmes bientôt après dans le vallon, et quasi au même temps sur le tapis qui borde ce grand lac.

— En vérité, me dit Campanella, vous êtes bien heureux de voir avant de mourir toutes les merveilles de ce monde ; c'est un bien pour les habitants de votre globe d'avoir porté un homme qui lui puisse apprendre les merveilles du Soleil, puisque sans vous ils étaient en danger de vivre dans une grossière ignorance, et de goûter cent douceurs sans savoir d'où elles viennent ; car on ne saurait imaginer les libéralités que le Soleil fait à tous vos petits globes ; et ce vallon seul répand une infinité de biens partout l'univers, sans lesquels vous ne pourriez vivre, et ne pourriez pas seulement voir le jour. Il me semble que c'est assez d'avoir vu cette contrée, pour vous faire avouer que le Soleil est votre père et qu'il est l'auteur de toutes choses. Parce que cinq ruisseaux viennent se regorger dedans, ils ne courent que quinze ou seize heures ; et cependant ils paraissent si fatigués quand ils arrivent, qu'à peine se peuvent-ils remuer. Mais ils témoignent leur lassitude par des effets bien différents : car celui de la vue s'étrécit à mesure qu'il s'approche de l'étang du Sommeil ; l'ouïe à son embouchure se confond, s'égare et se perd dans la vase ; l'odorat excite un murmure semblable à celui d'un homme qui ronfle ; le goût, affadi du chemin, devient tout-à-fait insipide ; et le toucher, naguère si puissant qu'il logeait tous ses compagnons, est réduit à cacher sa demeure. De son côté, la Nymphe de la Paix, qui fait sa demeure au milieu du lac, reçoit ses hôtes à bras ouverts, les couche dans son lit, et les dorlote avec tant de délicatesse, que, pour les endormir, elle prend elle-même le soin de les bercer. Quelque temps après s'être ainsi confondus dans ce vaste rondeau, on le voit à l'autre bout se partager derechef en cinq ruisseaux, qui reprennent les mêmes noms en sortant qu'ils avaient laissés en entrant. Mais les plus hâtés de partir, et qui tiraillent leurs compagnons pour se mettre en chemin, c'est l'ouïe et le toucher ; car, pour les trois autres, ils attendent que ceux-ci les éveillent, et le goût spécialement demeure toujours derrière les autres. Le noir concave d'une grotte se voûte par-dessus le lac du Sommeil. Quantité de tortues se promènent à pas lents sur les rivages ; mille fleurs de pavot communiquent à l'eau, en s'y mirant, la vertu d'endormir ; on voit jusqu'à des marmottes arriver de cinquante lieues pour y boire ; et le gazouillis de l'onde est si charmant, qu'il semble qu'elle se froisse contre les cailloux avec mesure, et tâche de composer une musique assoupissante.

Le sage Campanella prévit, sans doute, que j'en allais sentir quelque atteinte ; c'est pourquoi il me conseilla de doubler le pas. Je lui eusse obéi, mais les charmes de cette eau m'avaient tellement enveloppé la raison, qu'il ne m'en resta presque pas assez pour entendre ces dernières paroles :

— Dormez donc, dormez ; je vous laisse. Aussi bien les songes qu'on fait ici sont tellement parfaits, que vous serez quelque jour bien aise de vous ressouvenir de celui que vous allez faire. Je me divertirai cependant à visiter les raretés du lieu, et puis je vous viendrai rejoindre.

Je crois qu'il ne discourut pas davantage, ou bien la vapeur du sommeil m'avait déjà mis hors d'état de pouvoir l'écouter.

J'étais au milieu d'un songe le plus savant et le

mieux conçu du monde, quand mon philosophe me vint éveiller. Je vous en ferai le récit lorsque cela n'interrompra point le fil de mon discours; car il est tout-à-fait important que vous le sachiez, pour vous faire connaître avec quelle liberté l'esprit des habitants du Soleil agit pendant que le sommeil captive ses sens. Pour moi je pense que ce lac évapore un air qui a la propriété d'épurer entièrement l'esprit de l'embarras des sens; car il ne se présente rien à votre pensée qui ne semble vous perfectionner et vous instruire ; c'est ce qui fait que j'ai le plus grand respect pour ces philosophes qu'on nomme rêveurs, dont nos ignorants se moquent.

J'ouvris donc les yeux comme en sursaut; il me semble que j'ouïs qu'il disait :

— Mortel, c'est assez dormir, levez-vous, si vous désirez voir une rareté qu'on n'imaginerait jamais dans votre monde. Depuis une heure environ que je vous ai quité, pour ne point troubler votre repos, je me suis toujours promené le long des cinq fontaines qui sortent de l'étang du Sommeil. Vous pouvez croire avec combien d'attention je les ai toutes considérées; elles portent le nom des cinq sens, et coulent fort près l'une de l'autre. Celle de la vue semble un tuyau fourchu plein de diamants en poudre et de petits miroirs, qui dérobent et restituent les images de tout ce qui se présente ; elle environne de son cours le royaume des Lynx. Celle de l'ouïe est pareillement double; elle tourne en s'insinuant comme un dédale, et l'on voit retentir au plus creux des concavités de sa couche un écho de tout le bruit qui raisonne à l'entour ; je suis fort trompé si ce ne sont des renards que j'ai vus s'y curer les oreilles. Celle de l'odorat paraît comme les précédentes, qui se divise en deux petits canaux cachés sous une seule voûte ; elle extrait de tout ce qu'elle rencontre je ne sais quoi d'invisible dont elle compose mille sortes d'odeurs qui lui tiennent lieu d'eau : on trouve aux bords de cette source force chiens qui s'affinent le nez. Celle du goût coule par saillies, lesquelles n'arrivent ordinairement que trois ou quatre fois le jour, encore faut-il qu'une grande vanne de corail soit levée, et par-dessous celle-là quantités d'autres fort petites qui sont d'ivoire ; sa liqueur ressemble à de la salive. Mais quant à la cinquième, celle du toucher, elle est si vaste et si profonde, qu'elle environne toutes ses sœurs, jusqu'à se coucher de son long dans leur lit, et son humeur épaisse se répand au large sur des gazons tout verts de plantes sensitives. Or, vous saurez que j'admirais, glacé de vénération, les mystérieux détours de toutes ces fontaines, quand, à force de marcher, je me suis trouvé à l'embouchure où elles se dégorgent dans les trois rivières ; mais suivez-moi, vous comprendrez beaucoup mieux la disposition de toutes ces choses en les voyant.

Une promesse si fort selon moi acheva de m'éveiller ; je lui tendis le bras, et nous marchâmes par le même chemin qu'il avait tenu, le long des levées qui compriment les cinq ruisseaux, chacun dans son canal.

Au bout environ d'un stade, quelque chose d'aussi luisant qu'un lac parvint à nos yeux. Le sage Campanella ne l'eut pas plus tôt aperçu qu'il me dit :

— Enfin, mon fils, nous touchons au port, je vois distinctement les trois rivières.

A cette nouvelle je me sentis transporté d'une telle ardeur que je pensais être devenu aigle. Je volai plutôt que je ne marchai, et courus autour, d'une curiosité si avide, qu'en moins d'une heure mon conducteur et moi nous remarquâmes ce que vous allez entendre.

Trois grands fleuves arrosent les campagnes brillantes de ce monde embrasé : le premier et le plus large se nomme la Mémoire ; le second, plus étroit, mais plus creux, l'Imagination ; le troisième, plus petit que les autres, s'appelle Jugement.

Sur les rives de la Mémoire, on entend jour et nuit un ramage importun de geais, de perroquets, de pies, d'étourneaux, de linottes, de pinsons et de toutes les espèces qui gazouillent ce qu'elles ont appris. La nuit, ils ne disent mot, car ils sont pour lors occupés à s'abreuver de la vapeur épaisse qu'exhalent ces lieux aquatiques. Mais leur estomac cacochyme la digère si mal, qu'au matin, quand ils pensent l'avoir convertie en leur substance, on la voit tomber de leur bec aussi pure qu'elle était dans la rivière.

L'eau de ce fleuve paraît gluante, et roule avec beaucoup de bruit ; ces échos, qui se forment dans ses cavernes, répètent la parole jusqu'à plus de mille fois ; elle engendre de certains monstres dont le visage approche du visage de femme. Il s'y en voit d'autres plus furieux, qui ont la tête cornue et carrée, et à peu près semblable à celle de nos pédants. Ceux-là ne s'occupent qu'à crier et ne disent pourtant que ce qu'ils se sont entendus dire les uns aux autres.

Le fleuve de l'Imagination coule plus doucement; sa liqueur légère et brillante étincelle de tous côtés. Il semble à regarder cette eau d'un torrent de bluettes humides, qu'elles n'observent en voltigeant aucun ordre certain.

Après l'avoir considérée plus attentivement, je pris garde que l'humeur, qu'elle roulait dans sa couche, était de pur or potable, et son écume de l'huile de talc. Le poisson qu'elle nourrit, ce sont des remores, des sirènes et des salamandres; on y trouve, au lieu de gravier, de ces cailloux dont parle Pline, avec lesquels on devient pesant, quand on les touche par l'envers, et léger quand on se les applique par l'endroit. J'y en remarquai de ces autres encore, dont Gigès avait un anneau, qui rendent invisibles; mais surtout un grand nombre de pierres philosophales éclatent parmi son sable.

Il y avait sur les rivages force arbres fruitiers, principalement de ceux que trouva Mahomet en Paradis; les branches fourmillent de phénix, et j'y remarquai des sauvageons de ce fruitier où la Discorde cueillit la pomme qu'elle jeta aux pieds des trois déesses, qu'on avait enté dessus des greffes du jardin des Hespérides.

Chacun de ces deux larges fleuves se divise en une infinité de bras qui s'entrelacent, et j'observai que quand un grand ruisseau de la Mémoire en approchait un plus petit de l'Imagination, il éteignait aussitôt celui-là, mais qu'au contraire si le ruisseau de l'Imagination était plus vaste, il tarissait celui de la Mémoire. Or, comme ces trois fleuves, soit dans leur canal, soit dans leurs bras, coulent toujours à côté l'un de l'autre, partout où la Mémoire est forte, l'Imagination diminue ; et celle-ci grossit à mesure que l'autre s'abaisse.

Proche de là coule, d'une lenteur incroyable, la rivière du Jugement : son canal est profond, son humeur semble être froide; et lorsqu'on en répand sur quelque chose, elle sèche au lieu de mouiller. Il croît parmi la vase de son lit des plantes d'ellébore, dont la racine, qui s'étend en longs filaments, nettoie l'eau de sa bouche; elle nourrit des serpents, et dessus l'herbe molle qui tapisse ses rivages, un million d'éléphants se reposent; elle se distribue comme ses deux germaines en une infinité de petits rameaux; elle grossit en coulant, et quoiqu'elle gagne toujours pays, elle va et revient éternellement sur elle-même.

De l'humeur de ces trois rivières, tout le Soleil est arrosé; elle sert à détremper les atomes brûlants de ceux qui meurent dans ce grand monde; mais cela mérite bien d'être traité plus au long.

La vie des animaux du Soleil est fort longue; ils ne finissent que de mort naturelle, qui n'arrive qu'au bout de sept à huit mille ans, quand, pour les continus excès d'esprit où leur tempérament de feu les incline, l'ordre de la matière se brouille ; car aussitôt que dans un corps la nature sent qu'il faudrait plus de temps à réparer les ruines de son être qu'à en composer un nouveau, elle aspire à se dissoudre, si bien que de jour en jour on voit, non pas pourrir, mais tomber l'animal en particules semblables à de la cendre rouge.

Le trépas n'arrive guère que de cette sorte. Expiré donc qu'il est, ou pour mieux dire éteint, les petits corps ignés, qui composaient sa substance, entrent dans la grosse matière de ce monde allumé, jusqu'à ce que le hasard les ait abreuvés de l'humeur des trois rivières; car alors, devenus mobiles par leur fluidité, afin d'exercer vitement les facultés dont cette eau leur vient d'imprimer l'obscure connaissance, ils s'attachent en longs filets, et, par un flux de points lumineux, s'éguisent en rayons et se répandent aux sphères d'alentour, où ils ne sont pas plus tôt enveloppés, qu'ils arrangent eux-mêmes la matière autant qu'ils peuvent dedans la forme propre à exercer toutes les fonctions dont ils ont contracté l'instinct dans l'eau des trois rivières, des cinq fontaines et de l'étang.

C'est pourquoi ils se laissent attirer aux plantes pour végéter; les plantes se laissent brouter aux animaux pour sentir, et les animaux se laissent manger aux hommes, afin qu'étant passés en leur substance, ils viennent à réparer ces trois facultés de la Mémoire, de l'Imagination et du Jugement, dont les rivières du Soleil leur avaient fait pressentir la puissance.

Or, selon que les atomes ont plus ou moins trempé dedans l'humeur de ces trois fleuves, ils apportent aux animaux plus ou moins de mémoire, d'imagination ou de jugement; et selon que dans les trois fleuves ils ont plus ou moins contracté de la liqueur des cinq fontaines et de celles du petit lac, ils leur forment des sens plus ou moins parfaits, et produisent des âmes plus ou moins endormies.

Voici à peu près ce que nous observâmes touchant la nature de ces trois fleuves. On en rencontre partout de petites veines écartées çà et là; mais pour les bras principaux, ils vont droit aboutir à la province des Philosophes; aussi nous rentrâmes dans le grand chemin sans nous éloigner du courant que ce qu'il faut pour monter sur la chaussée.

Nous vîmes toujours les trois grandes rivières qui flottaient à côté de nous; mais pour les cinq fontaines, nous les regardions de haut en bas serpenter dans la prairie. Cette route est fort agréable, quoique solitaire; on y respire un air libre et subtil, qui nourrit l'âme et la fait régner sur les passions.

Au bout de cinq ou six journées de chemin, comme nous divertissions nos yeux à considérer le différent et riche aspect des paysages, une voix languissante, comme d'un malade qui gémirait, parvint à nos oreilles. Nous nous approchâmes du lieu d'où nous jugions qu'elle pouvait venir, et nous trouvâmes sur la rive du fleuve Imagination un vieillard tombé à la renverse qui poussait de grands cris.

Les larmes de compassion m'en vinrent aux yeux, et la pitié que j'eus du mal de ce misérable me convia d'en demander la cause.

— Cet homme, me répondit Campanella, se tournant vers moi, est un philosophe réduit à l'agonie; car nous mourons plus d'une fois; et comme nous ne sommes que des parties de cet univers, nous changeons de forme pour aller reprendre vie ailleurs;

ce qui n'est point un mal, puisque c'est un chemin pour perfectionner son être et pour arriver à un nombre infini de connaissances ; son infirmité est celle qui fait mourir presque tous les grands hommes.

Son discours m'obligea de considérer le malade plus attentivement, et, dès la première œillade, j'aperçus qu'il avait la tête grosse comme un tonneau et ouverte par plusieurs endroits.

— Or sus, me dit Campanella, me tirant par le bras, toute l'assistance que nous croirions donner à ce moribond serait inutile, et ne ferait que l'inquiéter. Passons outre ; aussi bien son mal est incurable : l'enflure de sa tête provient d'avoir exercé son esprit ; car encore que les espèces dont il a rempli les trois ventricules de son cerveau soient des images fort petites, elles sont corporelles, et capables par conséquent de remplir un grand lieu, quand elles sont fort nombreuses. Or vous saurez que ce philosophe a tellement grossi sa cervelle, à force d'entasser image sur image, que ne les pouvant plus contenir, elle s'est éclatée : cette façon de mourir est celle des grands génies, et cela s'appelle crever d'esprit.

Nous marchions toujours en parlant, et les premières choses qui se présentaient à nous nous fournissaient matière d'entretien. J'eusse pourtant bien voulu sortir des régions opaques du Soleil pour rentrer dans les lumineuses ; car le lecteur saura que toutes les contrées n'en sont pas diaphanes ; il y en a qui sont obscures comme celles de notre monde, et qui, sans la lumière d'un soleil qu'on aperçoit de là seraient couvertes de ténèbres. Or, à mesure qu'on entre dans les opaques, on le devient insensiblement; et de même lorsqu'on approche des transparentes, on se sent dépouiller de cette noire obscurité par la vigoureuse irradiation du climat.

Je me souviens qu'à propos de cette envie dont je brûlais, je demandai à Campanella si la province des Philosophes était brillante ou ténébreuse.

— Elle est plus ténébreuse que brillante, me répondit-il; car, comme nous sympathisons encore beaucoup avec la Terre notre pays natal, qui est opaque de sa nature, nous n'avons pas pu nous accommoder dans les régions de ce globe les plus éclairées. Nous pouvons toutefois, par une vigoureuse contention de la volonté, nous rendre diaphanes lorsqu'il nous en prend envie; et même la plus grande part des philosophes ne parlent pas avec la langue; mais quand ils veulent communiquer leur pensée, ils se purgent par les élans de leur fantaisie d'une sombre vapeur, sous laquelle ordinairement ils tiennent leurs conceptions à couvert, et sitôt qu'ils ont fait redescendre en son siége cette obscurité de rate qui les noircissait, comme leur corps est alors diaphane, on aperçoit à travers leur cerveau ce dont ils se souviennent, ce qu'ils s'imaginent, ce qu'ils jugent, et dans leur foie et leur cœur, ce qu'ils désirent et ce qu'ils résolvent. Car quoique ces petits portraits soient plus imperceptibles qu'aucune chose que nous puissions figurer, nous avons en ce monde-ci les yeux assez clairs pour distinguer facilement jusqu'aux moindres idées. Ainsi, quand quelqu'un de nous veut découvrir à son ami l'affection qu'il lui porte, on aperçoit son cœur élancer des rayons jusque dans sa mémoire, sur l'image de celui qu'il aime ; et quand au contraire il veut témoigner son aversion, on voit son cœur darder contre l'image de celui qu'il hait des tourbillons d'étincelles brûlantes et se retirer tant qu'il peut en arrière : de même quand il parle en soi-même, on remarque clairement les espèces, c'est-à-dire les caractères de chaque chose qu'il médite, qui, s'imprimant ou se soulevant, viennent présenter aux yeux de celui qui regarde, non pas un discours articulé, mais une histoire en tableau de toutes ses pensées.

Mon guide voulait continuer, mais il en fut détourné par un accident jusqu'à cette heure inouï ; ce fut que tout-à-coup nous aperçûmes la terre se noircir sous nos pas, et le ciel allumé de rayons s'étendre sur nos têtes, comme si on eût développé entre nous et le Soleil un dais large de quatre lieues.

Il me paraît malaisé de vous dire ce que nous nous imaginâmes dans cette conjoncture : toute sorte de terreurs nous vinrent assaillir, jusqu'à celles de la fin du monde, et nulle de ces terreurs ne nous sembla hors d'apparence : car de voir la nuit au Soleil, ou l'air obscurci de nuages, c'est un miracle qui n'y arrive point.

Ce ne fut pas toutefois encore tout : incontinent après un bruit aigre et criard, semblable au son d'une poulie qui tournerait avec rapidité, vint frapper nos oreilles, et tout au même temps nous vîmes choir à nos pieds une cage. A peine eut-elle joint le sable qu'elle s'ouvrit pour accoucher d'un homme et d'une femme : ils traînaient une ancre qu'ils accrochèrent aux racines d'un roc. Ensuite de quoi nous les aperçûmes venir à nous.

La femme conduisait l'homme et le tiraillait en le menaçant. Quand elle fut fort près de nous :

— Messieurs, dit-elle d'une voix un peu émue, n'est-ce pas ici la province des Philosophes ?

Je répondis que non, mais que dans vingt-quatre heures nous espérions y arriver, que ce vieillard qui me souffrait en sa compagnie était un des principaux officiers de cette monarchie.

— Puisque vous êtes philosophe, répondit cette femme, adressant la parole à Campanella, il faut que, sans aller plus loin, je vous décharge ici mon cœur. Pour vous raconter donc en peu de mots le sujet qui m'amène, vous saurez que je viens me plaindre d'un assassinat commis en la personne du plus jeune de mes enfants. Ce barbare que je tiens l'a tué deux fois encore qu'il fût son père.

Nous restâmes fort embarrassés de ce discours, c'est pourquoi je voulus savoir ce qu'elle entendait par un enfant deux fois tué.

— Sachez, répondit cette femme, qu'en notre pays il y a, parmi les autres statuts d'amour, une loi qui règle le nombre de baisers auxquels un mari est obligé à sa femme ; c'est pourquoi, tous les soirs, chaque médecin, dans son quartier, va par toutes les maisons, où, après avoir visité le mari et la femme, il les taxe pour cette nuit-là, selon leur santé, forte ou faible, à tant ou tant d'embrassements. Or, le mien que voilà avait été mis à sept : cependant, piqué de quelques paroles un peu fières que je lui avais dites en nous couchant, il ne m'approcha point tant que nous demeurâmes au lit. Mais Dieu qui venge la cause des affligés, permit qu'en songe ce misérable, chatouillé par le ressouvenir des baisers qu'il me retenait injustement, laissa perdre un homme. Je vous ai dit que son père l'a tué deux fois, parce que l'empêchant d'être, il a fait qu'il n'est point, voilà son premier assassinat; et a fait qu'il n'a point été, voilà son second : au lieu qu'un meurtrier ordinaire fait bien que celui qu'il prive du jour n'est plus, mais il ne saurait faire qu'il n'ait point été. Nos magistrats en auraient fait bonne justice; mais l'artificieux a dit, pour excuse, qu'il aurait satisfait au devoir conjugal, s'il n'eût appréhendé, me baisant au fort de la colère où je l'avais mis, d'engendrer un homme furieux. Le sénat embarrassé de cette justification, nous a ordonné de nous venir présenter aux philosophes, et de plaider devant eux notre cause. Aussitôt que nous eûmes reçu l'ordre de partir, nous nous mîmes dans une cage pendue au cou de ce grand oiseau que vous voyez, d'où, par le moyen d'une poulie que nous y attachâmes, nous descendons à terre et nous guindons en l'air. Il y a des personnes dans notre province, établies exprès pour les apprivoiser jeunes, et les instruire aux travaux qui nous sont utiles. Ce qui les oblige principalement, contre leur nature féroce, à se rendre disciplinables, c'est qu'à leur faim, qui ne se peut presque assouvir, nous abandonnons les cadavres de toutes les bêtes qui meurent. Au reste, quand nous voulons dormir, — car à cause des excès d'amour trop continus qui nous affaiblissent, nous avons besoin de repos,— nous lâchons à la campagne, d'espace en espace, vingt ou trente de ces oiseaux, attachés chacun à une corde, qui, prenant l'essor avec leurs grandes ailes, déploient dans le ciel une nuit plus large que l'horizon.

J'étais fort attentif à son discours, et à considérer tout extasié l'énorme taille de cet oiseau géant, mais sitôt que Campanella l'eut un peu regardé :

— Ha, vraiment, s'écria-t-il, c'est un de ces monstres à plume appelé condor, qu'on avait dans l'île de Mandragore à notre monde; et par toute la zone torride ils y couvrent de leurs ailes un arpent de terre : Mais comme ces animaux deviennent plus démesurés à proportion que le Soleil qui les a vus naître est plus échauffé, il ne se peut qu'ils ne soient au monde du Soleil d'une épouvantable grandeur. Toutefois, ajouta-t-il, se tournant vers la femme, il faut nécessairement que vous acheviez votre voyage; car c'est à Socrate, auquel on a donné la surintendance des mœurs, qu'appartient de vous juger. Je vous conjure cependant de nous apprendre de quelle contrée vous êtes, parce que comme il n'y a que trois ou quatre ans que je suis arrivé en ce monde-ci, je n'en connais encore guère la carte.

— Nous sommes, répondit-elle, du royaume des Amoureux. Ce grand état confine d'une côté à la république de Paix, et de l'autre à celle des Justes. Au pays d'où je viens, à l'âge de seize ans on met les garçons au Noviciat d'Amour; c'est un palais fort somptueux, qui contient presque le quart de la cité. Pour les filles, elles n'y entrent qu'à treize. Ils font là, les uns et les autres, leur année de probation, pendant laquelle les garçons ne s'occupent qu'à mériter l'affection des filles, et les filles à se rendre dignes de l'amitié des garçons. Les douze mois expirés, la faculté de médecine va visiter en corps ce séminaire d'amants : elle les tate tous l'un après l'autre, jusqu'aux parties de leurs personnes les plus secrètes ; les fait coupler à ses yeux ; et puis, selon que le mâle se rencontre à l'épreuve vigoureux et bien conformé, on lui donne pour femmes dix, vingt, trente ou quarante filles de celles qui le chérissaient, pourvu qu'ils s'aiment réciproquement : le marié cependant ne peut coucher qu'avec deux à la fois, et il ne lui est pas permis d'en embrasser aucune, tandis qu'elle est grosse. Celles qu'on reconnaît stériles ne sont employées qu'à servir ; et des hommes impuissants se font les esclaves qui se peuvent mêler charnellement avec les bréhaignes. Au reste, quand une famille a plus d'enfants qu'elle n'en peut nourrir, la république les entretient : mais c'est un malheur qui n'arrive guère, parce qu'aussitôt qu'une femme accouche dans la cité, l'épargne fournit une somme annuelle pour l'éducation de l'enfant, selon sa qualité, que les trésoriers d'Etat portent eux-mêmes à certain jour à la maison du père. Mais si vous voulez en savoir davantage entrez dans notre mannequin, il est assez grand pour quatre. Puisque nous allons même route, nous tromperons, en causant, la longueur du voyage.

Campanella fut d'avis que nous acceptassions l'offre ;

j'en fus pareillement fort joyeux pour éviter la lassitude: mais quand je vins pour leur aider à lever l'ancre, je fus bien étonné d'apercevoir qu'au lieu d'un gros cable qui la devait soutenir, elle n'était pendue qu'à un brin de soie aussi délié qu'un cheveu.

Je demandai à Campanella comment il se pouvait faire qu'une masse lourde, comme était cette ancre, ne fît point rompre par sa pesanteur une chose si frêle; et le bonhomme me répondit que cette corde ne se rompait point, parce qu'ayant été filée très-égale partout, il n'y avait point de raison pourquoi elle dût se rompre plutôt à un endroit qu'à un autre.

Nous nous entassâmes tous dans le panier, et ensuite nous pouliâmes jusqu'au faîte du gosier de l'oiseau, où nous ne paraissions qu'un grelot qui pendait à son cou. Quand nous fûmes tout contre la poulie, nous arrêtâmes le cable, où notre cage était pendue, à une des plus légères plumes de son duvet, qui pourtant était grosse comme le pouce; et dès que cette femme eut fait signe à l'oiseau de partir nous nous sentîmes fendre le ciel d'une rapide violence.

Le condor modérait ou forçait son vol, haussait ou baissait selon les volontés de sa maîtresse, dont la voix lui servait de bride; nous n'eûmes pas volé deux cents lieues, que nous aperçûmes sur la terre, à main gauche, une nuit semblable à celle que produisait dessous lui notre vivant parasol. Nous demandâmes à l'étrangère ce qu'elle pensait que ce fût :

— C'est un autre coupable qui va aussi pour être jugé à la province où nous allons. Son oiseau sans doute est plus fort que le nôtre; ou bien nous nous sommes beaucoup amusés, car il n'est parti que depuis moi.

Je lui demandai de quel crime ce malheureux était accusé.

— Il n'est pas simplement accusé, nous répondit-elle, il est condamné à mourir, parce qu'il est déjà convaincu de ne pas craindre la mort.

— Comment donc, lui dit Campanella, les lois de votre pays ordonnent de craindre la mort?

— Oui, répliqua cette femme, elles l'ordonnent à tous, hormis à ceux qui sont reçus au collége des sages; car nos magistrats ont éprouvé, par de funestes expériences, que qui ne craint pas de perdre la vie est capable de l'ôter à tout le monde.

Après quelques autres discours qu'attirèrent ceux-ci, Campanella voulut s'enquérir plus au long des mœurs de son pays. Il lui demanda donc quelles étaient les lois et coutumes du royaume des Amants; mais elle s'excusa d'en parler, à cause que n'y étant pas née et ne le connaissant qu'à demi, elle craignait d'en dire plus ou moins.

— J'arrive, à la vérité, de cette province, continua cette femme; mais je suis moi, et tous mes prédécesseurs, originaire du royaume de Vérité. Ma mère y accoucha de moi, et n'a point eu d'autre enfant: elle m'éleva dans le pays jusqu'à l'âge de treize ans, que le roi, par avis des médecins, lui commanda de me conduire au royaume des Amants, d'où je viens, afin qu'étant élevée dans le palais d'amour, une éducation plus joyeuse et plus molle que celle de notre pays me rendît plus féconde qu'elle; ma mère m'y transporta, et me mit dans cette maison de plaisance. J'eus bien de la peine avant de m'apprivoiser à leurs coutumes. D'abord elles me semblèrent fort rudes; car, comme vous savez, les opinions que nous avons sucées avec le lait nous paraissent toujours les plus raisonnables, et je ne faisais encore que d'arriver du royaume de Vérité, mon pays natal. Ce n'est pas que je ne connusse bien que cette nation des Amants vivait avec beaucoup plus de douceur et d'indulgence que la nôtre; car encore que chacun publiât que ma vue blessait dangereusement, que mes regards faisaient mourir, et qu'il sortait de mes yeux de la flamme qui consumait les cœurs, la bonté cependant de tout le monde, et principalement des jeunes hommes, était si grande, qu'ils me caressaient, me baisaient et m'embrassaient, au lieu de se venger du mal que je leur avais fait. J'entrai même en colère contre moi, pour les désordres dont j'étais cause, et cela fit qu'émue de compassion, je leur découvris un jour la résolution que j'avais prise de m'enfuir. — Mais hélas! comment vous sauver s'écrièrent-ils tous, se jetant à mon cou et me baisant les mains : votre maison de toutes parts est assiégée d'eau, et le danger paraît si grand, qu'indubitablement sans un miracle vous et nous serions déjà noyés. — Quoi donc, interrompit notre historienne, la contrée des Amants est-elle sujette aux inondations? Il le faut bien dire, me répliquat-elle; car l'un de mes amoureux, — et cet homme ne m'aurait pas voulu tromper, puisqu'il m'aimait, — m'écrivit que du regret de mon départ il venait de répandre un océan de pleurs. J'en vis un autre qui m'assura que ses prunelles, depuis trois jours, avaient distillé une source de larmes ; et comme je maudissais pour l'amour d'eux l'heure fatale où ils m'avaient vue, un de ceux qui se comptaient du nombre de mes esclaves, m'envoya dire que la nuit précédente ses yeux débordés avaient fait un déluge. Je m'allais ôter du monde, afin de n'être plus la cause de tant de malheurs, si le courrier n'eût ajouté ensuite que son maître lui avait donné charge de m'assurer qu'il n'y avait rien à craindre, parce que la fournaise de sa poitrine avait desséché ce déluge. Enfin, vous pouvez conjecturer que ce royaume des Amants doit être bien aquatique, puisque entre eux ce n'est pleurer qu'à demi, quand il ne sort de dessous leurs paupières que des ruisseaux, des fontaines et des torrents. J'étais fort en peine dans quelle machine je me sauverais de toutes ces eaux qui m'allaient gagner ; mais un de mes amants, qu'on appelait le Jaloux, me conseilla de m'arracher le cœur, et puis que je m'embarquasse dedans ; qu'au reste je ne devais pas appréhender de n'y pouvoir tenir, puisqu'il y en avait tant d'autres ; ni d'aller au fond parce qu'il était trop léger ; que tout ce que j'aurais à craindre serait l'embrasement, d'autant que la matière d'un tel vaisseau était fort sujette au feu : que je partisse donc sur la mer de ses larmes, que le bandeau de son amour me servirait de voile, et que le vent favorable de ses soupirs, malgré la tempête de ses rivaux, me pousserait à bon port. Je fus longtemps à rêver comment je pourrais mettre cette entreprise à exécution. La timidité naturelle à mon sexe m'empêchait de l'oser ; mais enfin l'opinion que j'eus que si la chose n'était possible un homme ne serait pas si fou de la conseiller, et encore moins un amoureux à son amante, me donna de la hardiesse. J'empoignai un couteau et me fendis la poitrine ; déjà même avec mes deux mains je fouillais dans la plaie et d'un regard intrépide je choisissais mon cœur pour l'arracher, quand un jeune homme qui m'aimait survint. Il m'ôta le fer malgré moi, et puis me demanda le motif de cette action qu'il appelait désespérée. Je lui en fis le conte ; mais je restai bien surprise quand un quart d'heure après je sus qu'il avait déféré le jaloux en justice. Les magistrats néanmoins, qui peut-être craignirent de donner trop à l'exemple ou à la nouveauté de l'accident, renvoyèrent cette cause au parlement du royaume des Justes. Là il fut condamné, outre le bannissement perpétuel, d'aller finir ses jours, en qualité d'esclave, sur les terres de la république de la Vérité, avec défenses à tous ceux qui descendront de lui avant la quatrième génération, de remettre le pied dans la province des Amants ; même il lui fut enjoint de n'user jamais d'hyperbole, sur peine de la vie. Je conçus depuis ce temps-là beaucoup d'affection pour ce jeune homme qui m'avait conservée ; et soit à cause de ce bon office, soit à cause de la passion avec laquelle il m'avait servie, je ne le refusai point, son noviciat et le mien étant achevés, quand il me demanda pour être l'une de ses femmes. Nous avons toujours bien vécu ensemble et nous vivrions bien encore, sans qu'il a tué, comme je vous ai dit, un de mes enfants par deux fois, dont je m'en vas implorer vengeance au royaume des Philosophes.

Nous étions, Campanella et moi, fort étonnés du grand silence de cet homme ; c'est pourquoi je tâchai de le consoler, jugeant bien qu'une si profonde taciturnité était fille d'une douleur très-profonde ; mais la femme m'en empêcha.

— Ce n'est pas, dit-elle, l'excès de sa tristesse qui lui ferme la bouche, ce sont nos lois qui défendent à tout criminel de parler que devant les juges.

Pendant cet entretien, l'oiseau avançait toujours pays, quand je fus tout étonné que j'entendis Campanella, d'un visage plein de joie et de transport, s'écrier :

— Soyez le très-bienvenu, le plus cher de tous mes amis : allons, Messieurs, allons, continua ce bonhomme, au-devant de M. Descartes ; descendons, le voilà qui arrive, il n'est qu'à trois lieues d'ici.

Pour moi je demeurai fort surpris de cette saillie ; car je ne pouvais comprendre comment il avait pu savoir l'arrivée d'une personne de qui nous n'avions point reçu de nouvelles.

— Assurément, lui dis-je, vous venez de le voir en songe.

— Si vous appelez songe, dit-il, ce que votre âme peut voir avec autant de certitude que vos yeux le jour quand il luit, je le confesse.

— Mais, m'écriai-je, n'est-ce pas une rêverie que de croire que M. Descartes, que vous n'avez point vu depuis votre sortie du monde de la terre, est à trois lieues d'ici, parce que vous vous l'êtes imaginé ?

Je proférais la dernière syllabe, quand nous vîmes

arriver Descartes. Aussitôt Campanella courut l'embrasser ; ils se parlèrent longtemps ; mais je ne pus être attentif à ce qu'ils se dirent réciproquement d'obligeant, tant je brûlais d'apprendre de Campanella son secret pour deviner. Ce philosophe qui lut ma passion sur mon visage, en fit le conte à son ami et le pria de trouver bon qu'il me contentât.

M. Descartes riposta d'un souris, et mon savant précepteur discourut de cette sorte.

— Il s'exhale de tous les corps des espèces, c'est-à-dire des images corporelles qui voltigent en l'air. Or, ces images conservent toujours, malgré leur agitation, la figure, la couleur et toutes les autres proportions de l'objet dont elles parlent ; mais comme elles sont très-subtiles et très-déliées, elles passent au travers de nos organes, sans y causer aucune sensation ; elles vont jusqu'à l'âme, où elles s'impriment à cause de la délicatesse de la substance, et lui font ainsi voir des choses très-éloignées que les sens ne peuvent apercevoir ; ce qui arrive ici ordinairement, où l'esprit n'est point engagé dans un corps formé de matière grossière comme dans ton monde. Nous te dirons comment cela se fait, lorsque nous aurons eu le loisir de satisfaire pleinement l'ardeur que nous avons mutuellement de nous entretenir ; car assurément tu mérites bien qu'on ait pour toi la dernière complaisance.

FIN.

www.ingramcontent.com/pod-product-compliance
Lightning Source LLC
Chambersburg PA
CBHW070432170426
43201CB00010B/1061